Matta

Aktiv gegen Stress

Christy Matta

Aktiv gegen Stress

Wie Sie Stresssituationen erkennen und meistern
Strategien der Dialektisch-Behavioralen Therapie

Übersetzt aus dem Englischen von Ulla Nührich-Loch

BELTZ

Anschrift der Autorin:

Christy Matta, M. A.
New Harbinger Publications, Inc.
5674 Shattuck Avenue
Oadkland, CA 94 609
www.newharbinger.com

Translated from the English: THE STRESS RESPONSE: how dialectical behavior therapy can free you from needless anxiety, worry, anger & other symptoms of stress. First published in the United States by New Harbinger Publications

E-Book (PDF) ISBN 978-3-621-28177-5
ePUB ISBN 978-3-621-28178-2

1. Auflage 2014

Programm PVU Psychologie Verlags Union
http://www.beltz.de

Lektorat: Dagmar Kühnle Zerpa
Herstellung: Uta Euler
Umschlaggestaltung: Federico Luci, Köln
Umschlagbild: veer/AYP0620030
Satz: Beltz Bad Langensalza GmbH, Bad Langensalza
Gesamtherstellung: Beltz Bad Langensalza GmbH, Bad Langensalza

Printed in Germany

ISBN 978-3-621-28136-2

Inhalt

Danksagung

Zu diesem Buch leisteten viele Menschen auf direkte und indirekte Weise einen Beitrag. Ich möchte meinen ersten Lehrern, Silvia Canetto und Wayne Viney danken, die in mir die Liebe zum Lernen und das Streben nach Erkenntnis weckten. Ihre Lehren sind auf vielfältige Weise in diesem Buch enthalten.

Ich lernte die *Dialektisch-Behaviorale Therapie* (DBT) in der Einrichtung »The Bridge of Central Massachusetts« kennen und dieser sowie den vielen Menschen, mit denen ich dort zusammenarbeitete, schulde ich großen Dank. Unter ihnen möchte ich Doug Watts danken, der mich als Führungskraft anstellte und mir die Möglichkeit gab, sowohl als administrative Mitarbeiterin wie auch als Therapeutin zu wachsen. Besonders dankbar bin ich Steve Murphy und Barry Walsh, die mir als erste ermöglichten, DBT zu lernen, zu praktizieren und zu verstehen. Ihre Leidenschaft für wirkungsvolle Behandlungsmethoden und ihr Glaube an meine Fähigkeiten führten mich dahin, die Fertigkeiten und Konzepte der DBT zu beherrschen, die im Mittelpunkt dieses Buches stehen. Marvin Lew diente stets als eine verlässliche Quelle der Unterstützung und Information, insbesondere im Hinblick auf verhaltenstherapeutische und *kognitiv-verhaltenstherapeutische* (KVT) Behandlungsstrategien. Und auch Pat Harvey, die mir als erste vorschlug, ein Buch zu schreiben, möchte ich für ihre Ermutigung danken.

Ich fühle mich allen hervorragenden Lehrern und Ausbildern verbunden, die mir die DBT vermittelten. Charlie Swenson und Cindy Sanderson erfüllten die Behandlungsmethode für mich mit Leben und ihnen schulde ich ganz besonderen Dank.

Meine Familie und meine Freunde sind ein große Quelle der Unterstützung gewesen. Ich bin sehr froh, dass ihr zu meinem Leben gehört. Euch, den wichtigsten Menschen in meinem Leben – meinen Kinder Isabel, Leila und Adrian und meinem Mann Maher – danke ich für die Unterstützung, die Geduld und die Liebe, die dieses Projekt möglich machten.

Ich möchte meinen Lektoren bei New Harbinger danken, die mir Gelegenheit gaben, dieses Buch zu schreiben, und viel Achtung und Anerkennung verdienen. Verbunden bin ich Melissa Kirk für ihr Mitwirken an diesem Buch, ein verständiges Lektorat, hilfreiche Kritik und praktische Hinweise. Ich schätze zutiefst die redaktionelle Beratung, die mir von Jess Beebe und ihrem umfassenden Wissen der DBT zukam. Ich schulde auch Nicola Skidmore und Elisabeth Beller Dank für ihr aufmerksames und hilfreiches Lektorat, und allen anderen bei New Harbinger.

Einleitung

Emotionen sind komplex, aber sie entstehen nicht zufällig. Sie kommen und gehen wie Wellen im Meer und wie Wellen können sie Spaß machen und aufregend sein oder aber schmerzhaft und verwirrend. Wenn Sie nicht verstehen, wie Emotionen funktionieren, haben Sie vielleicht das Gefühl, mit dem Rücken zu den Wellen im Meer zu stehen: Sie können nicht vorhersagen, wann die nächste kommt oder entscheiden, wie Sie mit ihr umgehen. Wenn Sie den Wellen Ihren Rücken zuwenden, sind Sie dem Meer ausgeliefert.

Stress kann überfordernd und auch quälend sein. Er kann bei Ihnen für Anspannung sorgen und dafür, dass Sie weder richtig denken noch schlafen können. Wiederkehrender Stress beansprucht Sie physisch stark und verursacht Erschöpfung und Reizbarkeit. Wenn Sie gestresst sind, warten Sie vielleicht gewohnheitsmäßig immer schon auf die nächste schwierige Situation.

Ohne Strategien für den Umgang mit Stress kann dieser sich zerstörerisch auf Ihr Leben auswirken. Stress steht in Zusammenhang mit Gesundheitsproblemen wie Übergewicht, Diabetes und Bluthochdruck sowie mit ernsten psychischen Problemen wie Depression, Angststörungen und substanzbezogenen Störungen.

Um Stress zu reduzieren, müssen Sie zunächst lernen, wie Emotionen funktionieren. Dieses Buch unterstützt Sie dabei, Folgendes zu tun:

- Ihren Stress zu verstehen,
- nach und nach zu verstehen, mit welchen Mustern Sie auf Ereignisse und Umstände reagieren,
- den Zusammenhang zwischen belastenden Lebensereignissen und Ihrer Reaktion darauf zu erkennen,
- lernen, frühe emotionale Auslöser zu identifizieren, um Stressreaktionen zu vermindern,
- wirkungsvoll einschneidende Ereignisse zu bewältigen, die zu Stress beitragen.

Was ist Stress?

Die routinemäßige Verwendung des Begriffs »Stress« begann während des Ersten und des Zweiten Weltkriegs mit der Erforschung der Belastungen, die einen Einfluss auf das Wohlbefinden von Soldaten hatten (Lazarus, 1999). Nach den beiden Kriegen fand das Wort im Kontext von Belastungen in der Arbeit, in der Schule und zu Hause Verwendung. Heute bezeichnen wir mit dem Wort »Stress« den täglichen Kampf eines Menschen, sich den Strapazen des Lebens anzupassen.

Richard Lazarus (1999) zufolge umfasst das Konzept Stress sowohl äußere Faktoren, die zur Belastung im Leben eines Menschen beitragen (bspw. ein Trauma, Konflikt und Isolation), als auch die inneren Spannungen, die durch Stress entstehen. Diese inneren Spannungen werden oft als *Stressreaktion* bezeichnet und sie haben sowohl physische als auch emotionale Anteile.

Im täglichen Leben begegnen wir alle sozialen, physischen und psychischen Kräften, die zu Stress beitragen. Ein Anstieg von äußeren belastenden Ereignissen im Alltag trägt zu innerer physischer und emotionaler Spannung bei.

Individuelle Unterschiede erschweren es, Stress zu verstehen und mit ihm umzugehen. Unsere genetische Anfälligkeit für Stress, das Wahrnehmen von Ereignissen und Aspekte der Persönlichkeit wirken alle daran mit, dass wir Stress unterschiedlich erleben. Stress entsteht durch eine sehr individuelle Wechselwirkung zwischen einer Person und Ereignissen in ihrem Umfeld. Anhand dieses Buchs können Sie die eigenen Reaktionen auf Ereignisse besser verstehen und erkennen, wie die Wechselbeziehung von Reaktion und Lebensereignissen Stress beeinflusst und wie Sie wirksam auf Stress reagieren und ihn bewältigen können.

Wenn wir uns gestresst fühlen, möchten wir häufig einfach nur flüchten – davor, wie wir uns fühlen, was wir denken, vor den an uns gestellten Anforderungen und davor, wer wir sind. Dieses Buch fordert Sie dazu auf, sich darauf zu *konzentrieren*, was in stressreichen Zeiten passiert, anstatt davor wegzulaufen. Das kann möglicherweise unangenehm werden – für manche Menschen ist es emotional schmerzhaft, die Geschwindigkeit herauszunehmen und sich ihres Stresses bewusst zu werden –, doch diese Herangehensweise kann uns darüber hinauswachsen lassen, lediglich den nächsten Tag zu überleben. Und er ermöglicht einen ersten Schritt dahin, Symptome von lange bestehendem Stress, wie Kopfschmerzen, Anspannung und Energiemangel, in den Griff zu bekommen.

Was ist eine Emotion

Stress und Emotion sind zwei eng miteinander verbundene, aber getrennte Einheiten. Das Erleben von Emotionen beeinflusst maßgeblich die Erfahrung von Stress und umgekehrt. Im gesamten Buch werde ich immer wieder auf die Beziehung zwischen Stress und Emotion eingehen. Das Wissen darum, wie wir eine Emotion erleben und was sie verursacht, hilft uns dabei, unsere Beziehung zu äußeren Stressoren zu verstehen.

Obwohl viele Menschen den Eindruck haben, dass Emotionen einfach geschehen oder unvernünftig sind, treten sie in Wirklichkeit als Teil eines nachvollziehbaren inneren Ablaufs auf. Dieser Ablauf betrifft die Ereignisse in unserem Leben, wie wir diese Ereignisse bewerten, Veränderungen im Gehirn und im Körper und unsere Handlungsdränge. Nehmen Sie beispielsweise das Erleben der Emotion Wut. Wut ist nicht einfach ein Gefühl, sie ist ein Prozess. Ein Ereignis – nehmen wir an, im Straßenverkehr gefährlich überholt zu werden – führt zu einer Bewertung (»Dieser Mensch ist ein Idiot.«). Fast unmittelbar treten Veränderungen im Gehirn und im Körper auf, die das Anspannen der Muskeln umfassen könnten, einen erhöhten Puls, ein gerötetes Gesicht oder geballte Fäuste. Der Handlungsdrang – in diesem Fall, die Person im anderen Auto anzuschreien – stellt den letzten Schritt dieses inneren emotionalen Prozesses dar, den wir als das Erleben von Wut bezeichnen. Der Prozess der Emotion wird in Kapitel 1 genauer untersucht.

Was ist Dialektisch-Behaviorale Therapie?

Die *Dialektisch-Behaviorale Therapie* (DBT) entstand aus der Arbeit Dr. Marsha Linehans. Linehan, als *kognitive Verhaltenspsychologin* ausgebildet, entwickelte die Theorie, während sie hauptsächlich mit Frauen arbeitete, die suizidal waren und selbstverletzendes Verhalten zeigten. Anfangs ging sie die Therapie aus einer streng kognitiv-verhaltenstherapeutischen Sicht an, was im Allgemeinen eine kurze, zeitlich begrenzte Therapie bedeutete, wobei der Therapeut mit dem Klienten zusammen daran arbeitete, problematische Gedanken zu erkennen und zu verändern.

Mit der Zeit stellte Linehan fest, dass kognitiv-verhaltenstherapeutische Techniken nicht ausreichten. Sie bemerkte, dass zwar viele Menschen mit diesen Techniken Fortschritte machten, dass aber zu viele andere mit Wut oder Rückzug auf die Behandlung reagierten. Die Anpassungen, die sie in ihrer Arbeit vornahm, um diese Mängel zu beheben, mündeten in die DBT. Die DBT bewahrt den kognitiv-verhaltenstherapeutischen Fokus, mit Menschen zu arbeiten, um problematische Gedanken und Verhaltensweisen zu verändern. Sie betont jedoch Akzeptanz- und Validierungsstrategien, die die Schwierigkeit von Veränderung anerkennen sollen. Das kann Menschen helfen, im Prozess der Veränderung aufgeschlossen und aktiv zu bleiben.

Obwohl die DBT ursprünglich als ambulantes Behandlungsprogramm für Frauen mit der Diagnose einer Borderline-Persönlichkeitsstörung gedacht war, entwickelte sie sich zu einer wirksamen Behandlung für Menschen mit einer große Bandbreite von Diagnosen und Problemen. Ihre Effektivität darin, extreme Emotionen zu regulieren und impulsive und zerstörerische Verhaltensweisen abzuschwächen, macht sie zu einer attraktiven Behandlungsmethode, vor allem für diejenigen, die mit einer hohen Stressbelastung und übermächtigen Emotionen zu kämpfen haben.

Zur Benutzung dieses Buches

Auch wenn Sie sich vielleicht überlastet und ständig angespannt fühlen, können Sie diese Auswirkungen erkennen und, mit wachsendem Wissen, verändern, wie Stress Ihr Leben beeinflusst. Stress und dessen emotionale Anteile finden in einem nachvollziehbaren Kreislauf statt. Der Ansatz der DBT betrachtet Emotionen als Teil einer Geschichte, und es ist hilfreich, dies im Hinterkopf zu behalten, wenn Sie Ihren eigenen Stress, Ihre eigenen Gefühle und die Geschichte, die sie erzählen, unter die Lupe nehmen.

Ich rate dazu, die praktischen Übungen durchzuführen, während Sie das Buch lesen. Da die Informationen und die Übungen aufeinander aufbauen, ist es am sinnvollsten, die Kapitel der Reihe nach zu lesen. Auch wenn es möglich ist, Teile zu überspringen, lässt sich das gesamte Buch besser nutzen, wenn Sie die ersten Übungen tatsächlich durchführen. Sie werden auch den größten Gewinn aus dem Buch erzielen, wenn Sie sich für alle Übungen Zeit nehmen. Viele der Übungen beziehen sich darauf, Ihre Erfahrungen aufzuschreiben oder festzuhalten. Ich empfehle Ihnen, zu diesem Zweck ein Tagebuch oder ein Notizbuch zu führen, doch Sie können die Übungen auch auf einem leeren Blatt Papier machen. In der DBT ist Übung unabdingbar, um überhaupt eine langfristige Veränderung zu erreichen. Je konsequenter Sie die Übungen machen, desto mehr werden Sie von diesem Buch profitieren.

In der DBT gibt es ganz verschiedene Übungen und Strategien. Probieren Sie unterschiedliche Strategien aus und beobachten Sie, wodurch sich das Ausmaß Ihrer Stressbelastung verringern lässt. Es erfordert Übung und Wiederholung, um diese Fertigkeiten oder »Skills« zu verstehen und konsequent zu nutzen. Ich kann Ihnen versichern, dass die Übungen hilfreich sind, wenn sie einige Zeit praktiziert werden; dies wurde mir vielmals bestätigt. Beispielsweise berichten Menschen, mit denen ich arbeitete, dass sie mithilfe der DBT-Skills ein weniger chaotisches Leben führen, sich weniger überfordert und besser in der Lage fühlen, ihre langfristigen Ziele zu erreichen. Ich lade Sie dazu ein, die Strategien und Skills in diesem Buch zu erkunden, in der Hoffnung, dass sie Ihnen helfen, das Gleiche zu empfinden.

1 Den eigenen Stress verstehen

Wenn Sie lernen, mit Stress besser umzugehen, geht es nicht darum, allen Stress in Ihrem Leben loszuwerden. Es geht darum, besser festzulegen, was zu Ihren problematischen Stressreaktionen beiträgt. Das Ziel dieses Buches besteht darin, Ihnen Strategien zu vermitteln, um schwerwiegenden und lang anhaltenden Stress zu lindern und die quälenden und zerstörerischen Aspekte von Stress zu verringern.

In diesem Kapitel erforschen Sie, wie Sie persönlich Stress erleben. Dabei untersuchen Sie auch Reaktionen auf Ereignisse in Ihrem Leben, die im Mittelpunkt der Erfahrung von Stress stehen. Sie werden ein Verständnis für den Ablauf von Stress bekommen, für den Zusammenhang zwischen Emotion und Stress, und dafür, inwiefern sogar stressbezogene Emotionen in Ihrem Leben einem Zweck dienen. Abschließend erforschen Sie Ihre persönlichen Stresssymptome.

Informationen, sogar solche über Ihre eigenen inneren emotionalen Prozesse, machen Stress vorhersehbarer. Vorhersehbarkeit ist ein zentraler Faktor dabei, die Stressreaktion abzuschwächen. Viele Aktivitäten in diesem Kapitel konzentrieren sich darauf, die Stressreaktion dadurch zu regulieren, dass Sie lernen, Teile Ihres Erlebens von Stress und die eigenen stressbezogenen Emotionen vorherzusehen und zu benennen.

1.1 Der Ablauf von Stress

Das Auftreten von Stress umfasst die Ereignisse, die eine Stressreaktion auslösen, Gedanken, die zu Stress beitragen, Veränderungen in Ihrem Körper und in Ihrem Gehirn während der Stressbelastung und typische Verhaltensweisen und Handlungen, wenn Sie mit Stress konfrontiert sind. Weil Stress und Emotion so eng miteinander verbunden sind, ist es wichtig, Ihr emotionales Erleben in jeder dieser Phasen zu untersuchen, und auch, wie Stress und emotionale Reaktionen zusammenhängen.

Belastende Ereignisse

Stress beginnt mit einem Ereignis. Das könnte etwas Großes und Offensichtliches sein, wie ein Todesfall, eine Scheidung oder der Verlust des Arbeitsplatzes. Es könnte ein alltägliches Ereignis sein, wie beispielsweise ein unfreundlicher Kassierer im Lebensmittelladen, die Kinder, die Saft auf dem frisch gewischten Boden verschütten, die Bank, die einen Fehler bei Ihrem Konto macht, Einsamkeit, ein krankes Haustier oder ein anspruchsvoller Vorgesetzter. Oder es könnte etwas ganz Unbedeutendes sein, das Sie nur bemerken, wenn Sie ihm besondere Aufmerksamkeit widmen, wie der Geruch eines bestimmten Rasierwassers, der Signalton einer eingehenden E-Mail oder der erhöhte Herzschlag nach einer Tasse Kaffee.

Diese Ereignisse lösen nicht nur eine Stressreaktion aus, sondern sie sind auch der Anfangspunkt einer emotionalen Erfahrung. Wut, Angst, Schuld und Scham sind typische stressbedingte Emotionen. Möglicherweise sind Sie sich einiger Stressoren in Ihrem Leben bewusst, nicht jedoch allen Ereignissen, die eine Stressreaktion und eine stressbedingte Emotion auslösen. Gelegentlich mag es so scheinen, dass der Stress von überall herkommt, doch das tut er nicht.

Beispiel

Die Geschichte von Stacey

Stacey ist eine geschiedene Krankenschwester Mitte 40 und hat zwei Söhne im Teenageralter. Als Alleinerziehende jongliert sie ständig mit den Anforderungen ihres Berufs und den Erfordernissen der Erziehung von zwei Kindern. Ihre Arbeit ist stressreich, insbesondere durch den Niedergang der Wirtschaft, infolge dessen die Belegschaft einer Schicht reduziert wurde. Sie fühlt sich gehetzt und unter Druck, alleine die Arbeit zu bewältigen, die früher von mehreren Leuten erledigt wurde, und bleibt regelmäßig länger, um mit der Arbeit fertig zu werden. Dann rast sie nach Hause, um die Jungen zu Aktivitäten nach der Schule zu bringen, sie bei den Hausaufgaben zu beaufsichtigen und den Haushalt zu erledigen. Stacey berichtet, dass sie sich immer gestresst und angespannt fühlt. Morgens, wenn sie sich für die ►

Arbeit vorbereitet, macht sie sich schon Gedanken über den Tag. Oft läuft die morgendliche Routine völlig automatisch ab und sie nimmt kaum wahr, wie sie sich anzieht. Ihre Gedanken kreisen rastlos um die kommenden terminlichen Anforderungen, ihre Unfähigkeit, ihnen zu entsprechen und schließlich ihre persönliche Unzulänglichkeit. Nachts kann sie nicht aufhören, sich Sorgen über lebensbedrohliche Notfälle zu machen, die sie in der Arbeit behandelte, und über die Möglichkeit, dass sie selbst sterben könnte. Sie denkt darüber nach, wie zerbrechlich das Leben ist und grämt sich, was mit ihren Kindern geschehen würde, wenn sie sterben würde. Stacey verbringt einen Großteil des Tages angespannt, gereizt und mit dem Gefühl, mit ihren Problemen allein zu sein.

Übung

Stressphasen identifizieren

Indem Sie den Zeiten Aufmerksamkeit schenken, die Sie beständig als Stress erleben, gewinnen Sie wertvolle Informationen. Wenn Sie belastende Momente besser erkennen können, wird es möglich sich zu fragen, was Sie dachten, taten oder empfanden, kurz bevor Sie sich gestresst fühlten.

Einen belastenden Moment identifizieren

Es ist wichtig zu erkennen, wann Sie sich gestresst fühlen.

(1) Achten Sie bewusst darauf, wann Sie sich gestresst fühlen. Nehmen Sie die Zeiten am Tag oder die Situationen wahr, die Sie gewöhnlich nervös, überdreht oder sehr emotional werden lassen. Achten Sie besonders auf die Zeiten, in denen Sie Gefühle der Angst, Wut und Scham erleben; diese gehen oft mit der Stressreaktion einher.

(2) Wählen Sie drei oder vier Zeitpunkte während des Tages (z. B. unter der Dusche, nach einer Besprechung oder vor dem Schlafengehen), um innezuhalten und sich zu fragen: »Bin ich gestresst?«

(3) Schenken Sie Ihren Stresssymptomen Aufmerksamkeit, beispielsweise einem rasenden Puls, Muskelanspannung, der Unfähigkeit, sich zu konzentrieren, sorgenvollen Gedanken oder zitternden Händen.
(4) Erstellen Sie in Ihrem Tagebuch eine Liste mit den Zeitpunkten, zu denen Sie sich gestresst fühlten.

Stacey hatte anfangs den Eindruck, die ganze Zeit gestresst zu sein. Nachdem sie geübt hatte, belastende Momente zu identifizieren, erkannte sie, dass es spezielle Auslöser für ihre Stressreaktion gab: Etwa wenn sie sich in der Arbeit besonders unter Druck fühlte und lange bleiben musste oder wenn sie mit bestimmten Kollegen arbeitete, die keine Unterstützung boten.

Gedanken

Es ist von Bedeutung, wie Sie über die Ereignisse in Ihrem Leben denken. Gedanken sind ein Teil Ihres emotionalen Erlebens und können die physische Stressreaktion entweder abschwächen oder verstärken. Sogar wenn Sie sich ihrer nicht bewusst sind, haben Sie Gedanken über das, was in Ihrem Leben geschieht. Der Inhalt dieser Gedanken – z. B. Bedrohungen wahrnehmen, sich wegen Anforderungen sorgen, Ereignisse als für Sie schädlich einschätzen und Probleme vorhersehen – entsteht häufig unmittelbar und unbeabsichtigt. Solche Bewertungen wirken sich deutlich auf die Stressreaktion aus (Lazarus, 1999).

Einige der folgenden Gedanken könnten Sie haben, wenn eine beliebte Kollegin entlassen wird. Das Ereignis ändert sich nicht, aber jeder mögliche Gedanke löst ein anderes Bündel von Emotionen aus, was einen Einfluss darauf hat, ob Sie das Ereignis als stressvoll erleben:

- »Warum sie? Niemand ist sicher, wenn sogar sie entlassen wurde.«
- »Ich sollte an ihrer Stelle sein.«
- »Ich bin die nächste.«
- »Hier wird niemand wertgeschätzt.«

- »Ich kriege die zusätzliche Arbeit nicht in den Griff, wenn sie weg ist.«
- »Ich mache mir Sorgen um sie, aber für mich ist das eine Gelegenheit.«
- »Sie wird das sicher gut verkraften. Alles geschieht aus einem bestimmten Grund.«
- »Veränderungen sind unvermeidlich. Ich nehme es einfach, wie es kommt.«

Der Gedanke, den Sie haben, wenn eine Kollegin entlassen wird, könnte also Verwirrung auslösen, Verzweiflung, Scham, Entschlossenheit, Erleichterung oder Aufregung. Gedanken, die schmerzvolle und intensive Gefühle auslösen, verstärken das Erleben von Stress.

Übung

Gedanken unter Stress identifizieren

An diesem Punkt sollten Sie sich einfach nur der Gedanken bewusst werden, die zu Ihrer Stressreaktion beitragen. Dieses Bewusstsein wird Ihnen helfen, den Zusammenhang zwischen dem innerlich ablaufenden Prozess und äußeren Stressoren zu erforschen. Identifizieren Sie zunächst Gedanken, die Sie haben, wenn Sie vergleichsweise ruhig sind. Üben Sie dann, das auch zu tun, wenn Sie gestresst sind.

Die eigenen Gedanken in ruhigen Momenten wahrnehmen

(1) Achten Sie zunächst auf Ihre Gedanken in Momenten der Ruhe. Denken Sie möglichst in solchen Augenblicken daran, diese Übung zu machen, wenn Sie sich nicht besonders gestresst fühlen (z. B. während der Mittagspause, wenn Sie sich vor dem Schlafengehen entspannen oder in irgendeinem Moment, wenn Sie nicht gerade irgendwo sein müssen oder etwas tun müssen). Führen Sie diese Übung so oft Sie möchten einige Tage lang durch.

(2) Setzen Sie sich still hin und beruhigen Sie sich selbst, indem Sie dem natürlichen Fluss Ihres Atems folgen. Nehmen Sie bewusst Gedanken wahr, wenn sie Ihnen in den Sinn kom-

men. Über wen oder was denken Sie nach? Anfangs bemerken Sie vielleicht, wie Sie über diese Übung nachdenken. Nehmen Sie diese Gedanken einfach zur Kenntnis. Wenn Ihnen Gedanken in den Sinn kommen, nehmen Sie diese möglichst schnell auf, bevor sie zu einer Gedankenkette werden und Sie sich in Ausschweifungen und Assoziationen verlieren. Erlauben Sie den Gedanken, zu kommen und zu gehen wie Wellen im Meer, ohne sie zu beurteilen oder an ihnen hängen zu bleiben.

(3) Beobachten Sie Ihre Gedanken etwa zwei oder drei Minuten lang und schreiben Sie dann in ein Tagebuch oder auf ein Blatt Papier, was Sie wahrgenommen haben. Benutzen Sie ein oder zwei Wörter für jeden Gedanken und schreiben Sie dann auf, was Ihnen an Ihren Gedanken auffiel. Waren sie sehr unruhig oder gelassen? Wie tauchten sie in Ihrem Bewusstsein auf? Sprudelten sie scheinbar aus dem Nichts hervor oder ähnelten sie mehr einem Gedankenstrom, der Ihnen durch den Kopf rauschte?

(4) Nehmen Sie sich, so oft Sie daran denken, etwas Zeit, um Ihre Gedanken wahrzunehmen, wenn Sie sich vergleichsweise ruhig fühlen, und beobachten Sie, ob Sie feststellen können, wie Ihr Denkprozess funktioniert. Scheinen Ihre Gedanken zu bestimmten Zeiten ruhiger zu sein und sind sie zu anderen Zeiten offenbar sehr stürmisch? Wiederholen sich Ihre Gedanken? Konzentrieren sich Ihre Gedanken in der Regel auf bestimmte Ideen oder Themen?

Die eigenen Gedanken in stressreichen Momenten wahrnehmen

(1) Nachdem Sie drei- oder viermal geübt haben, Gedanken in ruhigen Momenten wahrzunehmen, wählen Sie einen Augenblick, in dem Sie sich gestresst fühlen, und lenken Sie dann die Aufmerksamkeit auf Ihre Gedanken. Versuchen Sie nicht, zu verändern, was Sie denken. Beobachten Sie nur Ihre Gedanken im Fluss. Nehmen Sie wieder zur Kenntnis, über wen oder was Sie nachdenken. Es ist normal, wenn Sie merken, dass Sie in eine Gedankenkette geraten. Wenn das

passiert, führen Sie Ihren Geist zurück zum ursprünglichen Gedanken und achten einfach auf neue Gedanken, die aufkommen. Wenn Ihnen das schwer fällt, können Sie sich vielleicht besser erneut sammeln, wenn Sie einige Male tief atmen.

(2) Bleiben Sie zwei bis drei Minuten bei dieser Übung. Wenn Sie fertig sind, schreiben Sie alle Gedanken auf, die Sie wahrgenommen haben. Wie erlebten Sie Ihre Gedanken? Rasten sie oder waren sie sprunghaft? Worauf konzentrierten Sie sich in der Regel? Inwiefern unterschied sich diese Erfahrung von der ersten Übung?
Anfangs kann es sehr schwierig sein, die eigenen Gedanken wahrzunehmen, ohne von ihnen mitgerissen zu werden, insbesondere dann, wenn Sie gerade starke Emotionen empfinden oder unter Stress stehen. Wenn diese Übung Ihnen also schwer fiel, ist das völlig in Ordnung. Mit einiger Übung können Sie zurücktreten und Ihr Denken beobachten, ohne sich in den Gedanken zu verlieren. Machen Sie es sich zur Gewohnheit, Ihre Gedanken zu überprüfen, wenn Sie gestresst sind.

(3) Gehen Sie Ihre Aufzeichnungen noch einmal durch, nachdem Sie diese Übung einige Male gemacht haben, und sehen Sie nach, ob Sie ein Muster feststellen können. Gibt es eine Art von Gedanken, die Sie offenbar häufiger haben, wenn Sie gestresst sind, und nicht, wenn Sie ruhig sind? Gibt es ein Thema, auf das sich Ihre Gedanken scheinbar konzentrieren? Wirken die Gedanken dringlicher, wenn Sie Stress empfinden, oder haben Sie einen kritischen Unterton? In Staceys Fall waren die Gedanken in Stresszeiten oft selbstkritisch (»Ich bin keine gute Mutter.«) oder konzentrierten sich auf das Wohlergehen ihrer Söhne (»Was, wenn die Jungen mich hassen, was, wenn Sie an Drogen geraten, was, wenn Sie verachtet werden, weil wir weniger Geld haben als ihre Freunde?«) oder zielten auf den Druck in der Arbeit (»Das Arbeitspensum ist unrealistisch. Ich kann nichts daran

ändern, aber ich brauche das Geld und kann nicht gehen. Ich sitze in der Falle.«).

Sie werden Ihre Aufzeichnungen aus Kapitel 1 später verwenden, um Gedankenmuster zu erkennen, automatische stressbedingte Gedanken zu identifizieren und um die Bedeutungen aufzudecken, die Ihren Gedanken anhängen. Sie sollten also unbedingt aufschreiben, was Sie beobachten.

Denken Sie daran, dass die Intensität des Stresses abnimmt, wenn Sie Informationen über innere Reaktionen auf Stressoren sammeln. Wenn Sie Ihre stressbedingten Emotionen verstehen, drehen Sie sich sozusagen um und wenden sich den Wellen im Meer zu. Sie sind dann vielleicht immer noch groß, aber zumindest wissen Sie, was auf Sie zukommt.

Stressbedingte Veränderungen im Körper und im Gehirn

Stress ist eine Reaktion, die sowohl in Ihrem Körper, als auch in Ihrem Gehirn vor sich geht. Der erste Hinweis darauf, dass Sie Stress empfinden, ist oft eine körperliche Veränderung. Beispielsweise zittert der Stift, wenn Sie ein Dokument unterzeichnen, Ihnen ist plötzlich heiß und Sie spüren, wie Sie erröten, oder Sie hören nicht auf, zu schwitzen. Das entspricht Ihrer körperlichen Reaktion auf die Wahrnehmung einer Bedrohung und den begleitenden Emotionen von Angst und Wut.

Die menschliche Stressreaktion wird angestoßen durch physische Bedrohungen – wenn beispielsweise Ihr Auto von der Fahrbahn rutscht – sowie durch psychische und soziale Bedrohungen – wenn z. B. ein Vorgesetzter Ihre Arbeit bemängelt (Sapolsky, 2004; Lazarus, 1999). Menschen sind einzigartig – wir können einen fauchenden Tiger und eine abfällige Bemerkung eines Kollegen gleichermaßen als bedrohlich empfinden.

Die physische Antwort auf Stress ist eine Reaktion sowohl auf unmittelbare Bedrohungen als auch auf das Voraussehen von Stress. Nehmen wir an, Ihr Sohn im Teenageralter bleibt länger aus, als vereinbart war; das stellt keine direkte Bedrohung dar. Zunächst sind

Sie verärgert darüber, dass er Regeln missachtet, und dann fragen Sie sich, warum er nicht angerufen hat. Sie weisen Probleme mit dem Mobiltelefon als unwahrscheinlich zurück und landen panisch bei der Schlussfolgerung, dass er einen Unfall hatte. Ihre physische Stressreaktion auf die Annahme eines Stressors (er hatte einen Unfall) fällt genauso aus, als ob der Stressor Wirklichkeit wäre und von Ihnen verlangte, zu handeln. Es spielt keine Rolle, dass Ihr Sohn 15 Minuten später eintrudelt und behauptet, der Akku sei leer gewesen. Das Schlimmste ist nicht passiert. Sie müssen nicht handeln. Doch Ihre Annahme hat bereits eine Stressreaktion mit rasendem Puls und erhöhtem Blutdruck angestoßen. Ein belastendes Ereignis nur vorauszusehen oder einem Stressor unmittelbar gegenüberzustehen unterscheidet sich lediglich in der Stärke der Reaktion.

Akuter Stress. In Stresszeiten stimmt das Gehirn Veränderungen im ganzen Körper aufeinander ab (Mc Ewen, 2007; Sapolsky, 2004). Zum Verständnis der unmittelbaren Stressreaktion ist es hilfreich zu bedenken, dass sie sich ursprünglich entwickelte, um die Muskeln mit zusätzlicher Energie und Kräften für eine Anstrengung zu versorgen.

Die Reaktion des Körpers auf akuten Stress entspricht der Mobilisierung für einen Notfall. Robert Sapolsky zufolge drosselt Ihr Körper während akuten Stresses Aktivitäten, die langfristig das Überleben garantieren, wie die Verdauung und Zellerneuerung, und aktiviert Systeme, die direkt das kurzfristige Überleben sichern (Sapolsky, 2004).

Das Gehirn setzt *chemische Beschleuniger* frei (Moleküle, die bei der Übertragung von Informationen von einer Zelle zur anderen beteiligt sind), die Ihnen helfen, auf den Stressor zu reagieren. Ein Beispiel hierfür ist *Adrenalin.* Wenn Sie ein Ereignis als stressvoll wahrnehmen, erhöhen diese chemischen Beschleuniger den Herzschlag und den Blutdruck und verbessern so die Versorgung Ihrer Muskeln mit Sauerstoff und Zucker für einen schnellen Einsatz der Energie.

Das Gehirn und der Körper bringen viele erstaunliche Veränderungen als Antwort auf akuten Stress zuwege. Bestimmte Aspekte des Gedächtnisses verbessern sich. Ihre Sinne schärfen sich. Die Wahrnehmung von Schmerz kann gedämpft werden. Ein müder Autofahrer mit einer verschnupften Nase, der in einen Schneesturm gerät, wird wach, kann frei atmen und reagiert schnell, wenn seine Reifen auf der Straße wegrutschen. Eine Mutter nimmt den Schmerz eines verstauchten Knöchels nicht wahr, wenn sie ihr Kind vor dem herannahenden Verkehr in Sicherheit bringt. Wir alle kennen diese Momente plötzlicher Klarheit und physischen Vermögens. Sie können jederzeit und überall auftreten und fokussieren Ihre Gedanken, schärfen Ihre Sinne und geben Ihnen die Stärke, schnell auf Gefahr zu reagieren.

Falls der akute Stress jedoch eine Reaktion auf einen psychischen Stressor ist (z. B. eine schlechte Nachricht in einer E-Mail während der Arbeit), können Sie die zusätzliche Energie, die mit der akuten Stressreaktion einhergeht, möglicherweise nicht physisch abbauen. Häufig trägt gerade die *nicht freigesetzte* Energie einer Stressreaktion zu einigen äußerst unangenehmen Stresssymptomen bei, wie beispielsweise Nervosität, rasender Puls, unwillkürliches Schütteln und Zittern.

Körperliche Abnutzung. Ganz gleich, ob es sich um Lärm, Verschmutzung, Schlafmangel, eine schwach beleuchtete Arbeitsumgebung, Krankheit oder mangelnde Einflussmöglichkeiten auf Ihren Arbeitstag handelt, wiederholter Stress im Alltag kann Sie krank machen. Laut Robert Sapolsky kann die Stressreaktion bei wiederholter und langandauernder Aktivierung mehr Schaden anrichten als der Stressor selbst (Sapolsky, 2004).

In einem ständigen Ausnahmezustand zu leben führt dazu, dass Sie schneller ermüden. Wenn Ihr Körper ständig in Alarmbereitschaft ist, kann er sich nicht gleichzeitig um langfristige Bedürfnisse kümmern. Die Alarmposition verlangt von Ihrem Körper, für das langfristige Überleben notwendige Vorgänge zu drosseln und vorrangig jene Mechanismen zu unterstützen, die unmittelbar Energie und Handlung erzeugen. Wiederholte Stressepisoden (also *chronischer Stress*) betreffen alle langfristig wirksamen Funktionen, wie beispielsweise die Verdauung, das Wachstum, die Fortpflanzung, die Gewebeerneuerung, den Sexualtrieb und die Immunfunktionen (Sapolsky, 2004; Miller et al., 2002).

Robert Sapolsky weist auf Herz-Kreislauf-Erkrankungen als eindeutiges Beispiel dafür hin, dass Stress den Körper abnutzt (Sapolsky, 2004). Psychischer Stress betrifft den Körper in der gleichen Weise wie eine physische Bedrohung, doch häufig fehlt der physische Abbau der überschüssigen Energie. Sie stehen vielleicht irgendwo Schlange oder sitzen in Ihrem Auto, doch Ihr Körper reagiert immer noch mit erhöhtem Blutdruck und einer gesteigerten Herzfrequenz auf den Stress. Wenn Blut unter sehr hohem Druck durch Ihre Venen strömt, verursacht das mit der Zeit Schaden. Geschädigte Blutgefäße können sich entzünden. Unter Stress schlägt das Herz mit einer höheren Frequenz. Der erhöhte Blutdruck beim Eintritt ins Herz und die langfristige Anstrengung kann das Herz in Mitleidenschaft ziehen. Dieser Schaden am Herzen und die Entzündung der Venen gelten gegenwärtig als die sichersten Prädiktoren für das Risiko einer Herzerkrankung (Sapolsky, 2004).

Eine chronische Stressbelastung kann die Gehirnstruktur und das Verhalten beeinflussen und den Alterungsprozess des Gehirns beschleunigen (McEwen, 2007). Langandauernder Stress kann Verluste der kognitiven Funktionen und Beeinträchtigungen des Gedächtnisses nach sich ziehen. Eine Studie zeigte, dass erhöhter Stress das Gehirn tatsächlich neu vernetzt und so gewohnheitsmäßige Stresszyklen erzeugt (Dias-Ferreira et al., 2009). Bei langandauerndem Stress beeinflussen strukturelle und funktionale Veränderungen, wie das Gehirn arbeitet, möglicherweise in den Bereichen der Entscheidungsfindung und zielgerichteten Verhaltens.

Stress und Krankheiten. Sowohl Bruce McEwen (2007) als auch Robert Sapolsky (2004) erörtern die Rolle von Stressoren bei der Entwicklung von Krankheiten. Stressoren machen Sie nicht notwendigerweise krank. Doch sie erhöhen das Risiko, eine Krankheit zu entwickeln. Sie erhöhen auch das Risiko, dass der Körper aufgrund eines beeinträchtigten Immunsystems eine Infektion schlechter bekämpfen kann und Ihre Abwehr überwältigt wird.

Wenn die Stressreaktion wiederholt anläuft oder Sie nicht fähig sind, sie zu unterbrechen, kann das vielschichtige Konsequenzen haben. Langandauernder Stress spielt eine Rolle bei der Entstehung einer Reihe von Gesundheitsbeschwerden, darunter Diabetes, Übergewicht und Bluthochdruck (McEwen, 2007). Forschungsergebnisse legen nahe, dass wiederholter Stress einen Einfluss auf die Stimmung hat, auf Angsterkrankungen, chronische Schmerzen und die Fähigkeit, die Nahrungsaufnahme zu kontrollieren. Psychische Belastungssituationen befördern die Symptome von Schmerzerkrankungen, wie beispielsweise Fibromyalgie und Kraniomandibuläre Dysfunktion (McEwen, 2007). Ein chronisches Burn-out-Syndrom, gekennzeichnet durch emotionale oder physische Erschöpfung, verringert die Arbeitsproduktivität und verstärkt Gefühle der Depersonalisierung, mangelnde Zufriedenheit und einen niedrigen Selbstwert; es steht auch in Zusammenhang mit einem erhöhten Risiko für Typ-2-Diabetes (Melamed et al., 2006).

Wenn Sie erst einmal erkrankt sind, lässt eine Stressreduktion die Krankheit nicht einfach verschwinden oder kehrt die körperliche Abnutzung um. Doch die gute Nachricht ist, dass die Auswirkungen von langandauerndem Stress auf das Gehirn offenbar reversibel sind. Die *Neuronale Plastizität* – die Fähigkeit Ihres Gehirns, sich aufgrund Ihrer Erfahrungen zu verändern – ermöglicht Ihnen, einen Großteil der durch langandauernden Stress verursachten Schäden wiedergutzumachen. Veränderungen des Lebensstils und der Denkmuster können viele der geistigen und psychischen Effekte wiederholten oder chronischen Stresses umkehren.

Übung

Den eigenen körperlichen Zustand wahrnehmen

Die Vorgänge in Ihrem Körper können einer Hintergrundmusik ähneln, die ständig läuft, während Sie den Tag bestreiten. Wenn Sie in andere Dinge vertieft sind, ist es oft leicht, sie zu überhören. Doch wenn Sie Ihre Aufmerksamkeit darauf lenken, stellen Sie plötzlich fest, dass sie schon die ganze Zeit da gewesen ist.

(1) Wählen Sie bestimmte Zeitpunkte im Laufe des Tages und scannen Sie Ihren Körper nach Anzeichen für Stress. Sie könnten Augenblicke aussuchen, die Ihrer Erfahrung nach typischerweise stressreich oder mit starken Emotionen verbunden sind, oder Sie können regelmäßige Zeitpunkte wäh-

rend des Tages festlegen, etwa morgens beim Aufstehen, während der Mittagspause und abends beim Zubettgehen, und darauf achten, ob Sie sich gestresst fühlen.

(2) Nehmen Sie sich zwei bis drei Minuten Zeit, um Ihren Körper durchzugehen. Beginnen Sie bei Ihrem Scheitel. Achten Sie auf jegliche Muskelanspannung, jedes Schmerzempfinden oder Unbehagen, jede Bewegung oder andere Empfindungen wie Zittern oder Kribbeln. Führen Sie Ihre Aufmerksamkeit langsam entlang Ihres Körpers nach unten und nehmen Sie dabei Zeichen der Anspannung wahr. Gehen Sie vom Kopf zum Hals, weiter zu den Schultern und zum Oberkörper. Nehmen Sie dann Ihre Arme und Hände wahr, die Hüften, die Beine und die Füße.
Denken Sie daran, dass eine akute Stressreaktion häufig Herzrasen, Benommenheit, Schwindel und Muskelanspannung umfasst, während Erschöpfung und Energiemangel Zeichen dafür sind, dass Ihr Körper alle Ressourcen durch einen ständigen Ausnahmezustand aufgezehrt hat.

(3) Notieren Sie in einem Tagebuch oder Protokoll, (a) *wo* in Ihrem Körper Sie unangenehme physische Reaktionen wahrnahmen (Sie könnten z. B. aufschreiben, dass Sie diese im Hals und in den Händen spürten), und (b) *welche* Empfindungen Sie wahrnahmen (z. B. Muskelanspannung und Zittrigkeit).

Wenn Sie gestresst sind, ist es besonders wichtig, aufmerksam darauf zu achten, was in Ihrem Körper geschieht. Der Körper steht immer zur Verfügung und liefert Ihnen Informationen. Wahrzunehmen, was in Ihrem Körper geschieht, ermöglicht Ihnen, Zeichen von Stress früher zu erkennen und das Ausmaß Ihrer Belastung besser in den Griff zu bekommen.

Verhaltensdränge

Emotionen können dadurch voneinander unterschieden werden, wie sie Ihr Denken beeinflussen, wie Ihr Körper auf sie reagiert, und wie sie sich auf den Drang zu handeln oder sich zu verhalten auswirken (Roseman et al., 1994). Angst ist beispielsweise mit dem Drang verbunden, zu flüchten. Im Gegensatz dazu hängt Glück mit dem Drang zusammen, zu lächeln, sich mitzuteilen und jemanden zu umarmen. In der DBT lernen wir, dass jede Emotion einen oder mehrere begleitende Handlungsdränge hat (Linehan, 1993b).

Kampf oder Flucht. Die emotionalen Bestandteile einer typischen Stressreaktion sind mit einem bestimmten Bündel von Handlungsdrängen verbunden. Sicherlich haben Sie schon von der Kampf-oder-Flucht-Reaktion gehört. Sie ist der natürliche Weg, das Überleben der Menschheit zu sichern. Kampf oder Flucht waren entscheidende Reaktionen auf Stress, wenn das Überleben unserer Vorfahren von der Fähigkeit abhing, angreifende Stämme abzuwehren oder vor gefährlichen Tieren zu fliehen.

Heute jedoch wird Stress eher durch Abgabetermine, einen Stau, einen gehetzten Lebensstil, Gesundheitsprobleme oder eine Entlassung ausgelöst, als durch ein Rudel hungriger Wölfe. Wenn Sie unvorbereitet in eine Besprechung gehen, entspricht das Bedürfnis, im Boden zu versinken oder ein dringendes Telefonat vorzutäuschen, dem Drang zur Flucht. Im Verkehr schreien, fluchen oder jemanden schlagen zu wollen, sind stressbedingte Dränge zu kämpfen.

Stacey hat den Drang, Ihren Problemen zu entfliehen. Sie isst übermäßig, um sich von Selbstkritik abzulenken, und meidet es, jegliche Gesundheitsprobleme anzugehen, die Ihre Angst vor dem Sterben bestätigen könnten.

Frauen und Verhaltensdränge. Forschungsergebnisse deuten darauf hin, dass Frauen zusätzlich zur Kampf-oder-Flucht-Reaktion auf Stress ein anderes Bündel von Verhaltensdrängen aufweisen. Wie unsere männlichen Vorfahren mussten auch die weiblichen vor Gefahr fliehen und um das Überleben kämpfen. Doch Frauen mussten auch das Überleben der Kinder sichern. Shelley Taylor und Kollegen (2000) weisen darauf hin, dass eine andere Ausstattung mit Hormonen und einige physiologische Unterschiede Frauen auf eine bestimmte Art von Stress mit dem Drang reagieren lassen, zu hegen und zu pflegen: Wenn Frauen gestresst sind, tendieren sie eher zu dem Drang, sich um ihre Lieben zu kümmern und soziale Anbindung zu suchen.

Wie die Kampf-oder-Flucht-Reaktion ist Hegen und Pflegen ein adaptiver Drang, der auf Handeln basiert. Anders als Kampf oder Flucht soll Hegen und Pflegen das Überleben eher dadurch sichern, den Nachwuchs zu beschützen und ein unterstützendes soziales Netzwerk zu errichten, als vor Verfolgern zu fliehen oder um Nahrung zu kämpfen.

Übung

Den Verhaltensdrang wahrnehmen

Diese Übung hilft Ihnen dabei, Handlungsimpulse oder -neigungen, die ein Teil Ihres emotionalen Erlebens sind, besser wahrzunehmen. Was Sie tatsächlich tun, kann mit Ihrem Impuls übereinstimmen oder ganz verschieden davon sein. Sie könnten beispielsweise den Drang verspüren, vor einer wichtigen Präsentation in der Arbeit zu flüchten, erscheinen aber zum vereinbarten Termin und halten die Präsentation trotzdem. Es ist wichtig, dass Sie Ihre Handlungsimpulse verstehen, und diese Übung kann Ihnen dazu verhelfen:

(1) Achten Sie das nächste Mal, wenn Sie sich gestresst fühlen, sowohl darauf, was Sie gerne tun möchten, als auch darauf, wie Sie sich tatsächlich verhalten. Möglicherweise müssen Sie sich erst mit einigen tiefen Atemzügen beruhigen, sodass Sie das Tempo herausnehmen und die inneren Abläufe beobachten können. Nehmen Sie bewusst wahr, ob Sie auf die Menschen in Ihrer Umgebung cholerisch oder gereizt reagieren. Halten Sie nach den typischen stressbedingten Verhaltensdrängen Ausschau: Nehmen Sie zur Kenntnis, ob Sie gerne flüchten möchten, zu dem Drang tendieren zu kämpfen, oder ob Sie sich eher anderen zuwenden oder sich um sie kümmern möchten. Falls das zu schwierig ist, wenn Sie sich gestresst fühlen, denken Sie in einem ruhigen Moment an eine Zeit in den vergangenen Tagen oder Wochen zurück, als Sie unter Stress standen und versuchen Sie, sich daran zu erinnern, was Sie tun wollten.

(2) Beurteilen Sie Ihre Dränge möglichst nicht als entweder »gut« oder »schlecht«. Die Handlungsdränge bereiten Ihnen vielleicht Probleme, doch sie können Ihnen auch helfen und Sie beschützen.
(3) Schreiben Sie in Ihrem Tagebuch auf, was Sie in diesem Moment tun wollten und was Sie tatsächlich taten.
(4) Wiederholen Sie die Übung über die nächsten Tage hinweg. Zeichnen sich irgendwelche Muster ab? Unterscheiden sich die Dränge, wenn Sie sich bedroht oder wenn Sie sich überfordert fühlen? Veranlasst Wut einen anderen Drang als Angst oder Enttäuschung?

Was wir gerne tun möchten, kann in einer bestimmten Situation selbstverständlich genau dem entsprechen, was gefragt ist; unter bestimmten Umständen können unsere Handlungsdränge jedoch auch unangemessen oder sogar problematisch sein. Beispielsweise könnte die Kampfreaktion nicht die wirksamste Antwort auf den Stress sein, den ein Stau oder eine falsch aufgenommene Bestellung im Restaurant auslöst. Es ist unverzichtbar, Ihre Handlungsdränge zu verstehen, damit Sie lernen, gesunde Stressmanagement-Strategien anzuwenden.

Übung

Ein Stressprotokoll anlegen

Wenn Sie Aufzeichnungen Ihrer Stresserlebnisse anfertigen, erhalten Sie wertvolle Informationen. Die Erinnerung, insbesondere an Gedanken und Ereignisse, die intensive Gefühle begleiten, sind häufig ungenau. Ein regelmäßig ausgefülltes Protokoll ist der beste Weg, genaue Informationen über die Häufigkeit und die Intensität Ihrer Stressreaktion zu erlangen.

Die letzte Übung zeigte Ihnen, wo Sie beginnen können. Nehmen Sie nun ein Tagebuch oder ein Notizbuch und erstellen Sie ein Protokoll mit sieben Zeilen, beschriftet wie die Beispieltabelle unten. Wenn Sie das Protokoll eine Woche lang einmal täglich ausfüllen, sollten Sie einige wertvolle Informationen darüber gewinnen, wie Stress bei Ihnen funktioniert.

Stacey erstellte folgendes Stressprotokoll:

Tag und Uhrzeit	*15. Mai, 15:00 Uhr*
Stressintensität (auf einer Skala von 1 bis 5)	*4*
Erstes Erkennen der Stressreaktion	*Ich bemerkte zuerst, dass ich gestresst war, als ich gereizt und cholerisch auf Kollegen reagierte.*
Veranlassendes Ereignis	*Joan meldete sich krank, was bedeutete, dass ich länger bleiben müsste und Joes Leichtathletikwettkampf verpassen würde.*
Gedanken	*Hier werden die Mitarbeiter nicht unterstützt. Joe wird mich hassen. In seinen Augen bringe ich nie etwas zu Ende.*
Körperliche Reaktion	*Angespannte, verkrampfte Kiefermuskeln*
Handlungsdrang	*Kampf – Kollegen angreifen*

Hier folgen einige konkrete Hinweise für das Ausfüllen der Tabelle:

- *Tag und Uhrzeit.* Schreiben Sie einmal täglich auf, wann Sie sich im Laufe des Tages gestresst oder angespannt fühlten. Schreiben Sie das Datum und die Uhrzeit auf. Einfach nur zu protokollieren, wann Sie Stress hatten, liefert Ihnen schon wichtige Informationen.
- *Stressintensität.* Stufen Sie das Ausmaß von Stress ein, das Sie erleben. Ist es so schlimm wie nur denkbar – eine 5 – oder sind Sie angespannt und nervös, stecken in negativen Gedanken fest, funktionieren aber noch – eine 3 – oder handelt es sich um

eine leichte Nervosität, die zwar ablenkt, mit der Sie jedoch noch umgehen können – eine 1?

- *Erstes Erkennen der Stressreaktion.* Wichtig ist es, dass Sie bewusst darauf achten, wann Sie während des Stressgeschehens feststellen, dass Sie gestresst sind. Schreiben Sie auf, wann Sie zuerst stressvolle Gedanken bemerken, zum Beispiel dann, wenn Ihre Stimme in einer großen Besprechungsrunde versagt. Beschreiben Sie auch stressbedingte Dränge oder Verhaltensweisen, wie das Gefühl, Ihren Chef beschimpfen oder in einem Restaurant auf der Toilette weinen zu wollen.
- *Veranlassendes Ereignis.* Wo begannen der Stress und die Anspannung? Was war der Anstoß? Wenn Sie unsicher sind, raten Sie einfach. Was passierte, kurz bevor Sie Stress empfanden? Mit der Zeit werden Sie eine bessere Vorstellung davon entwickeln.
- *Gedanken.* Achten Sie bewusst auf Ihre Gedanken. Was geht Ihnen durch den Kopf? Stellen Sie sich Ihren Kopf als Radiosender vor: Welches Lied wird gespielt?
- *Körperliche Reaktion.* Schreiben Sie auf, in welchem Körperteil Sie die Stressreaktion spürten und wie sie aussah. Sind Ihre Schultern angespannt, beißen Sie die Zähne zusammen oder haben Sie ein flaues Gefühl in der Magengegend?
- *Verhaltensdrang.* Was möchten Sie gerne tun – flüchten, sich verstecken, jemanden verletzen, sich selbst verletzen, Ihre Mutter anrufen? Schreiben Sie es auf.

Sie können diese Informationen in späteren Übungen in diesem Kapitel und im gesamten Buch verwenden. Dadurch werden Sie lernen, wie Sie sowohl die Häufigkeit als auch die Intensität des erlebten Stresses abschwächen können. Mit diesem Protokoll bringen Sie die Gedanken, die Verhaltensweisen und die Handlungen bei Stress in einen Zusammenhang. Muster werden sich zeigen. Was Stress auslöst und wie Sie auf Stress reagieren, können Sie so besser vorhersagen und begreifen.

1.2 Stress erleben

Wenn Sie Stress in seine Bestandteile aufgliedern, können Sie sehen, dass alle Merkmale in einer logischen Folge auftreten.

Empfindlichkeit für Stress und eine emotionale Verletzlichkeit verschlimmern Ihre Stressreaktion jedoch möglicherweise. Genetische Faktoren, frühe Erfahrungen, die körperliche Gesundheit und Schwierigkeiten dabei, die Wahrnehmung von stressvollen Ereignissen zu verändern, erhöhen insgesamt Ihre Stressanfälligkeit (McEwen, 2007; Sapolsky, 2004).

Die eigene Empfindlichkeit für Stress

Genetische und gesundheitliche Faktoren machen Sie anfälliger für Stress. Eine Person mit einer Veranlagung zu Bluthochdruck wird beispielsweise ein stärkeres stressbedingtes Ansteigen von Blutdruck und Herzfrequenz erleben als der Durchschnitt. Diese Person wird die physischen Symptome von Stress – Herzrasen, Benommenheit, Übelkeit – heftiger und für einen längeren Zeitraum spüren als jemand, der keinen hohen Blutdruck hat.

Unsere Erfahrungen in jungen Jahren wirken sich auf die Physiologie und das Verhalten aus. Kindheitserfahrungen beeinflussen, wie Sie die Welt sehen und welche Gedanken und Ansichten Sie hinsichtlich der eigenen Fähigkeiten haben. Frühe traumatische Erlebnisse können prägen, wie Sie auf Stressoren reagieren und Sie anfälliger für intensive Reaktionen auf möglicherweise stressreiche Ereignisse machen.

Eine Anfälligkeit für Stress bestimmt auch die Intensität und die Länge des Stresserlebens. Verglichen mit dem Stresserleben eines durchschnittlichen Menschen kann der eigene Stress dann eines der folgenden Merkmale oder alle davon aufweisen: Er ist

- leichter auszulösen,
- stärker und extremer,
- länger andauernd.

Wenn Sie empfindlich für Stress sind, löst ein kleines Ereignis, das andere übersehen oder schnell abhaken könnten, mit größerer Wahrscheinlichkeit eine Emotion bei Ihnen aus. Ist die Emotion erst einmal ausgelöst, ist sie meistens extrem. Anstelle von Besorgnis verspüren Sie Panik. Wenn Sie stressempfindlich sind, lösen sich Ihre Gefühle langsamer auf. Wenn Sie bereits starke Emotionen haben, überfordern diese Sie eher und neue Umstände bereiten Ihnen größeren Stress (Linehan, 1993a).

Ihre Wahrnehmungen, Ihr Lebensstil und Ihre Gesundheit prägen die Stressreaktion maßgeblich. Glücklicherweise können Sie verändern, wie Sie über stressreiche Ereignisse denken und auch, wie Sie typischerweise auf Stress reagieren. Sie können Ihren Lebensstil ändern und auf Ihre Gesundheit einwirken, um die Stressempfindlichkeit zu verringern. Anhand Ihrer persönlichen Stressgeschichte können Sie leichter Informationen darüber erhalten, wie Stress bei Ihnen funktioniert, und Ihre Reaktion auf Stress verbessern, unabhängig davon, ob Sie eher empfindlich für Stress und Angst sind oder im Augenblick einfach sehr viel Stress erleben. Sie können diese Informationen im gesamten Buch nutzen, wenn Strategien zur Sprache kommen, mit deren Hilfe Sie stressreiche Zeiten überstehen können.

Die Nachwirkungen von Stress

Das stressvolle Ereignis ist vorbei und der Stress ist vergangen, also sollte wieder alles beim Alten sein, oder? Leider funktioniert es nicht immer auf diese Weise. Das Ereignis, das den Stress auslöste, mag vorüber sein und vielleicht denken Sie nicht einmal mehr darüber nach, doch in Ihrem Körper hat sich noch kein Gleichgewicht wieder eingestellt. Unmittelbar nachdem der Stress vorüber ist, beeinträchtigen der Energieverbrauch und die Veränderungen im Körper durch die Stressreaktion folgende Fähigkeiten:

- Aufgaben verrichten
- Frustration aushalten
- kognitive Konflikte lösen
- anderen helfen

Einem Umweltstressor ausgesetzt zu sein, der Anstrengung verlangt und Aufmerksamkeit fordert, führt zu kognitiver Erschöpfung. Nach einer Begebenheit dieser Art ist es wahrscheinlicher, dass Ihre Aufmerksamkeit eingeschränkt ist und Sie leichter soziale Signale übersehen. Nehmen wir beispielsweise an, dass Sie in der Arbeit gerade eine wichtige Präsentation hinter sich gebracht haben. Der

Stress ist weg. Sie singen vielleicht bei Ihrem Lieblingslied im Radio mit, beim Ausparken passiert jedoch ein kleiner Unfall. In diesem Fall war Ihre Fähigkeit, sich voll auf die Aufgabe des Fahrens zu konzentrieren, noch durch den Stress beeinträchtigt, den Sie zuvor erlebten. Oder stellen Sie sich zum Beispiel vor, dass Sie ein Baby mit Bauchschmerzen versorgt haben, das den ganzen Tag geweint hat. Am Abend hat sich das Kind schließlich beruhigt und schläft. Doch nach dem anstrengenden Tag übersehen Sie Andeutungen, dass Ihr Partner sich Sorgen um die Finanzen macht und Sie bemerken nicht, dass Ihre Mutter am Telefon niedergeschlagen klingt. Sogar wenn das Stresserleben vorüber ist, erschwert die eingeschränkte Aufmerksamkeit, klar zu denken, Probleme zu lösen oder auf die Menschen in Ihrer Umgebung zu reagieren und ihnen zu helfen. Der Stress ist vielleicht vorbei, doch die Auswirkungen halten an.

1.3 Die Verbindung zwischen Stress und Emotion

Bestimmte Emotionen, wie Eifersucht, Wut, Angst, Scham und Furcht, treten oft als Reaktion auf stressvolle Ereignisse auf (Lazarus, 1999). Andere Emotionen, z. B. Glück, Aufregung und Liebe, die normalerweise als positive Emotionen gelten, können dennoch mit dem Erleben von Stress verbunden sein. Eine Beförderung oder ein frisch geborenes Kind können Gefühle von Freude hervorrufen und gleichzeitig Belastung und Stress erzeugen.

Der anstrengendste Teil der Stressreaktion ist häufig, die durch das stressvolle Ereignis ausgelöste schmerzhafte und intensive Emotion zu erleben. Diese Emotionen bestimmen wesentlich die stressbedingten Symptome. Wut, Traurigkeit und Angst verschlimmern beispielsweise Grübeln (eine Erfahrung im Geiste wieder und wieder zu durchleben), während Ärger, Feindseligkeit, Nervosität und Furcht Ihre Konzentrationsfähigkeit stören können.

Um den Stress besser begreifen und bewältigen zu können, ist es unumgänglich, Ihre Emotionen zu verstehen. Wenn Sie lernen, Emotionen zu erkennen und zu benennen sowie zu verstehen, warum Sie eine Emotion haben, können Sie besser mit ihr umgehen. Ein größeres Verständnis Ihres emotionalen Erlebens steigert das

Gefühl der Kontrolle und mindert emotionale Intensität und Reaktivität, wodurch Stress abnimmt.

Die eigenen Emotionen benennen

Verbal zu benennen, wie Sie sich fühlen, kann Ihnen ein Gefühl der Kontrolle über die Emotion geben und deren Intensität verringern. Robert Plutchik zufolge können Emotionen in Kategorien mit etwa acht grundlegenden Basisemotionen unterteilt werden, die alle Menschen erleben (Plutchik, 1980). Alle anderen Emotionen sind Kombinationen dieser Basisemotionen. Wir alle kommen mit der Fähigkeit zur Welt, Freude, Vertrauen, Wut, Leid, Überraschung, Abneigung, Erwartung und Furcht zu empfinden. Gefühle wie Zuneigung und Fürsorge hängen mit Freude zusammen, während Enttäuschung und Einsamkeit mit Leid verbunden sind.

Stress steht in sehr enger Verbindung mit den Basisemotionen Furcht und Wut. Wie Furcht oder Wut wird die Stressreaktion durch die Wahrnehmung einer Bedrohung ausgelöst und veranlasst die Kampf-oder-Flucht-Reaktion. Die physischen Reaktionen Atemlosigkeit, angespannte Muskeln und Schwitzen hängen mit Gefühlen von Besorgnis, Furcht, Nervosität, Leid, Panik und Schock zusammen.

Andere Emotionen sind ebenfalls mit Stress und Angst verbunden. Erschöpfung, Reizbarkeit, Entmutigung und Feindseligkeit, die chronischen Stress definieren, stehen in Zusammenhang mit den Basisemotionen Sorge und Wut. Scham und Schuld gehen in der Regel mit Gedanken daran einher, etwas Wichtiges zu verlieren, was Stress und Angst auslöst. Tabelle 1.1 enthält die acht primären Emotionen und gibt Beispiele für andere Emotionen, die mit ihnen zusammenhängen. Wenn Sie sich mit den Emotionen in der Tabelle vertraut machen, können Sie Ihre emotionalen Erfahrungen besser ausdrücken.

Es ist wichtig zu bedenken, dass ein Name für eine Emotion ein Etikett ist, das wir für einen Prozess verwenden, der Ereignisse, Gedanken, körperliche Empfindungen und Verhaltensdränge einschließt. Wenn Sie Schwierigkeiten damit haben, Ihre Emotion zu benennen, kann es hilfreich sein, jeden Aspekt des Prozesses zu überdenken und sich zu fragen: »Was löste meine Gefühle aus,

Tabelle 1.1 Zusammenhängende Emotionen

Freude	Vertrauen	Wut	Leid
Gelassenheit Ekstase Optimismus Fröhlichkeit Liebe Fürsorge	Bewunderung Akzeptanz Toleranz Herzlichkeit	Verdruss Rage Verachtung Feindseligkeit Neid Zorn	Nachdenk- lichkeit Kummer Reue Entmutigung Enttäuschung Traurigkeit
Überraschung	**Abneigung**	**Erwartung**	**Furcht**
Ablenkung Erstaunen Verwunderung Unsicherheit	Langeweile Abscheu Scham Schuld Demütigung	Interesse Wachsamkeit Ehrfurcht Neugier	Schrecken Besorgnis Angst Reizbarkeit Nervosität

welche Gedanken habe ich, wie reagiert mein Körper und was möchte ich tun?« Indem Sie den gesamten Ablauf einer Emotion untersuchen, können Sie möglicherweise leichter einen Namen für sie finden.

Der Zweck von Emotionen

Eine Emotion kann neutral sein – eine Körperreaktion, die wir einfach hinnehmen müssen – oder zerstörerisch – so intensiv, dass sie die Fähigkeit beeinträchtigt, Ihr Leben zu gestalten und Ihre Ziele zu erreichen. Die Sorge, dass ein Kind entführt werden könnte, kann dazu führen, dass Sie es von Freunden fernhalten und eine normale und entwicklungsgemäße Unabhängigkeit einschränken. Die Furcht vor öffentlicher Demütigung könnte Sie dazu bringen, eine Stelle abzulehnen, bei der Sie glänzen könnten, die jedoch regelmäßig öffentliche Präsentationen erfordert. Die Angst vor Keimen und Erkältungen kann verursachen, dass Sie öffentliche Räume meiden und geselligen Aktivitäten ausweichen.

Doch eine Emotion kann auch nützlich sein. Die Angst vor einem bevorstehenden Abgabetermin oder Projekt kann Sie motivieren, mit der Arbeit zu beginnen. Die Sorge um ein krankes Kind kann Ihnen die Energie geben, die ganze Nacht aufzubleiben, um seine Temperatur zu überwachen. Anteilnahme bringt Sie dazu, bei einem Unwetter hinauszugehen und gemeinsam mit einem Freund einen platten Reifen zu wechseln.

Die emotionalen Bestandteile der Stressreaktion haben wichtige Funktionen. Emotionen wie Furcht, Frustration und Traurigkeit können Informationen schneller übermitteln als verbale Kommunikation. Diese Emotionen teilen uns auch etwas über uns selbst mit. Marsha Linehan beschreibt drei primäre Funktionen jeglicher Emotion: ein Handeln auslösen, Gefühle und Gedanken vermitteln und die eigene Wahrnehmung der Welt bestätigen (Linehan, 1993b).

Emotionen lösen Handlungen aus. Stressauslösende Belastungen im Leben aktivieren eine physische Reaktion, die Menschen dazu antreibt, zu handeln. Normalerweise sind wir nicht mit wilden Tieren konfrontiert, doch die Kampf-oder-Flucht-Reaktion weist immer noch Merkmale der Anpassung auf. Auch Emotionen, die durch stressreiche Ereignisse ausgelöst werden, motivieren zum Handeln. Wut kann Sie antreiben, angesichts von Hindernissen weiterzumachen. Besorgnis kann Sie von einer schlechten Umgebung fernhalten oder von Fahrten mit Betrunkenen am Steuer. Versagensängste können Sie dazu bewegen, für eine berufliche Zulassungsprüfung zu lernen oder sich auf eine schwierige Aufgabe vorzubereiten. Die Furcht, erwischt zu werden, kann Sie davon abhalten, bei der Arbeit nachlässig zu sein oder zu stehlen. Liebe und Zuneigung bringen Sie dazu, für andere zu sorgen und sicherzustellen, dass kranke und verwundbare Menschen nicht allein gelassen werden.

Emotionen vermitteln anderen Menschen Gefühle und Gedanken. Worte sind unentbehrlich, doch Körpersprache und Emotionen sind häufig unmittelbarer und bewirken mehr als verbale Botschaften. Das Zittern in der Stimme, wenn Sie über die Krankheit Ihrer Mutter sprechen, vermittelt Ihre Angst und Besorgnis besser als Worte. In der Regel reagieren Menschen mehr auf die Körpersprache einer emotionalen Botschaft als auf verbale Kommunikation. Ein Freund, der das Beben in Ihrer Stimme hört, bietet möglicherweise Unterstützung und Trost an, wohingegen ein anderer, dem Sie ruhig die Angst vor dem nächsten Arzttermin Ihrer Mutter darlegen, das Ausmaß Ihrer Sorge vielleicht nicht wahrnimmt.

Emotionen bestätigen Selbstwahrnehmungen. Emotionen teilen nicht nur anderen Menschen etwas mit, sondern senden auch Botschaften an Sie selbst. Körper und Psyche erhalten und verarbeiten ständig Informationen, die teilweise nicht vorrangig der bewussten Wahrnehmung zugänglich sind. Das Auftreten einer Emotion – z. B. Nervosität – kann Ihre Deutungen und Erfahrungen bestätigen. Nervosität bestätigt die Deutung »Das hier ist wichtig und ängstigt mich« und verleiht dem Eindruck Glaubwürdigkeit, dass Sie einen wichtigen Moment erleben.

Stresssymptome

Die im nächsten Abschnitt aufgeführten Symptome sind typisch für stressgeplagte Menschen. Sie gründen auf der physischen Stressreaktion und finden hier Erwähnung, weil Sie häufig als Stresssymptome genannt werden. Die Liste ist nicht vollständig oder als Diagnoseinstrument gedacht. Vielmehr soll sie Ihnen helfen zu erkennen, was Sie in Ihrer persönlichen Stressgeschichte erleben.

Übung

Welche Stresssymptome zeigen Sie?

Schreiben Sie in Ihrem Tagebuch oder auf ein leeres Blatt Papier die Symptome auf, die Sie typischerweise unter Stress erleben.

Körperliche Symptome

Symptome in Verbindung mit erhöhtem Blutdruck	
Kopfschmerzen	Erbrechen
Schwindel	Brustschmerzen
Sehstörungen	Kurzatmigkeit
Übelkeit	

Symptome in Verbindung mit einer erhöhten Herzfrequenz	
regelmäßiges oder unregelmäßiges Herzklopfen	in der Burst, in der Kehle oder im Hals spürbares Herzklopfen
bewusste, unangenehme Wahrnehmung des eigenen Herzschlags	Herzklopfen, das bei Emotionen wie Aufregung oder Angst zu spüren ist
Empfindung eines holprigen oder unterbrochenen Herzschlags	

Andere physische Symptome	
Aufregung	Schwitzen
Nervosität	wackelige Beine
Zittern	Weinen
Beben	Reizbarkeit
gesteigertes Erinnerungsvermögen	Müdigkeit
Gedächtnisstörungen	Appetitlosigkeit
Anspannung	mangelndes Interesse an Sexualität
Energie	Schlafprobleme
das Gefühl, sich bewegen zu müssen	angespannte Kiefermuskulatur
Mundtrockenheit	Zähne zusammenbeißen
sich verwundbar fühlen	Schmerzen im unteren Rücken
Hitzewallungen	Schweregefühl in Armen oder Beinen

Psychische Symptome

Sorgen	
sich am Rande der Panik fühlen	die Sorge, den Verstand zu verlieren
von Sorgen überwältigt werden	von physischen Symptomen wie Wackeligkeit oder Schwäche geängstigt sein
unfähig sein, sich von Sorgen abzulenken	die Sorge, einen Herzinfarkt zu bekommen
die Sorge, andere Menschen zu verletzen oder zu beleidigen	die Sorge, psychisch krank zu sein
denken, dass das Leben sinnlos ist	die Sorge, Fehler zu machen

Konzentrationsschwierigkeiten	
Schwierigkeiten, sich auf eine Aufgabe zu konzentrieren	schlechte Träume haben
Schwierigkeiten, seine Gedanken zu kontrollieren	einen leeren Kopf haben
in negativen Gedanken steckenbleiben, die man nicht los wird	Entscheidungsschwäche
wiederholt vergangene Ereignisse, Gespräche und Handlungen überdenken	

Selbstverurteilung	
sich beschimpfen	sich anderen gegenüber wertlos und unterlegen fühlen
sich mit andern vergleichen und für unzulänglich befinden	keine Befriedigung durch persönliche Erfolge empfinden
sich für einen Versager halten	einen niedrigen Selbstwert haben

Emotionale Symptome	
Übellaunigkeit	Unzufriedenheit
extreme Gefühlsschwankungen	Einsamkeit
Reizbarkeit	Traurigkeit
leicht aufbrausend sein	sich überfordert fühlen
Unfähigkeit, sich zu entspannen	

Verhaltensbezogene Symptome und der Drang zur Vermeidung. Es ist normal, auf eine hohe Stressbelastung mit dem Bedürfnis zu reagieren, schmerzhafte Emotionen, Forderungen von anderen, neue Erfahrungen, bedrohlich wirkende Situationen und andere stressbedingte Umstände zu vermeiden. Wenn Stress bei Ihnen jedoch regelmäßig wiederkehrt, vermeiden Sie möglicherweise Situationen, die zwar stressreich, aber dennoch wichtig für ein erfülltes Leben sind, anstatt sich ihnen zu stellen.

Versuche, extreme und schmerzvolle Emotionen durch das Vermeiden stressvoller Situationen in den Griff zu bekommen, können selbst zum Problem werden. Zudem können sich Probleme vervielfachen, wenn Sie die durch diese Situationen hervorgerufenen schmerzhaften Emotionen vermeiden, indem Sie sich ungesund oder riskant verhalten, wie beispielsweise exzessiv Alkohol trinken, sich selbst verletzen, Substanzen konsumieren, Pflichten vernachlässigen, zu viel oder zu wenig essen, zu viel schlafen, gewalttätig werden und nur schwer einen gesunden Kontakt mit Freunden oder der Familie haben können.

Einfach allen Erinnerungen oder Gedanken an stressvolle Ereignisse aus dem Weg zu gehen, kann ebenso Probleme verursachen. Sie möchten keine Kritik von Ihrem Vorgesetzten hören, also vermeiden Sie den Kontakt zu ihm. Die Krebserkrankung Ihrer Schwester bereitet Ihnen Sorge, also reden Sie nicht darüber. Sie fühlen sich schwindelig und haben Magenschmerzen und ignorieren das. Das Bedürfnis, der Kritik eines Vorgesetzten aus dem Weg zu gehen, kann im Extremfall bedeuten, einen Fehler zu vertuschen, der schlimme Folgen hat. Bei einigen Menschen können wiederholte Attacken von intensiver Furcht und Angst dazu führen, die meisten Aktivitäten außerhalb der eigenen vier Wände zu vermeiden.

Wie vieles andere im Leben kann dieser Drang, stressreiche Situationen zu vermeiden, problematisch werden, wenn er dazu führt, dass Sie wichtigen Ereignissen ausweichen, wenn er zur Standardreaktion wird oder wenn er zu ungesunden und riskanten Verhaltensweisen führt.

Die eigenen Stresssymptome verstehen. Ihre Stresssymptome sind individuell und teilen Ihnen sehr viel über die eigene Stressgeschichte mit. Betrachten Sie die Symptome, die Sie in der oben genannten Liste aufgeschrieben haben. Ob Symptome problematisch oder chronisch sind, unterscheidet sich von Mensch zu Mensch. Folgende Merkmale zeigen, dass Stress Ihnen Probleme bereitet:

- das Gefühl, die Kontrolle über Ihre Symptome zu verlieren (wenn Sie z. B. nicht aufhören können, sich Sorgen zu machen, sich nicht konzentrieren oder sich nicht beruhigen können)
- langandauernde und wiederkehrende Symptome, die über Wochen oder Monate anhalten
- Symptome, die Ihre Funktionsfähigkeit im Alltag beeinträchtigen, beispielsweise bestimmte Menschen vermeiden oder Rechnungen nicht bezahlen

- negative Emotionen und emotionale Erschöpfung, die tage- oder wochenlang anhalten
- regelmäßige physische Erschöpfung oder gefährliche physische Symptome, wie chronischer Bluthochdruck (solche Symptome sollte ein Arzt abklären, um sicherzustellen, dass sie keine medizinische Ursache haben)
- wiederholt auf eine Weise handeln, die riskant ist oder Gesundheitsprobleme verursachen kann, wie beispielsweise als Reaktion auf Stress übermäßig zu essen oder exzessiv Alkohol zu trinken

Psychische Belastungen, physische Bedrohungen und schwierige soziale Umstände setzen alle die gleiche Stressreaktion in Gang. Die Symptome können leicht bis schwerwiegend ausfallen, wenig oder gar keine Störung in Ihrem Leben verursachen oder Sie ernsthaft schwächen. Wenn Sie Ihre Stresssymptome besser verstehen, können Sie die Strategien in diesem Buch besser nutzen, um problematischen und chronischen Stress in den Griff zu bekommen.

Zusammenfassung

In diesem Kapitel haben Sie begonnen, die Beziehung zwischen äußeren Stressoren in Ihrem Leben und Ihrer Stressreaktion zu erforschen. Indem Sie die Übungen durchführten, untersuchten Sie den inneren Prozess von Stresserleben und Emotion und auch die Wechselbeziehung zwischen der inneren Erfahrung von Stress und äußeren Stressoren. Wenn Sie Ihre Gedanken, körperlichen Reaktionen und Handlungsdränge in Verbindung mit stressvollen Ereignissen in Ihrem Leben identifizieren, hilft das dabei, die Stressreaktion besser vorherzusagen. Durch die Vorhersagbarkeit fällt die Stressreaktion schwächer aus. Gleichzeitig gewinnen Sie durch die Übungen in diesem Kapitel wertvolle Informationen über Ihr individuelles Stresserleben. Durch mehr Wissen über sich selbst können Sie besser solche Reaktionsweisen auf Stress wählen, die für Sie effektiv und erfolgversprechend sind.

2 Den eigenen Geist entwirren

Im vorigen Kapitel wurde erläutert, dass Ihre Gedanken eine wesentliche Rolle bei der Erfahrung von Stress und Angst spielen. Wie Sie über die Ereignisse in Ihrem Leben *denken*, kann stärker als die Ereignisse selbst bestimmen, wie viel Stress Sie erleben. Überzeugungen formen unsere Erwartungen an die Welt. Diese Überzeugungen – wie die Überzeugung, dass eine bestimmte soziale Situation gefährlich ist oder dass alles nicht absolut Perfekte einem Versagen gleichkommt – beeinflussen maßgeblich, ob ein Ereignis eine Stressreaktion auslöst. Der genau gleiche Stressor, den zwei Menschen wahrnehmen und bewerten, wirkt sich auf jeden der beiden unterschiedlich aus (Sapolsky, 2004).

In den 1950er und 1960er Jahren untersuchten Albert Ellis und Aaron T. Beck, wie Gedanken zu Problemen mit Emotionen und Verhaltensweisen beitragen (Ellis & Harper, 1975; Beck et al., 1979). Diese frühen Arbeiten dienen als Grundstein für den Fokus der DBT auf Gedanken, die intensiven emotionalen Reaktionen vorausgehen.

2.1 Wie Gedanken zu Stress beitragen können

Jeder von uns hat eine Reihe von Überzeugungen, Erwartungen, Regeln und Deutungen, die wir nutzen, um die Welt zu verstehen. Sie sind das Ergebnis von Denkprozessen und vergangenen Erfahrungen. Einige davon sind hilfreich, wenn wir durch das Leben gehen. Sie erweisen uns gute Dienste, wenn wir Beziehungen knüpfen, den Arbeitstag bestehen, Ziele erreichen und Sinn im Leben suchen. Andere sind verzerrt, rigide oder übertrieben. Sie beeinträchtigen die Fähigkeit, uns genau an Ereignisse zu erinnern, lassen uns die Gegenwart falsch interpretieren und halten uns gefangen in intensivem Stress und Angst.

Normaler Stress und Angst sind eine Reaktion auf eine realistische Gefahr. Das kann eine physische Bedrohung sein, wie beispielsweise ein Fremder mit Kapuze in einer dunklen Gasse, oder eine soziale Bedrohung, Gerüchte etwa, die Ihren Ruf in der Arbeit beschädigen können. Stress aufgrund einer tatsächlichen Bedrohung löst sich auf, sobald die Gefahr vorüber ist. Sie steigen sicher in Ihr Auto oder sprechen direkt mit Ihren Kollegen und stoppen das Gerücht.

Anormale Angst ist eine völlig unverhältnismäßige Reaktion, die sogar dann anhält, wenn keine Gefahr besteht (Beck & Emery, 2005). Es ist wichtig zu verstehen, dass einige Gedanken zielgenaue Beurteilungen der Welt um uns herum darstellen, während andere übertrieben oder verzerrt sind.

Jeder übertreibt gelegentlich Probleme oder verstrickt sich in Sorgen. Es gibt keine magische Linie, die ein »normales« Ausmaß von Sorgen und Verzerrung von einem »unnormalen« abgrenzt. Auch ist es nicht notwendig oder gar besonders hilfreich, sich selbst als normal oder unnormal abzustempeln. Zweckmäßig ist hingegen, jene Gedanken zu bestimmen, die fehlerhaft sind und unnötig Stress und Angst verstärken. In diesem Kapitel werden folgende Themen bearbeitet:

- das Konzept des dialektischen Denkens
- den Inhalt Ihrer Gedanken überwachen
- problematische Gedanken beurteilen und verändern

2.2 Dialektisches Denken – die eigene Weltsicht verändern

Bevor wir uns Ihren Gedanken zuwenden, werden wir zunächst einige grundlegende Prinzipien betrachten. Die Dialektik ist eine Methode der Gesprächsführung, bei der zwei oder mehr Personen mit unterschiedlichen Ansichten versuchen, die Wahrheit durch den rationalen Austausch von Standpunkten zu finden. Sie soll nicht beweisen, dass eine Sichtweise richtig und die andere falsch ist; vielmehr versucht sie, herauszufinden, inwiefern beide Sichtweisen bestehen und sich gleichzeitig als wahr erweisen könnten. Bei der Entwicklung der DBT gründete Marsha Linehan ihre Theorie auf einer dialektischen Weltsicht (Linehan, 1993a).

Dialektisches Denken ist ein Versuch zu verstehen, inwiefern scheinbare Gegensätze Gemeinsamkeiten haben und in Wahrheit

Teile eines Ganzen sind, obwohl sie sich dem Anschein nach gegenseitig ausschließen. »Dialektisches Denken« könnte z. B. bedeuten, zu akzeptieren, dass Sie sich alleine fühlen und dabei gleichzeitig von Menschen umgeben sind. Es könnte bedeuten, Ihr Bestes zu geben, während Sie sich zur gleichen Zeit eingestehen, sich noch mehr anstrengen zu müssen (Linehan, 1993a). Es könnte bedeuten, anzuerkennen, dass Sie sowohl von der Unterstützung anderer abhängig sind, als auch fähig, eine große Verantwortung eigenständig zu übernehmen.

Dialektische Denkmuster – dass zwei scheinbar gegensätzliche Dinge gleichzeitig wahr sein können – zu begreifen und zu übernehmen, kann zu größerer *kognitiver Flexibilität* führen. Häufig verwandelt kognitive Rigidität (zwanghaft immer wieder die gleichen Gedanken zu wälzen und Alternativen nur eingeschränkt oder überhaupt nicht wahrzunehmen) normale Angst in chronischen Stress.

Rigide Gedankenmuster erweitern

Marsha Linehan beschreibt Dialektisches Denken als eher dynamische denn statische Betrachtung der Welt (Linehan, 1993a). Die Realität besteht aus gegensätzlichen Kräften und Ideen, die alle gleichzeitig da sind. Dieser Grundsatz beinhaltet, zahlreiche und manchmal gegensätzliche Wahrheiten zu akzeptieren und an Situationen nicht nur die Extreme zu sehen.

Verschiedene Wahrheiten akzeptieren. Dem Konzept der DBT zufolge entsteht und entwickelt sich die Wahrheit im Laufe der Zeit (Linehan, 1993a). Zu glauben, dass es nur eine endgültige und unbestreitbare Wahrheit gebe, kann Konflikte und Angst verursachen und Sie in einem rigiden Gedankenmuster gefangen halten. Natürlich besteht unsere Welt aus Tatsachen: Die Erde dreht sich um die Sonne; die Sonne ist heiß. Sich widersprechende Wahrheiten zu akzeptieren bedeutet, anzuerkennen, dass nie alle Tatsachen umfassend bekannt sein können und dass jeder von uns sie durch die Brille der eigenen Erfahrungen deutet. Meine Wahrheit, durch meine Brille gesehen, kann sich wesentlich von Ihrer unterscheiden. Keine von beiden muss falsch oder richtig sein. Beide können gleichzeitig bestehen – und tun dies auch.

Extremes Denken loslassen. Stressbedingte Gedanken schwingen häufig wie auf einer Wippe zwischen gegensätzlichen Polen eines Spektrums hin und her und sorgen für ungezügelte Schwankungen emotionaler Intensität. Ein Ziel der DBT besteht darin, das Denken näher an das Zentrum der Wippe zu bringen. Das kann Ihnen gelingen, indem Sie sich von extremen Denkweisen, insbesondere perfektionistischem Denken, lösen.

Schwarz versus Weiß. Die Sicht auf Menschen, Handlungen und Ereignisse einzuschränken – und Wörter wie »gut«, »schlecht«, »nie«, »immer«, »müsste«, »sollte«, »sollte nicht«, »angemessen«, »unangemessen«, »gerecht«, »ungerecht«, »Idiot«, »dumm« und »ideal« zu benutzen – steigert die emotionale Intensität Ihrer Gedanken und verengt Ihren Fokus. Dadurch werden verzerrte Sichtweisen und übertriebene Eindrücke wahrscheinlicher. Bei einer dialektischen Weltsicht hingegen forschen Sie eher nach den Graubereichen, anstatt die Schwarz-Weiß-Perspektive extremen Denkens zu wählen. Sie können ein »schlechtes« Verhalten zeigen, aber dennoch ein »guter« Mensch sein. Sie können einen Fehler machen und trotzdem kompetent sein.

Unvollkommenheit annehmen. Perfektion ist eine Übertreibung, die in besonderer Weise Stress auslöst. Vertreten Sie die Auffassung, dass der Stress verschwinden würde, wenn Sie nur vollkommen sein könnten? Streben Sie nach dem perfekten Zuhause mit Zimmern, die nie unordentlich, und Wänden, die immer frisch gestrichen sind; einer perfekten Garderobe, die bequem, modebewusst und nie schmutzig oder zerknittert ist; und perfekten Umgangsformen, Leistungen, Kindern, Beziehungen und Arbeitsergebnissen?

Leider verbessert das Streben nach Vollkommenheit unser Leben nicht und baut auch Stress nicht ab. Wenn Sie für sich perfekte Maßstäbe anlegen und sich unrealistische Ziele setzen, läuft das womöglich auf Selbstverurteilung hinaus und schlussendlich darauf, in Zukunft nichts Neues auszuprobieren. Scheitern Ihre Bestrebungen nach absoluter Vollkommenheit, geht Perfektionismus oft einher mit Gedanken wie »Ich bin ein Idiot« oder »Ich bin ein schlechter Mensch«. Diese Verunsicherung des eigenen Selbst führt zu Scham, Hoffnungslosigkeit und Aufgeben, bevor Sie überhaupt begonnen haben. Das Bedürfnis nach Vollkommenheit beeinträchtigt die Fähigkeit, sich als »gut genug« zu beurteilen. Das Ziel Perfektion führt dazu, vorrangig alle Einzelheiten zu sehen, die noch nicht vollkommen sind. Es verhindert, dass Sie loslassen und weitergehen können. Es hält Sie davon ab, das Leben so zu akzeptieren, wie es ist.

Beispiel

Die Geschichte von Jen

Jen war eine erfolgreiche Marketingleiterin, bevor sie zu arbeiten aufhörte, um sich um die Erziehung ihrer Kinder zu kümmern. Die einflussreiche Stellung aufzugeben fiel ihr schwer, doch sie hatte schon immer das Bild eines schönen Zuhauses voller glücklicher Kinder vor Augen. Sie sagte sich, dass sie dieses vollkommene Bild eines Familienlebens erreichen müsste, um als Mutter erfolgreich zu sein. Weil sie diese Perfektion anstrebte, räumte sie ständig hinter ihren Kindern her. Wenn ihr Sohn seine Eisenbahn im Wohnzimmer verteilte, dachte sie immerzu nur an das Aufräumen, während er spielte. Sie schrie die vierjährige Tochter an, wenn sie ihre Buntstifte auf dem Fußboden verstreute. Sie verplante ihre Kinder vollständig mit Musikstunden, Sprachunterricht und verschiedenen Sportarten. Sie ließ Bilder monatelang an der Wand angelehnt stehen, weil sie dafür nicht den perfekten Platz finden konnte, und vermied Einladungen an Freunde und die Familie, weil sie sich Sorgen machte, dass sie zu sehen bekamen, was zuhause alles nicht perfekt war. Tagtäglich machte sie sich Gedanken über tropfende Wasserhähne, Streitereien unter den Geschwistern, staubige Lampenschirme und nicht aufgegessenes Gemüse. Sie glaubte fest, dass es einem Versagen als Mutter gleichkäme, wenn sie nicht fähig wäre, für ein perfektes Zuhause und eine perfekte Kindheit für ihre Kinder zu sorgen. Perfektionismus hielt sie davon ab, zu genießen: Mahlzeiten, die gut genug waren, ein Haus, das sauber genug war, und Kinder, die glücklich und gesund genug waren.

Wenn Sie dazu neigen, Maßstäbe der Vollkommenheit für sich zu setzen und ziemlich hart sich selbst gegenüber sind, sollten Sie diese Selbsturteile aufschreiben. Sie können sie durch Gedanken ersetzen, die annehmender und weniger extrem sind. In Tabelle 2.1 sind Jens perfektionistische Gedanken aufgeführt und einige Alternativen, die Graubereiche zulassen.

Tabelle 2.1 Perfektionistische Gedanken und Alternativen

Jens perfektionistische Gedanken	**Annehmende, weniger extreme Gedanken**
Ich bin ein Versager.	Das war ein Fehler oder nicht ganz perfekt, aber es ist gut genug.
Ich bin keine gute Mutter.	Meine Kinder brauchen keine perfekte Mutter, sondern eine, die sie liebt.
Meine Kinder werden erkennen, dass ich ein Versager bin, wenn ich Unordnung zu Hause zulasse.	Wenn ich für meine Kinder ein Vorbild bin, wie man mit Unordnung und Problemen umgeht, macht sie das zu starken Erwachsenen.
Ich muss meine Kinder ausschließlich mit Bioprodukten und hausgemachten Mahlzeiten ernähren. Alle Fertigprodukte ruinieren ihre Gesundheit.	Gesunde Lebensmittel sind am besten, aber wenn wir gelegentlich ungesunde Snacks essen, schadet das niemandem.
Ich muss immer für eine anregende intellektuelle Umgebung für meine Kinder sorgen. Fernsehen ist schädlich und beeinträchtigt ihre Intelligenz.	Ich mache Puzzle, lese mit ihnen und sorge für andere anregende Aktivitäten. Ein bisschen Fernsehen ist in Ordnung.

Übung

Perfektionistisches Denken ersetzen

Perfektionistisches Denken kann zur Gewohnheit werden. Um eine Gewohnheit zu verändern, ist es unabdingbar, neue Verhaltensweisen, in diesem Fall neue Gedanken, immer wieder zu üben, bis sie die gewohnten Verhaltensweisen ersetzen.

(1) Suchen Sie einen ruhigen Zeitpunkt im Laufe des Tages. Legen Sie Ihr Tagebuch oder ein leeres Blatt Papier bereit und erstellen Sie eine Tabelle mit zwei Spalten, wie die Tabelle oben. Versehen Sie eine Spalte mit der Überschrift »Perfektionistisches Denken«, und die andere mit der Überschrift »Annehmende, weniger extreme Gedanken«.

(2) Denken Sie an den vergangenen Tag (oder den vorhergehenden, wenn Sie die Übung am Morgen durchführen). Achten Sie besonders auf Zeiten, als Sie den Eindruck hatten, dass Sie versagten, einen Fehler machten oder der Meinung waren, zu versagen oder einen Fehler zu machen. Erinnern Sie sich an die Gedanken, die Sie infolge dieser Fehlschläge oder Fehler hatten, oder stellen Sie sich diese vor, wenn Sie sich nicht erinnern können. Möglicherweise ist es hilfreich, die Gedanken durchzugehen, die Sie in den Übungen in Kapitel 1 notiert haben.

(3) Schreiben Sie in der Spalte »Perfektionistisches Denken« alle Gedanken auf, die in Ihren Augen perfektionistisch oder extrem sind. Das könnte ein vollständiger Gedanke sein oder nur ein oder zwei Wörter. Wörter wie »Versager«, »Ruin«, »gut«, »schlecht«, »nie«, »immer«, »müssen«, »sollte«, »sollte nicht«, »angemessen«, »unangemessen«, »Idiot«, »dumm«, und »ideal« sind Zeichen für perfektionistisches Denken.

(4) Schreiben Sie in der Spalte »Annehmende, weniger extreme Gedanken« alternative Gedanken auf, die gelassener, offener und nachsichtiger gegenüber Unvollkommenheit sind. Ersetzen Sie Wörter wie »immer«, und »nie« mit schwächeren Ausdrücken wie »manchmal«, um überzogene Gedanken zu entschärfen. Bei Gedanken, die extreme Wörter wie »Ver-

sager«, »Idiot«, »unmöglich« oder »Ruin« enthalten, sollten Sie versuchen, eher das zu sehen, was Sie erreicht haben, und nicht das, was Ihnen nicht gelang.

(5) Wenn Sie in der Regel jeden Fehler als Versagen betrachten oder als einzige Definition von Erfolg für Sie gilt, der Beste zu sein, könnten Sie sich fragen: »Wie kann ich damit umgehen?«, oder: »Was ist positiv an diesem Problem?«

Bewahren Sie diese Liste von Anfechtungen Ihres perfektionistischen Denkens auf. Ergänzen Sie die Liste, wenn Sie weitere Beispiele extremen Denkens bemerken, und wiederholen Sie die mehr annehmenden und mäßigeren Gedanken regelmäßig. Denken Sie daran, dass es Übung erfordert, das Leben zu verändern, selbst wenn es nur um gedankliche Veränderungen geht.

Kontext und wechselseitige Verbindung

In Linehans Beschreibung der Dialektik sind wir alle miteinander verbunden (Linehan, 1993a). Auch unsere Handlungen sind miteinander verbunden. Sicherlich haben Sie schon einmal einen Kieselstein ins Wasser geworfen und beobachtet, wie sich die Wellen ausbreiten. Wie die Wellen des Kieselsteins breiten sich unsere Handlungen und die Handlungen anderer aus und haben beabsichtigte wie auch unbeabsichtigte Folgen.

Die Herausforderung besteht darin, den Einfluss äußerer Umstände zu bedenken, wenn Sie sich in rigide Gedanken verstricken. Stellen Sie sich zum Beispiel vor, dass Ihre Ärztin während eines Termins kurz angebunden und abweisend ist. Sie schließen daraus, dass sie verärgert darüber ist, wie Sie sich im Hinblick auf Ihr Gewicht verhalten und glaubt, dass diese Probleme ihre Zeit nicht wert sind.

Sie können jedoch unmöglich alle Einflüsse auf sie oder irgendeinen anderen Menschen kennen. Es gibt viele mögliche Gründe für das Verhalten der Ärztin weit jenseits Ihrer ursprünglichen Schlussfolgerung. Sie hat womöglich einen übervollen Terminplan, ist müde nach einer Nacht Bereitschaftsdienst, hat Urlaub nötig oder ist von der Bürokratie genervt.

Umfassender gedacht erinnert das Konzept der wechselseitigen Verbundenheit daran, das alle Interaktionen in einer sozialen Welt geschehen. Unsere Handlungen kontrollieren wir persönlich, doch auch unser sozialer Kontext beeinflusst und steuert sie. Wenn jemand Gewalt und Unterdrückung erlebt hat, denkt und verhält er sich anders als jemand, dem immer die notwendigen Ressourcen im Leben zur Verfügung standen und der sich wohlfühlte. Um zu verinnerlichen, dass wir alle wechselseitig miteinander verbunden sind, müssen Sie den sozialen Kontext betrachten, wenn Sie Ihre Handlungen und die der Menschen in Ihrem Umfeld verstehen möchten. Die Arbeit der Ärztin beispielsweise ist sehr stressreich und dieser Stress bringt sie vielleicht dazu, sich abweisend zu verhalten. Ihr Handeln hat womöglich überhaupt nichts mit Ihnen zu tun.

Zu Veränderung »Ja« sagen

Der letzte dialektische Grundsatz besagt, dass die Realität sich ständig verändert (Linehan, 1993a). Veränderung kann Stress erzeugen, insbesondere, wenn Sie glauben, dass sich Ihr Leben nachteilig verändert.

Linehan zufolge geht es bei diesem Prinzip darum, Veränderung als grundlegende Eigenschaft des Lebens zu akzeptieren, unabhängig davon, ob Sie diese positiv oder negativ beurteilen (Linehan, 1993a). Emotionen werden intensiver und das Denken verzerrter, wenn Sie versuchen, Veränderung aufzuhalten oder zu kontrollieren. Sorgen, dass das Glück endet oder dass Stress und Angst nie aufhören, tragen zu Stress bei.

Ständige Veränderung bedeutet, dass ein Augenblick des Glücks vorübergeht und genauso auch Momente der Angst. Wie Wellen im Meer kommen beide Emotionen zurück und gehen auch wieder, strömen in Ihr Leben und wieder aus ihm hinaus. Wenn Sie ständigen Wandel akzeptieren, können Sie die Sorge loslassen, dass positive Momente aufhören und negative Emotionen unaufhörlich weitergehen. Die Gewissheit, dass sowohl Augenblicke, die Sie lieben und schätzen, als auch jene, die Ihnen Stress bereiten und Sie verunsichern, vorbei gehen, ermöglicht Ihnen, im Leben gegenwärtig zu sein und es so zu erfahren, wie es tatsächlich stattfindet.

2.3 Den Inhalt der eigenen Gedanken beobachten

Während Sie diese dialektischen Prinzipien durchlesen, fragen Sie sich vielleicht, inwiefern sie auf Ihr eigenes Denken zutreffen. Kommen Ihnen extreme Ausdrücke, perfektionistische Gedanken und die Überzeugung, dass Ihnen Handlungsmöglichkeiten fehlen, bekannt vor?

Betrachten wir Jens Beispiel. Die Überzeugung, dass sie ein perfektes Zuhause für ihre Kinder schaffen muss, ist ein völlig überzogener Gedanke. Sie geht jedoch so vor, als wäre dieser Gedanke eine Tatsache. Sie versucht ständig, das wirkliche Leben ihrer Vision von Vollkommenheit anzugleichen, und betrachtet sich als Versager, wenn es unweigerlich dieser Vision nicht entspricht.

Jen hat damit begonnen, den Einfluss problematischen Denkens im Hinblick auf Stress zu begrenzen, indem sie den Inhalt ihrer Gedanken bewusster wahrnimmt. Selbsterkenntnis macht es möglich, von fehlerhaftem Denken Abstand zu nehmen und eine angemessenere Sichtweise auf die Situation zu bekommen.

Muster in den eigenen Gedanken beobachten

Manchmal genügt schon allein der Vorgang, die eigenen Gedanken zu beobachten, um Objektivität zu gewinnen und den Einfluss der Gedanken auf das Stressausmaß zu verringern (Beck & Emery, 2005).

Möglicherweise müssen Sie jedoch auch Muster, Bedeutungen und Glaubenssätze erforschen, die den Gedanken zugrunde liegen, um ihren belastenden Einfluss abzuschwächen – eine nicht immer leichte Aufgabe. Der Arzt Aaron Beck und der Philosoph Gary Emery vermuten, dass es aus zwei Gründen schwer ist, angstbesetzte und stressvolle Gedanken zu beobachten (Beck & Emery, 2005):

(1) Wenn Sie Angst und Stress erleben, tauchen Sie häufig so tief in die Emotion ein, dass Sie sich nur schwer zurücknehmen und einfach beobachten können, was Sie gerade denken.

(2) Sie könnten Angst vor dem haben, was Sie herausfinden, wenn Sie zu genau hinsehen.

Wenn Sie jedoch Ihre Gedanken wahrnehmen können, ohne sich darin zu vertiefen, schaffen Sie eine Distanz zwischen sich und dem, was Sie denken. Das begrenzt die Macht dieser Gedanken, Stress auszulösen. Sie werden feststellen, dass Ihre Gedanken kommen und gehen. Sie können beobachten, wie sie vorbeiziehen, und eine Wahl treffen: sich in die Gedanken vertiefen, sie ziehen lassen oder aktiv versuchen, sie zu verändern.

Übung

Die eigenen Gedanken erforschen

In Kapitel 1 erstellten Sie ein Stressprotokoll und führten eine Übung durch, bei der Sie Ihre Gedanken in stressreichen Momenten aufzeichneten. Nutzen Sie nun hier die Aufzeichnungen aus jenen Übungen, um Muster in Ihrem Denken in Stressphasen zu erkennen, um automatische Gedanken zu bestimmen und um die Bedeutung aufzudecken, die bestimmte stressvolle Gedanken für Sie haben. Für jede dieser Übungen benötigen Sie einen ruhigen Ort, an dem Sie fünf bis zehn Minuten ungestört sind. Halten Sie einen Stift und Ihr Tagebuch oder Ihre Notizen aus den früheren Übungen bereit.

(1) Lesen Sie die Gedanken durch, die in der Übung »Gedanken unter Stress identifizieren« aus Kapitel 1 auftauchten. Wenn Sie die Übung nicht durchgeführt haben, können Sie das jetzt nachholen. Wenn Sie sehr viele Gedanken aufgeschrieben haben, sollten Sie jene aussuchen, die mit einem bestimmten Ereignis zusammenhängen oder die an einem bestimmten Tag vorkamen.

(2) Beschreiben Sie bei jedem Gedanken, ob er auf Reue oder Sorgen über die Vergangenheit gerichtet ist, auf Zukunftspläne oder auf Ängste und Befürchtungen hinsichtlich der Zukunft. Halten Sie auch fest, ob Sie Angst vor körperlichen Reaktionen wie Herzklopfen oder Atemnot hatten.

(3) Benennen Sie alle Wörter, die Selbstverurteilungen, Schuldzuweisungen oder Urteile über andere darstellten. Zensieren Sie sich nicht selbst; lassen Sie die Wörter einfach kommen. Stressvolle Gedanken werden oft schwächer, wenn Sie sich schriftlich mit ihnen auseinandersetzen.

(4) Achten Sie auf etwaige Muster, nachdem Sie Ihre Gedanken benannt haben. Standen Zukunftspläne im Vordergrund oder machte Ihnen die Zukunft vor allem Sorgen? Grübelten Sie über Spannungen und Konflikte, die im Austausch mit anderen Menschen auftraten?

(5) Üben Sie nun, Ihre Gedanken dann zu benennen, wenn sie Ihnen in den Kopf kommen. Stellten Sie beispielsweise fest, dass Sie sich häufig über die Vergangenheit grämten? Wenn Sie dies in den nächsten 24 Stunden wieder tun, sollten Sie in Gedanken festhalten: »Das ist eine Sorge über die Vergangenheit.« Versuchen Sie nicht, den Gedanken zu verändern, überhaupt nicht zu denken oder sich in den Gedankenprozess zu vertiefen. Einfach nur die Muster in Ihrem Denken zu benennen, hilft Ihnen bereits, sich von Ihnen zu befreien und die Gedanken vorbeiziehen zu lassen. Versuchen Sie, auftretende Gedankenmuster, die Sie durch die Arbeit mit diesem Buch erkannt haben, bewusst wahrzunehmen, und benennen Sie diese einfach nur, wenn sie auftauchen.

Als beispielsweise Jen erstmals bewusst Ihre Gedanken beobachtete, konnte sie folgende Aussagen am häufigsten benennen:

- *Ich bin so ein Versager.* (Selbsturteil mit dem Fokus auf vergangenen Handlungen)
- *Ich kann nicht einmal das Haus sauber halten.* (Selbsturteil mit dem Fokus auf der Vergangenheit)
- *Warum komme ich nicht damit zurecht, zwei Kinder zu versorgen?* (Sorge mit enthaltener Selbstverurteilung)
- *Ich sollte in der Lage sein, für zwei Kinder zu sorgen.* (Selbsturteil)

Durch diese Übung erkannte Jen, dass viele Ihrer stressvollen Gedanken Selbsturteile über vergangene Verhaltensweisen waren. Sobald sie dieses Muster von Selbsturteilen und Sorgen über vergangene Leistungen erkannte, konnte sie diese Gedanken benennen, wenn sie auftauchten. Schon dadurch verloren sie an Einfluss.

Automatische Gedanken identifizieren

Ein *automatischer Gedanke* ist ein innerer Dialog, der schnell und wiederholt auftritt. Diese Gedanken tauchen oft in Kurzform auf – nur ein paar Wörter oder ein Satz – und passieren anscheinend einfach so. Der Inhalt automatischer Gedanken schließt oft negative Selbstaussagen, negative Glaubenssätze und Befürchtungen vor psychischem oder körperlichem Schaden ein. Inmitten einer stressvollen Situation können automatische Gedanken vernünftig wirken. Jens automatische Gedanken waren beispielsweise: »Was stimmt mit mir nicht?«, »Ich verliere den Verstand!«, und: »Ich breche bald zusammen.«.

Übung

Automatische Gedanken identifizieren

(1) Benutzen Sie Ihre Aufzeichnungen aus den Übungen in Kapitel 1 und erstellen Sie eine Liste automatischer Gedanken. Schreiben Sie alle Gedanken auf, die wiederholt vorkommen, insbesondere die Gedanken, die unabhängig von einem bestimmten Stressor auftauchen. Halten Sie unbedingt jene Gedanken fest, die sich darauf beziehen, aufgrund von Stress möglicherweise Schaden zu erleiden (z. B. den Verstand zu verlieren, zusammenzubrechen oder verrückt zu werden).

(2) Benennen Sie dann, wie in der vorhergehenden Übung, Ihre Gedanken, wenn sie Ihnen in den Kopf kommen. Bei dieser Übung können Sie alle sich häufig wiederholenden Gedanken als automatische Gedanken bezeichnen. Sagen Sie sich: »Das ist ein automatischer Gedanke«, wenn ein solcher auftaucht. Wenn automatische Gedanken regelmäßig vorkommen, kann es Ihnen helfen, sie zu zählen. Versuchen Sie auch jetzt nicht, den Gedanken zu verändern, überhaupt nicht zu denken oder sich in den Gedanken zu vertiefen. Einfach die Muster in Ihrem Denken zu benennen hilft Ihnen bereits, Abstand von ihnen zu gewinnen.

Wenn Sie bewusst auf Ihre automatischen Gedanken achten, erkennen Sie sicherlich, dass sie zwar inmitten von Stress weitgehend richtig wirken, dass sie in Wahrheit aber übertrieben oder verzerrt sind. Aufgrund dieser Erkenntnis verlieren die angstbesetzten Gedanken möglicherweise die Macht, Ihnen Stress zu bereiten. Wenn Sie automatische Gedanken erkennen und benennen, können Sie diese besser wahrnehmen und sie ziehen lassen, ohne auf sie so zu reagieren, als wären sie wahr oder realitätsgetreu.

Bedeutungszuschreibungen aufdecken, die mit stressvollen Gedanken verbunden sind

Die Bedeutung, die wir Dingen oder Ereignissen zuschreiben, entsteht häufig aus unseren Glaubenssätzen und vergangenen Erfahrungen und hat einen wesentlichen Einfluss darauf, ob ein Gedanke stressvoll ist oder nicht. Für eine Person könnte der Gedanke »Ich habe versagt« eine Aussage über eine Tatsache sein. Für diese Person könnte das bedeuten, dass ein Projekt, eine Idee oder eine Bemühung nicht erfolgreich war. Gleichzeitig kann für eine andere Person der Gedanke »Ich habe versagt« die Bedeutung haben, »Ich bin unzulänglich« oder »Ich bin eine Schande«. Der Gedanke »Ich habe versagt« löst mit größerer Wahrscheinlichkeit intensive Emotionen und eine Stressreaktion aus, wenn ihm Urteile der Unzulänglichkeit und Schande anhängen.

Übung

Bedeutungszuschreibungen aufdecken

(1) Lesen Sie Ihre Aufzeichnungen aus Kapitel 1 noch einmal durch und wählen Sie daraus einen stressvollen Gedanken. Sie könnten einen Gedanken wählen, der ein Selbsturteil darstellt, einen besonders lästigen Gedanken oder einen, der sich oft wiederholt, beispielsweise »Ich bin ein Versager«.

(2) Bestimmen Sie, welche Befürchtung dieser Gedanke enthält (»X«), sodass Sie ihn zum Subjekt des folgenden Satzes machen können: »X bedeutet (oder würde bedeuten), dass ___________.« Schreiben Sie auf, wie Sie die Lü-

cke ausfüllen würden. Im Fall von »Ich bin ein Versager« könnten Sie denken: »Ein Versager zu sein würde bedeuten, dass ich unfähig bin«, und schreiben: »Ich bin unfähig.«

(3) Wiederholen Sie nun Schritt 2, aber verwenden Sie diesmal die in dem Gedanken enthaltene Angst, die Sie gerade dem »X« zuordneten. In anderen Worten: Falls Sie geschrieben haben »Ich bin unfähig«, dann vervollständigen Sie nun den Satz: »Unfähig zu sein würde bedeuten, dass ___________.« Wiederholen Sie diesen Vorgang mehrere Male, bis Sie zum Kerngedanken Ihrer Sorge über sich selbst kommen (z. B.: »Ich bin wertlos.«).

(4) Nachdem Sie typische Bedeutungen oder Glaubenssätze identifiziert haben, benennen Sie nun die Gedanken, wenn Sie Ihnen in den Kopf kommen. Wenn Sie beispielsweise herausgefunden haben, dass Sie Kritik damit verbinden, ein Versager zu sein, benennen Sie diese Gedanken im Geiste. Sie könnten sich etwa sagen: »Das ist ein Gedanke verbunden mit der Angst, zu versagen.« Möglicherweise möchten Sie auch einen kürzeren Ausdruck entwickeln, wie »Versagensangst«. Versuchen Sie wie in den vorhergehenden Übungen nicht, den Gedanken zu verändern, ihn überhaupt nicht zu denken oder sich in den Gedankenprozess zu vertiefen. Einfach nur die Muster in Ihrem Denken zu benennen, hilft Ihnen bereits, Distanz zu schaffen und Ihre Reaktivität auf die Gedanken zu mindern.

Jen wählte den Gedanken: »Ich kann nicht einmal das Haus sauber halten.« Bei ihr sah der Vorgang folgendermaßen aus: »Das Haus nicht sauber zu halten bedeutet, dass ich als Mutter nicht perfekt bin. Nicht perfekt zu sein würde bedeuten, dass ich eine unfähige Mutter bin, meine Kinder als Erwachsene nichts leisten werden, zuhause bleiben ist Zeitverschwendung und ich verschwende so die einzige Gelegenheit, die meine Kinder in der Kindheit haben.« Sie erkannte, dass sie sich selbst Angst machte, weil sie glaubte, dass Unordnung ihren Kindern dauerhaft Schaden zufügen würde. Wenn diese Gedanken auftauchten, kennzeichnete sie sie als »Selbsturteil«, und war mit der Zeit in der Lage, sie wahrzunehmen und vorbeiziehen zu lassen.

Sobald Sie ein wacheres Bewusstsein für die Muster in Ihrem Denken entwickelt haben, für Ihre automatischen Gedanken und die Bedeutung, die Sie Ihnen zuschreiben, können Sie wählen, wie Sie auf diese stressreichen Gedanken reagieren, wenn sie auftreten. Auf manche Gedanken werden Sie reagieren, andere werden Sie verändern und wieder andere vorbeiziehen lassen.

2.4 Problematisches Denken bewerten und verändern

Sie können verändern, wie Sie denken. Viele Menschen glauben, dass ihre Gedanken ein Teil von ihnen sind – eine innere Stimme, die in gewisser Weise ausdrückt, wer sie wirklich sind. Ihre Gedanken zu beobachten ermöglicht Ihnen eine gewisse Distanz, sodass Sie diese einfach nur als Gedanken sehen können. Dabei spielt es keine Rolle, ob sie aus Gewohnheit in Ihrem Bewusstsein entstehen oder aufgrund eines Glaubenssatzes oder vergangener Erfahrungen. Sie können entscheiden, ob Sie einen Gedanken behalten oder ihn verändern möchten.

Der wahre Kern von verzerrtem stressvollem Denken

Stress wird durch Sorgen und Gedanken aufrechterhalten und verstärkt. Wenn die Sorgen und Gedanken übertrieben, rigide oder extrem sind, erzeugen sie eine verzerrte Sichtweise auf Ihre Situation. Trotzdem besteht in der DBT die Annahme, dass die Sichtweise jedes Einzelnen Wert hat (Linehan, 1993a). Sogar Sorgen aufgrund von verzerrten Gedanken können in ihrem Kontext verständlich sein.

Vergessen Sie nicht, dass Stress und Angst sich aus einem bestimmten Grund entwickelten. Es ist eine Tatsache, dass stressvolle Dinge im Leben passieren. Bevor Sie verändern, wie Sie denken, müssen Sie anerkennen, dass ein Teil Ihres Denkens angemessen und korrekt ist. Die meisten übertriebenen Befürchtungen, Stressbelastungen und Ängste gründen auf etwas Wirklichem. Frühere Erfahrungen, traumatische Ereignisse und die Stimmung spielen eine Rolle bei der Entwicklung verzerrten Denkens:

- **Frühere Erfahrungen.** Beispielsweise das Aufwachsen in einer Familie, die hohe Anforderungen stellte und kritisch war, oder die frühe Erfahrung öffentlicher Demütigung können die Angst prägen, vor Gruppen oder in öffentlichem Rahmen zu sprechen. Ein Studienabschluss während einer Wirtschaftskrise und das erlebte hohe Ausmaß an Zurückweisung bei den ersten Versuchen, Arbeit zu finden, kann Ängste in Bezug auf die Stellensuche im späteren Leben nach sich ziehen.
- **Traumatische Erlebnisse.** Wenn Sie eine traumatische Erfahrung hatten, reagiert Ihr Gehirn auf bestimmte traumabezogene Schlüsselreize so, als wären sie Warnsignale für Gefahr. Beispielsweise kann der Geruch eines bestimmten Rasierwassers, das ein Gewalttäter benutzte, oder eine bestimmte Geste, die ihm eigen war, eine Stressreaktion auslösen. Nach einem Trauma kann die Aktivierung der Stressreaktion auftreten, ohne dass Sie das bewusst wahrnehmen.
- **Stimmung.** Ihre Stimmung wirkt sich stark auf das Gedächtnis und die Aufmerksamkeit aus. Sind Sie erst einmal unter Stress, so bemerken Sie mit größerer Wahrscheinlichkeit andere stressvolle Reize, wenden sich ihnen zu und behalten die stressbesetzten Anteile einer Situation im Gedächtnis.

Übung

Die Ursprünge verzerrten Denkens erkennen

Wenn Sie damit beginnen, sich mit der Veränderung der Gedanken zu befassen, die zu Stress und Angst beitragen, sollten Sie sich einen Moment Zeit nehmen, um deren Ursprünge zu betrachten. Der Prozess der Veränderung selbst kann Stress bereiten. Nähern Sie sich Ihren Gedanken mit Verständnis und Mitgefühl; dies kann Ihnen helfen, die Motivation zu einem Wandel aufrechtzuerhalten.

Für die folgende Übung benötigen Sie Ihr Tagebuch oder ein leeres Blatt Papier, einen Stift und fünf bis zehn Minuten Ruhe.

(1) Wählen Sie ein Ereignis, das Ihnen in der Regel Angst oder Stress bereitet. Es kann hilfreich sein, sich auf die Aufzeich-

nungen zu der Übung »Stresszeiten identifizieren« aus Kapitel 1 zu beziehen. Sie können ein Ereignis aussuchen, das regelmäßig vorkommt, oder ein besonders stressreiches.

(2) Denken Sie über vergangene Erfahrungen nach, die Sie mit ähnlichen Ereignissen hatten. Prägten die Erlebnisse in Ihrer Familie, wie Sie mit diesem Ereignis zurechtkommen? Ist die Erfahrung in gewisser Weise mit einem Trauma oder negativen Folgen verbunden? Merken Sie, dass eine negative Stimmung Ihr Denken beeinflusst, nachdem Sie ähnlichen Umständen ausgesetzt waren?

(3) Schreiben Sie einige kurze Sätze dazu, die begründen, warum Sie aufgrund dieser Situation Ängste und Sorgen haben. Wenn Sie unsicher sind, stellen Sie sich den Stress als Nachrichtenübermittler vor. Welche Botschaft möchte der Stress Ihnen übermitteln? Seien Sie der Idee gegenüber aufgeschlossen, dass Ihre stressbesetzten Gedanken in der gegenwärtigen Situation sinnvoll sind. Nicht alle Sorgen sind verzerrt und müssen verändert werden. Manche stellen angemessene Reaktionen auf gegenwärtige Lebensumstände dar.

(4) Wenn Sie bemerken, dass diese Situation Ihnen im Hinblick auf die Zukunft Stress bereitet, wiederholen Sie sich selbst gegenüber den Hinweis, dass Ihre Reaktion so betrachtet sinnvoll ist, dass jetzt aber die Zeit reif ist, anders zu reagieren. Beobachten Sie, ob es eine beruhigende Wirkung hat, sich selbst zu bestätigen.

Wenn Sie anerkennen, dass es funktionale, unverzerrte Aspekte Ihres Denkens gibt, heißt das nicht, dass Sie den Wunsch aufgeben, Ihre Stressreaktion zu verändern. Während Sie dieses Kapitel lesen, sollten Sie unbedingt im Hinterkopf behalten, dass diese Stressreaktionen nicht bedeuten, dass Sie verrückt sind, und dass Sie Ihr Bestmögliches getan haben (Linehan, 1993a). Nun ist es an der Zeit, neue Strategien zu erlernen, um Veränderungen zu erreichen.

Informationen sammeln mithilfe von Wenn-Dann-Vorhersagen

Wenn-Dann-Aussagen sind Aussagen, die Sie für sich hinsichtlich Ihrer Erwartungen über die Entwicklung zukünftiger Ereignisse formulieren. Stress wird durch Ereignisse ausgelöst, die tatsächlich passieren, aber auch durch angenommene Ereignisse. Die regelmäßige Vermutung von Zurückweisung, Versagen oder physischer Bedrohung steigert Stress. Unzutreffende Wenn-Dann-Vorhersagen stoßen die Stressreaktion auf genau die gleiche Weise an wie zutreffende – beispielsweise können folgende Vorhersagen eine Stressreaktion in Gang setzen: »*Wenn* ich auf die Party gehe, *dann* werden alle über mich lachen«, »*Wenn* ich einen Fehler mache, *dann* werde ich entlassen« und »*Wenn* ich nicht perfekt bin, *dann* werde ich abgelehnt«.

Fehlerhafte Wenn-Dann-Vorhersagen können Sie auch dazu veranlassen, sich wiederholt in Situationen zu begeben, die negative und stressvolle Auswirkungen haben. Zum Beispiel ist die Vorhersage »*Wenn* ich meinen Exfreund anrufe (der mir seit der Trennung kritisch gegenübersteht), *dann* wird er mich trösten«, eine fehlerhafte, übermäßig positive Vorhersage, die wahrscheinlich mit einer Enttäuschung endet – dem vergeblichen Versuch, den gesuchten Trost zu bekommen. Sowohl die Enttäuschung als auch der fehlende Trost können zu Ihrer Stressbelastung beitragen. Wenn Sie häufig den Ausgang einer Situation falsch einschätzen, werden Sie wahrscheinlich in negative und schmerzliche Umstände geraten.

Übung

Wenn-Dann-Vorhersagen erforschen

Erforschen Sie die eigenen Wenn-Dann-Vorhersagen, anstatt sie als Tatsachen hinzunehmen.

(1) Wählen Sie eine Situation, die bei Ihnen meistens für Angst oder Stress sorgt. Sie können entweder die gleiche Situation wie in der vorhergehenden Übung aussuchen, eine Situation, die regelmäßig vorkommt, oder eine, die besonderen Stress verursacht.

(2) Ergänzen Sie in Ihrem Tagebuch oder auf einem Blatt Papier den Satz: »Wenn X passiert, dann erwarte ich (oder habe ich

die Angst), dass ______________ geschieht.«, wobei X das stressauslösende Ereignis ist. Vielleicht müssen Sie den Satz drei- oder viermal ergänzen und dann umbauen (mithilfe des gleichen Prozesses, denn Sie zuvor benutzten, um Gedanken mit Bedeutungen zu verbinden), bevor Sie eine klar formulierte Wenn-Dann-Vorhersage erhalten.

(3) Wenn Sie Ihre Vorhersage klar formuliert haben, bewerten Sie auf einer Skala von 0–100, wie sehr Sie überzeugt sind, dass Ihre Aussage zutrifft. Null würde »völlig unzutreffend« bedeuten und 100 »zu 100 % zutreffend«.

(4) Testen Sie Ihre Aussage im Verlauf der nächsten Tage. Wenn Ihre Vorhersage beispielsweise lautet, dass Sie entlassen werden, wenn Sie Fehler bei der Arbeit machen, achten Sie darauf, wann andere Fehler machen, oder denken Sie an Fehler zurück, die Ihnen in der Vergangenheit unterliefen. Sind Sie oder Ihre Kollegen jemals entlassen worden? Es ist nicht notwendig, absichtlich Fehler zu machen oder Probleme oder Schaden für Sie zu erzeugen, um die Vorhersagen zu überprüfen. Sie können andere beobachten oder sich überlegen, wann das Ereignis in der Vergangenheit auftrat. Denken Sie daran, dass Stress und Angst Ihre Aufmerksamkeit und Ihren Fokus verengen. Wenn Sie nur negative Folgen feststellen, machen Sie die Übung möglichst in ruhiger Verfassung, um sicherzustellen, dass Sie nicht etwa positive oder neutrale Informationen herausfiltern.

(5) Kehren Sie dann zu Ihrer früheren Vorhersage zurück und bewerten Sie erneut, wie sehr Sie an die ursprüngliche Wenn-Dann-Vorhersage glauben. Manche der Wenn-Dann-Vorhersagen mögen zutreffen, viele jedoch nicht. Bleiben Sie offen dafür, diejenigen Annahmen zu überprüfen, die vollkommen zutreffen können, aber nicht müssen.

Bedenken Sie, dass sogar verzerrte oder übertriebene Sorgen einen wahren Kern haben. Ein gewisser Anteil Ihrer Furcht ergibt Sinn. In einem Korb Äpfel steckt meistens auch ein fauler Apfel. Falsche Wenn-Dann-Vorhersagen gründen häufig auf einer frühen Begegnung mit diesem »faulen Apfel« und der nachfolgenden Annahme, dass der Rest auch verdorben ist. Lassen Sie nicht zu, dass dieser eine faule Apfel Sie glauben lässt, dass auch alle anderen schlecht sind. Nehmen Sie sich nun die Zeit, das genauer zu betrachten.

Übertriebene oder verzerrte Gedanken verändern

Wenn Sie sich Ihres Denkens bewusst werden, ermöglicht Ihnen dies eine Entscheidung darüber, welche Gedanken hilfreich und welche besser zu verändern sind.

Sich selbst einfach nur aufzufordern, anders zu denken, ist häufig wirkungslos. Wenn Sie versuchen, ängstliche Gedanken nur abzustellen oder zu ignorieren, werden Sie weiterhin da sein. Es folgen einige Strategien, um Ihren Blinkwinkel zu verschieben und Ihre Gedanken leichter verändern zu können.

Werden Sie zum neutralen Beobachter. Wenn Sie gestresst sind, sehen Sie die Welt selektiv durch eine Brille intensiver Emotionen. Stress und Angst bringen Sie dazu, die stressvollen und angstauslösenden Aspekte jeglicher Situation in den Mittelpunkt zu stellen. Wahrscheinlich erinnern Sie sich auch eher an belastende Situationen und vergessen jene, die keinen Stress bereiten.

In der Folge können Sie in enge und verzerrte Denkmuster geraten, obwohl die Wirklichkeit vielleicht ganz anders aussieht. Es gibt zwei Techniken, um die eigene Aufmerksamkeit zu erweitern (Beck & Emery, 2005):

(1) Beweise prüfen
(2) die eigenen Wahlmöglichkeiten erweitern

Beweise prüfen meint eine Suche nach Fakten und Daten, die hinter ängstlichen Gedanken stehen. Wenn Sie dialektisch denken, forschen Sie beständig nach den Anteilen, die bei Ihrer Betrachtung der Dinge nicht berücksichtigt sind. Sie konzentrieren sich auf objektive Einzelheiten, die Ihre Glaubenssätze, Erwartungen und Gedanken stützen – oder sie nicht stützen.

Intensive Emotionen können mit fehlerhaftem Denken einhergehen, also ist die Vorstellung hilfreich, dass Sie ein vertrauter Berater sind, der die Erfahrungen eines Freundes oder Bekannten unter die Lupe nimmt. Wenn Sie sich vorstellen, dass es um die Gedanken eines anderen Menschen geht, und nicht um Ihre eigenen, können Sie sich aus der eingefahrenen Denkweise lösen, nur das Negative zu sehen.

Beispiel

Die Geschichte von Don

Don, 50 Jahre alt und zweifacher Vater, machte sich Sorgen, dass sein Sohn im Teenageralter, Peter, einen schlimmen Fehler begehen und sein Leben zerstören würde. Don arbeitete viel und machte sich Gedanken, dass er nicht genug an Peters täglichem Leben teilnahm. Dons Ängste führten dazu, dass er Peter sehr kritisch gegenüberstand und ihn übermäßig kontrollierte. Er hatte begonnen, sich jede Begebenheit zu merken, bei der Peter anderer Meinung war, Regeln missachtete oder seine Autorität in Frage stellte. Kürzlich hatte Peter sich geweigert, am Wochenende zu einem Familienausflug mitzukommen. Er sagte seinem Vater, dass er lernen müsse, sah aber stattdessen den ganzen Nachmittag fern. Don hatte sofort Angst, dass Peter es nie zu etwas bringen würde – dass er faul werden, die Schule abbrechen und nie Erfolg im Beruf haben würde. Um die Beweise für seine Sorgen besser zu verstehen, wandte Don die Technik an, die Rolle eines vertrauten Beraters zu übernehmen.

Mithilfe dieser Technik können Sie automatische stressvolle Gedanken erkennen und Ereignisse von einem neutralen Standpunkt aus betrachten (Beck & Emery, 2005).

Fakten	Interpretation	Betrachtung als vertrauter Berater
Peter nahm an einem Familienausflug nicht teil und schaute fern, anstatt zu lernen. In letzter Zeit hat Peter sich an mehreren häuslichen Aktivitäten nicht	Ich versage als Vater. Peter respektiert meine Autorität nicht und wird schlimme Fehler machen, die sein Leben zerstören.	Peter kommt den Erwartungen im Haushalt nicht nach und hat bei einer Gelegenheit ferngesehen, anstatt Hausaufgaben zu machen, wie er

Fakten	Interpretation	Betrachtung als vertrauter Berater
beteiligt, z. B. im Haushalt helfen oder an gemeinsamen Mahlzeiten teilnehmen. Peter hält seinen Notendurchschnitt von 1–2, ist zur vereinbarten Zeit zu Hause und verpasst nie ein Baseballtraining.		gesagt hatte. Trotzdem stützen seine Noten und seine Beteiligung im Sport nicht die Interpretation, dass er auf dem Weg ist, sein Leben zu zerstören.

Nachdem Don die Situation in der Rolle als vertrauter Berater betrachtet hatte, war ihm klar, dass er Peters Verhalten eine Bedeutung zuwies, die durch Beweise nicht gestützt wurde. Er erkannte, dass seine Annahme, Peter würde schlimme Fehler machen, nur seine eigene Angst war und die Fähigkeit einschränkte, normales Verhalten im Teenageralter zu tolerieren und angemessen darauf zu reagieren.

Übung

Betrachtung in der Rolle eines vertrauten Beraters

(1) Für diese Übung benötigen Sie einen ruhigen Ort, an dem Sie fünf bis zehn Minuten ungestört sind. Halten Sie Ihr Tagebuch oder ein leeres Blatt Papier und einen Stift bereit. Wählen Sie nun eine Situation, in der Ihrer Meinung nach falsches Denken Ihre Stressreaktion verstärken kann.

(2) Erstellen Sie eine Tabelle mit drei Spalten, entsprechend der Tabelle in Dons Beispiel. Versehen Sie die erste Spalte mit der Überschrift »Fakten«, die zweite mit »Interpretation« und die dritte mit »Betrachtung als vertrauter Berater«.

(3) Beschreiben Sie in der Spalte »Fakten« die Umstände der Situation. Bleiben Sie möglichst bei den Tatsachen. Seien Sie wachsam gegenüber Wörtern, die eine Meinung oder ein Urteil anzeigen, wie beispielsweise »angemessen«, »sollte«, »schlecht«, »falsch« oder »richtig«. Versuchen Sie, diese Wörter durch Fakten zu ersetzen.

(4) Schreiben Sie in der Spalte »Interpretation« die Bedeutung auf, die Sie den Tatsachen in der Spalte »Fakten« zuschreiben. Sie können dabei persönliche Meinungen, Urteile und Annahmen einschließen.

(5) Stellen Sie sich bei der Spalte »Betrachtung als vertrauter Berater« vor, Sie wären ein vernünftiger, neutraler und ehrlicher Berater. Beschreiben Sie in der Rolle dieses Beraters, und nicht in der eigenen Rolle, welche Bedeutung Sie den Umständen zuschreiben. Denken Sie daran, dass dieser Berater neutral sein soll, seien Sie also wachsam gegenüber dem Drang, nur die eigene Interpretation zu bestätigen.

(6) Versuchen Sie während der nächsten Tage, die Spalte »Betrachtung als vertrauter Berater« in Gedanken zu wiederholen, wenn die Situation auftaucht oder Sie über die Situation nachdenken. Es kann hilfreich sein, einige kurze Kommentare zu notieren, um Sie für sich zu wiederholen. Don sagte sich, wenn ihm der Gedanke kam, dass Peter sein Leben zerstörte: »*Peter entspricht nicht allen meinen Erwartungen, aber er behält seinen Notendurchschnitt und seine sportlichen Aktivitäten bei.*« Dieser Gedanke befähigte Don, auf Peter ruhiger zu reagieren und dessen problematische Verhaltensweisen mit angemessenen, statt mit extremen Konsequenzen zu beantworten.

Die Beweise zu prüfen führt Ihr Denken näher zum Zentrum der dialektischen Wippe. Es hilft Ihnen, gewohnheitsmäßige Problemgedanken loszulassen und alternative Möglichkeiten in Betracht zu ziehen. Dieses Ausmaß an Selbsterkenntnis kann dazu führen, dass Stressreaktionen weniger oft von Ihnen aktiviert werden.

Die eigenen Wahlmöglichkeiten erweitern. Beim dialektischen Denken geht es darum, Ihre Wahlmöglichkeiten zu erweitern und flexibler zu denken. Um das zu tun,

- sollten Sie den sozialen Kontext mit seinen vielen Verbindungen bedenken, der jede Situation umgibt und prägt;
- sollten Sie andere, weniger extreme Alternativen bedenken;
- sollten Sie akzeptieren, dass Ihre Wahrheit von der eines anderen Menschen abweichen kann und dass beide wahr sein können; und
- Sie sollten der Unvermeidbarkeit von Veränderung aufgeschlossen gegenüberstehen (Linehan, 1993a).

Bei der Erweiterung der Wahlmöglichkeiten geht es darum, anzuerkennen, dass es tausende kontextueller Faktoren gibt, die unsere Verhaltensweisen zu jeder Zeit beeinflussen. Gegensätzliche Wahrheiten zu akzeptieren erfordert, dass Sie Ihr Denken erweitern, um unterschiedliche Standpunkte zu integrieren. Eigene Glaubenssätze entstammen früheren Erfahrungen. Ein anderer Mensch mit individuellen Erfahrungen kann eine ganz andere Wahrheit vertreten als Sie selbst. Betrachten Sie Jens Geschichte, um zu sehen, wie zwei Menschen dieselben Fakten auf völlig unterschiedliche Weise deuten können.

Beispiel

Die Geschichte von Jen (Fortsetzung)

Zusätzlich zu den Schwierigkeiten mit dem eigenen Perfektionismus hatte Jen schon immer eine angespannte und stressreiche Beziehung zu ihrer Mutter. Sie glaubt, dass ihre Mutter sie kontrollieren will, sich aber nicht aufrichtig für sie interessiert. Ihre Mutter ruft mehrmals täglich an und äußert Kritik und unwillkommene Ratschläge. Sie bemängelt, wie selten Jen sie mit den Kindern besucht, das Essen, das Jen für ihre Familie zubereitet, die Aktivitäten der Kinder und Jens Erscheinungsbild, das in den Augen der Mutter nachgelassen habe, seit Jen nicht mehr arbeitet.

Vor kurzem begann Jens Vater eine Krebstherapie und die Spannung zwischen ihr und der Mutter hat sich verstärkt. Jen fühlt sich ständig kritisiert und nicht in der Lage, wichtige Themen mit ihrer Mutter zu besprechen. Anstatt weiterhin die Einmischung der Mutter in ihr Leben als Ablehnung und Kontrolle zu betrachten, prüft sie nun andere mögliche Erklärungen für deren Verhalten:

- **Kontext und wechselseitige Verbindung.** Ihre Mutter wuchs zu einer anderen Zeit auf, als alle Mahlzeiten noch hausgemacht waren und die Kinder eher draußen spielten als geplanten Aktivitäten nachzugehen. Ihre Großeltern hatten sehr hohe Standards und die Mutter lernte durch sie, die Bedeutung eines gepflegten Erscheinungsbildes wertzuschätzen.
- **Zahlreiche Wahrheiten akzeptieren.** Ihre Mutter möchte sie kontrollieren *und* interessiert sich aufrichtig für sie. Was Jen als »kontrollierend« versteht, ist für ihre Mutter »Anleitung« und »Unterstützung«. Die Versuche der Mutter, ihre Tochter zu kontrollieren, sind fehlgeleitete Versuche, ihr zu helfen. Ihre Mutter kennt nur diese Art und Weise, Fürsorge und Anteilnahme zu zeigen.
- **Mäßige, weniger extreme Gedanken.** Ihre Mutter kontrolliert sie nicht *immer*; manchmal ist sie kritisch und mischt sich in viele Dinge ein, aber sie kann auch freundlich sein und andere unterstützen.
- **Unvermeidliche Veränderung.** Obwohl ihre Mutter oft kritisch ist, sieht Jen ein, dass diese Phase intensiver Kritik – verursacht durch die Belastung der Mutter durch die Krebserkrankung des Vaters – vorübergehen wird.

Übung

Die eigenen Wahlmöglichkeiten erweitern

(1) Für diese Übung benötigen Sie einen ruhigen Ort, an dem Sie fünf bis zehn Minuten ungestört sind. Halten Sie Ihr Tagebuch oder ein leeres Blatt Papier und einen Stift bereit. Sie sollten wieder ein stressvolles Ereignis auswählen, um es zu untersuchen. Sie können mit einem Ereignis weitermachen,

das Sie schon in den vorhergehenden Übungen bearbeitet haben, oder ein neues aussuchen, das zu Ihrer Stressbelastung beiträgt.

(2) An diesem Punkt haben Sie schon etwas Erfahrung darin gesammelt, Ereignisse wertfrei zu beschreiben. Schildern Sie zunächst die Einzelheiten dieses Ereignisses und bleiben Sie so gut es geht bei den Fakten. Stellen Sie dann die stressauslösende Bedeutung oder Interpretation dar, die Sie diesen Umständen zuschrieben.

(3) Führen Sie nun die vier Strategien aus, um dialektisches Denken zu fördern: Kontext und wechselseitige Verbindung; zahlreiche Wahrheiten akzeptieren; mäßige, weniger extreme Gedanken; und unvermeidliche Veränderung. Wenden Sie diese vier Strategien an, um sich Alternativen zu Ihrer ursprünglichen Bedeutungszuschreibung oder Interpretation zu überlegen. Möglicherweise glauben Sie nicht daran, dass die Alternativen, die Sie entwickeln, zutreffen. Dennoch hilft Ihnen die Suche nach Alternativen dabei, andere Sichtweisen auf die Situation in Betracht zu ziehen und sie kann die Überzeugung abschwächen, dass Ihre ursprüngliche Deutung die absolute Wahrheit ist.

Jen wird vielleicht nie erfahren, was das Verhalten ihrer Mutter tatsächlich beeinflusst, doch die Betrachtung anderer Möglichkeiten erlaubt ihr, sich von der Mutter umsorgt zu fühlen. Das verringert die Spannung und den Stress in der Beziehung. Wenn Sie sich in flexiblerem Denken üben, können Sie die automatische Aktivierung der Stressreaktion abbauen.

Richtlinien, um den eigenen Gedanken vertrauen zu können

Jeder hat Vorurteile und verzerrt die Realität in gewisser Weise. Eine negative Stimmung führt dazu, dass Sie eher negative Beobachtungen machen. So funktioniert einfach unser Gehirn. Unser Gehirn ist kein Computer. Es ist gezwungen, Informationen durch eine persönliche Brille aufzunehmen, zu verarbeiten und zu bewerten. Durch diese Brille wirken verschiedene Aspekte Ihrer Situation übertrieben oder kleiner. Gelegentlich stellen Sie Probleme vielleicht überzogen dar, vernachlässigen wichtige Informationen oder werden rigide in Ihren Ansichten.

Folgen Sie Ihren Instinkten: Intuitives Wissen. *Intuitives Wissen* unterscheidet sich von rationalem Denken. Intuitives Wissen meint jenes innere Gefühl, dass etwas einfach wahr ist. Das kann nicht bewiesen oder überprüft werden. In der DBT wird das intuitive Wissen als Überschneidung zwischen Emotionalität und intellektuellen Gedanken beschrieben (Linehan, 1993a). Intuitives Wissen ist verbunden mit den grundsätzlichen inneren Überzeugungen über sich und die Welt. Es entspricht der inneren Überzeugung, dass Sie freundlich sind, oder dem festen Glauben, dass Sie kompetent sind, oder der Erkenntnis, dass eine getroffene Entscheidung für Sie richtig ist.

Lernen Sie die eigenen Vorurteile und Verzerrungen kennen. Persönliche Vorurteile zu kennen und zu wissen, bei welchen Gelegenheiten Sie meist in falsches Denken geraten, ermöglicht Ihnen, Übertreibung, Untertreibung und mangelnde Flexibilität zu bemerken. Wenn Sie eigene verzerrte Gedanken wahrnehmen und korrigieren, können Sie Ihren Einschätzungen besser als zutreffende Spiegelung der Welt vertrauen.

Unter akutem Stress unterliegen wir in der Regel Vorurteilen und übertreiben so die Wahrscheinlichkeit, dass negative Ereignisse auftreten (Warda & Bryant, 1998). Und unabhängig davon, ob wir gestresst sind oder nicht, beeinflussen die Informationen in unserem Gedächtnis Vorhersagen hinsichtlich der Welt um uns, was wiederum zu anderen Vorurteilen führt.

Wenn wir an Situationen denken und ihnen ausgesetzt sind, die die Wirklichkeit nicht genau widerspiegeln, verfälscht das unsere Sichtweise. Wenn Sie beispielsweise Nachrichten sehen und von mehreren Vorfällen erfahren, bei denen Kinder von Fremden entführt wurden, können Sie die falsche Überzeugung entwickeln, dass alle Fremden gefährlich sind und dass Ihre Kinder in unmittelbarer Gefahr sind, wenn Sie jemandem begegnen, den Sie nicht kennen. Wahrscheinlich ist, dass die meisten Fremden, auf die Sie treffen, keine Gefahr für Ihre Kinder darstellen und dass viele wahrscheinlich freundlich und bei Bedarf hilfsbereit wären. Modemagazine bieten ein weiteres Beispiel, wie Bilder und Informationen Ihre Meinung dazu verzerren können, was normal ist. Die bearbeiteten Bilder von Models und Prominenten können Ihre Einschätzung verfälschen, wie normale Frauen aussehen.

Weil persönliche Erinnerungen hauptsächlich uns selbst betreffen, vermuten wir auch gerne, dass unsere Handlungen die Aufmerksamkeit anderer beherrschen. Folglich überschätzen wir meist, inwiefern andere sich an unsere Handlungen erinnern. Wenn wir einen Fehler gemacht haben, fragen wir uns wahrscheinlich: »Was werden wohl die anderen denken?«. Der Glaube, dass Sie negative Aufmerksamkeit erregten, auch wenn dies nicht zutrifft, kann unangenehm und stressvoll sein.

Ihre Fantasie kann zu Vorurteilen und verzerrten Gedanken führen. Sich einfach nur bestimmte Folgen vorzustellen, kann dazu führen, dass Sie diese Folgen eher für möglich halten. Wenn Sie eine lebhafte Fantasie haben oder sich oft vorstellen, dass die Ereignisse im Leben anderer auch Ihnen zustoßen, sollten Sie auf solche verzerrten Gedanken besonders achten. Sie könnten beispielsweise hören, dass eine Freundin Brustkrebs hat. Wenn Sie sich dann vorstellen, selbst an Krebs zu erkranken und sich die Reaktion Ihrer Familie ausmalen, die Behandlung, Ihre Genesung oder Ihren Tod, dann werden Sie eher daran glauben, an Krebs zu erkranken. Wenn Sie sich nicht vorstellen, Krebs zu bekommen, dann glauben Sie auch mit einer geringeren Wahrscheinlichkeit an diese Möglichkeit. Auf der anderen Seite könnten Sie sich ausschließlich sehr positive Ereignisse in Ihrem Leben vorstellen – und folglich auch erwarten – die niemals eintreten und Ihnen daher auch Stress bereiten.

Eigene Motive und Erwartungen biegen Ihre Einschätzungen zurecht. Wir alle bevorzugen Informationen, die eigene Glaubenssätze bestätigen. Haben wir uns erst einmal ein Urteil gebildet, übersehen oder beschönigen wir gerne widersprechende Informationen, die unserer Auffassung entgegenstehen. Wenn Sie sich selbst als Versager sehen, vergessen Sie Gelegenheiten, als Sie erfolgreich waren. Wenn Sie Ablehnung und eine grobe Behandlung erwarten, ignorieren Sie die Beispiele, als andere sich besondere Mühe gaben, Ihnen zu helfen.

Sogar wenn wir nicht vollkommen blind für die eigenen Vorurteile sind, erkennen wir sie im aktuellen Augenblick in der Regel nicht. Die meisten Menschen geben breitwillig zu, dass zu einem früheren Zeitpunkt ihre Ansichten verfälscht waren. Es ist jedoch viel schwerer, Verzerrungen zu sehen, wenn sie gegenwärtig Ihre Gedanken beeinflussen (Gilovich et al., 2004).

Übung

Vorurteile wahrnehmen

Um diesem Kreislauf zu entkommen, müssen Sie eigene Denkprozesse beobachten und diese automatischen Vorurteile und Verzerrungen bewusst wahrnehmen. Die Fähigkeit, eigene Verzerrungen auszumachen, wenn sie geschehen, hilft Ihnen, Vertrauen in Ihr Denken zu entwickeln.

(1) Die eigenen Vorurteile aufzudecken gelingt anfangs am besten, wenn Sie sich diese jeweils einzeln nacheinander vornehmen.

(2) Halten Sie mögliche Vorurteile oder falsche Urteile in Ihrem Tagebuch oder auf einem Blatt Papier fest. Das umfasst auch, negative Ereignisse übertrieben darzustellen, sich auf negative Informationen zu konzentrieren, anzunehmen, dass Sie im Mittelpunkt der Aufmerksamkeit stehen, sich nachteilige Folgen vorzustellen und überholte wertende Gedanken zu bestätigen.

(3) Wählen Sie eine Situation, die Sie in der Regel belastet. Nehmen Sie bewusst einige Tage lang Informationen und Erfahrungen wahr, die Ihre Ansichten in dieser Hinsicht verfälschen können. Achten Sie auf Themen, die Sie in den Nachrichten sehen oder über die Sie lesen; Situationen, die Ihnen in der Arbeit, zu Hause und im sozialen Umfeld begegnen; Diskussionspunkte mit Freunden oder der Familie; und negative persönliche Erfahrungen (z. B. einen Fehler zu begehen). Schreiben Sie zum Abschluss eines jeden Tages

unter jede Situation, die Sie möglicherweise voreingenommen beurteilen, die Information oder die Denkweise, die für eine Voreingenommenheit verantwortlich sein könnten, entweder zum jetzigen Zeitpunkt oder in der Zukunft.

(4) Achten Sie an einem anderen Tag, an dem Sie die Übung durchführen, darauf, wenn Sie von den Problemen oder Krisenzeiten anderer Menschen erfahren. Wenn Sie mit der Zeit besser erkennen können, wann andere Menschen Ihnen von ihren Problemen berichten, sollten Sie bewusst auf Ihre eigenen Gedanken und Vorstellungen achten. Neigen Sie dazu, sich selbst in ähnlichen Umständen zu sehen? Schildern Sie am Abend alle Probleme oder Krisen, von denen Sie erfuhren und sich dann vorstellten, sie würden Ihnen selbst zustoßen.

(5) In der Übung »Wenn-Dann-Vorhersagen erforschen« befassten Sie sich bereits mit den eigenen Erwartungen. Denken Sie daran, dass Stress und Angst Ihre Aufmerksamkeit und Ihren Fokus einschränken. Achten Sie nun bewusst auf gewohnheitsmäßige Vorhersagen von negativen Ergebnissen. Fragen Sie sich, ob Sie vielleicht positive und neutrale Informationen herausfiltern. Schreiben Sie alle negativen Vorhersagen auf, von denen Sie denken, dass sie durch Vorurteile verfälscht sind.

(6) Nachdem Sie nun einige Zeit damit verbrachten, Ihre Verzerrungen wahrzunehmen, gehen Sie Ihre Aufzeichnungen noch einmal durch und prüfen Sie, ob sich ein Muster abzeichnet. Gibt es einen bestimmten Typ von Verzerrung, der offenbar mehr Einfluss auf Ihr Denken hat als andere? Gibt es Themen, auf die sich Ihre Gedanken hauptsächlich zu richten scheinen oder gibt es negative oder übermäßig positive Vorhersagen, die Sie regelmäßig machen? Stellen Sie sich häufig schreckliche oder übertrieben positive Umstände vor?

Wenn Sie auf diese Weise immer besser darin werden, falsches Denken zu erkennen, können Sie bewusst entscheiden, diese Gedanken entweder vorbeiziehen zu lassen oder sie durch treffendere Aussagen infrage zu stellen.

Wie schlimm steht es? Katastrophenszenarien entschärfen. Wie Vorurteile gehört auch Katastrophendenken zu einer bestimmten Kategorie verzerrter Gedanken. Erwarten Sie regelmäßig das Schlimmste? Glauben Sie, dass ein pochendes Herz einen drohenden Herzinfarkt ankündigt? Veranlasst die Scheidung eines Freundes Sie zu der Vorstellung, Ihre eigene Ehe sei in Gefahr? Bedeutet eine schlechte Wirtschaftslage, dass Sie Ihren Arbeitsplatz verlieren?

Beispiel

Die Geschichte von Don (Fortsetzung)

Zusätzlich zu den Sorgen über seinen Sohn hatte Don schreckliche Angst, seine Stelle zu verlieren. Er arbeitete für ein kleines Start-Up-Unternehmen, das es in der schwächelnden Wirtschaft schwer hatte. Als leitender Angestellter der Firma fühlte er sich verpflichtet, große Summen seines Ersparten zu investieren. Er hatte eine lähmende Angst davor, entlassen zu werden und alle investierten Ersparnisse zu verlieren, wenn das Unternehmen in Konkurs ginge. Vorstellungen davon, dass seine Familie umziehen und er den Kindern eröffnen müsse, nicht länger für Ihre Ausbildung aufkommen zu können, führten dazu, dass er in der Arbeit kaum funktionieren konnte. Er malte sich nicht nur aus, sein eigenes Leben zu zerstören, sondern auch das seiner Frau und seiner Kinder.

Katastrophen erwarten. Mögliche Katastrophen zu erwarten ist deshalb ein Problem, weil wir uns in der Regel alle erdenklichen schrecklichen Folgen vorstellen (Beck & Emery, 2005). Wie in den meisten Fällen war auch bei Don das, was er sich vorstellte, durchweg schlimmer, als die Realität wahrscheinlich sein würde. Don hatte den überwiegenden Teil seiner beruflichen Laufbahn in Start-Up-Unternehmen gearbeitet und war nicht das erste Mal von einer Entlassung bedroht. Während einer Rezession 15 Jahre zuvor war er entlassen worden und daraufhin neun Monate arbeitslos. Seine Frau hatte wieder in Teilzeit gearbeitet und die Kinder hatten von den Privatschulen auf öffentliche Schulen gewechselt. Der Bruch war damals erheblich, aber er hatte nicht das Leben der Familie zerstört. Dons Bild einer Katastrophe berücksichtigte nicht die Widerstandsfähigkeit und Stärke seiner Frau und seiner Kinder und die Tatsache, dass die Familie unter verschiedenen finanziellen Bedingungen überleben und glücklich sein konnte. Er rechnete auch nicht die tatsächliche Möglichkeit ein, dass Freunde und Kollegen ihm wie in der Vergangenheit helfen würden, wieder Arbeit zu finden.

Übung

Katastrophendenken infrage stellen

Manchmal hat man das Gefühl, als lauere an jeder Ecke eine neue Katastrophe. Die Furcht und der Stress, den Sie empfinden, wenn Sie eine drohende Krise erwarten, können Sie schwächen und davon abhalten, Ihr Leben hier und jetzt aktiv zu gestalten.

(1) Für diese Übung benötigen Sie fünf bis zehn Minuten Ruhe, Ihr Tagebuch oder ein leeres Blatt Papier und einen Stift. Sie sollten wieder ein belastendes Ereignis wählen, um es zu analysieren. Suchen Sie nach einer Situation, in der Sie ein Unglück erwarten oder sich Was-wäre-wenn-Fragen stellen (z. B. »Was wäre, wenn ich Krebs bekäme?«, oder »Was wäre, wenn ich meine Stelle verlieren würde?«) oder über eine Kleinigkeit grübeln (wie z. B., dass Ihnen bei einer Begegnung mit einem Bekannten dessen Namen nicht eingefallen ist) und deren Bedeutung überbewerten.

(2) Beantworten Sie in Ihrem Tagebuch oder auf einem Blatt Papier folgende Fragen:
Was wird meiner Vorstellung nach passieren?
Inwiefern könnte meine Vorstellung schlimmer sein als die Wirklichkeit?
Welche positiven Aspekte der Situation übersehe ich womöglich (darunter auch die Unterstützung von Freunden und Familie, nicht von der Krise betroffene Lebensbereiche,

die Möglichkeit, sich mit anderen über das Thema Fehler machen austauschen, und zugestehen, menschlich zu sein)?

(3) Widerlegen Sie nun schriftlich Ihr Katastrophendenken oder -bild. Sie können erneut die dialektischen Grundsätze betrachten, um Einwände zu entwickeln. Sie könnten beispielsweise an die Aussage »Veränderung ist unvermeidlich« denken oder überzogene Gedanken und Gedanken wie »Ich kann damit nicht umgehen« oder »Das ist eine Katastrophe« entschärfen und folgendermaßen verändern: »Die Situation ist schwierig, aber ich werde Sie bewältigen« oder »Ich bin von der Situation enttäuscht«. Nehmen Sie in den nächsten Tagen bewusst Ihre Gedanken wahr und achten Sie darauf, wann Sie beginnen, über diese Situation nachzudenken. Konzentrieren Sie sich dann auf Ihren Atem und wiederholen Sie für sich Ihren Einwand. Dons Einwand lautete: »Die Situation ist eine Herausforderung für die ganze Familie, aber wir werden sie gemeinsam durchstehen.«

Es ist eine Tatsache, dass schmerzhafte Ereignisse im Leben passieren. In diesem Buch geht es nicht darum, zu verbergen, dass das Leben manchmal auch schwierig ist. Vielmehr soll es Sie unterstützen, schwierige Zeiten ohne übersteigerte Sorgen und extremes Leid zu überstehen.

Zusammenfassung

Das Ziel dieses Kapitels bestand darin, Ihre Gedanken zu untersuchen und zu lernen, wirksam auf sie zu reagieren, sie zu verändern oder sie vorbeiziehen zu lassen. Das Kapitel erklärte, wie fehlerhaftes, rigides oder verzerrtes Denken Stress in Gang setzen oder verschlimmern kann. Sie lernten das Konzept des dialektischen Denkens kennen, das kognitive Flexibilität in den Mittelpunkt stellt, sowie Übungen, um den Inhalt Ihrer Gedanken zu überwachen, Vorhersagen zu erkennen, die Ihre Stressbelastung beeinflussen, und problematisches Denken zu verändern. Mit der Durchführung der praktischen Übungen wandten Sie Grundsätze des dialektischen Denkens an, wie beispielsweise extremes Denken loslassen, verschiedene Wahrheiten akzeptieren, Zusammenhänge und wechselseitige Verbindungen sehen und einen Zustand ständiger Veränderung anerkennen.

Diese Strategien erhöhen die Flexibilität Ihrer Gedanken, bieten Alternativen zu gewohnheitsmäßigen, festgefahrenen Denkmustern und ermöglichen Ihnen, gegensätzliche Standpunkte zu akzeptieren. Ihre Gedanken und Glaubenssätze über die Ereignisse in Ihrem Leben bestimmen, ob Sie ein Ereignis als bedrohlich, und daher als stressvoll deuten. Der Prozess, Ihr Denken zu erweitern, ist daher entscheidend, um Sie von unnötigem Stress zu befreien.

3 Strategien der Akzeptanz nutzen

Wir haben keine vollkommene Kontrolle über unsere Umwelt, unsere Gesundheit oder die Menschen um uns, also erleben wir alle unweigerlich stressvolle Lebensereignisse. In solchen Momenten sind wir mit Krankheit, Todesfällen, Abgabeterminen, Konkurrenz am Arbeitsplatz, finanziellen Herausforderungen oder Veränderungen in der Familie konfrontiert. Sie begleiten jegliche Veränderungen in unserem Leben, positive wie negative, zum Beispiel wenn wir ein Kind bekommen, unsere Erwartungen nicht erfüllen oder einen Unfall haben.

Manche Menschen halten Veränderungen offenbar stand und werden stärker, während andere das Gleichgewicht verlieren und in negatives und ungesundes Fluchtverhalten geraten, wie beispielsweise selbstverletzendes Verhalten, zu viel Geld ausgeben oder Alkohol trinken. Die Fertigkeiten (Skills) in diesem Kapitel sollen kurzfristige Strategien bieten, um die Umwälzungen durch stressvolle Lebensereignisse zu überstehen. Sie stellen wesentliche Lebensfertigkeiten dar, mit deren Hilfe wir weitermachen können, ganz gleich, ob wir das Gefühl der Sicherheit verloren haben, Problemen gegenüberstehen, die wir nicht sofort lösen können, oder von den Anforderungen einer Beförderung im Job überwältigt werden.

Wichtige Veränderungen im Leben zu überstehen, wenn Sie Stress und Angst erleben, erfordert zwei Strategietypen:

(1) das Leben im gegenwärtigen Augenblick anzunehmen
(2) die Emotionen, die Veränderungen begleiten, zu tolerieren und auszuhalten

Dieses Kapitel nimmt den ersten Typus in den Blick – Strategien der Akzeptanz, die Ihre Fähigkeit verbessern sollen, sich selbst und die gegenwärtige Situation wertfrei zu akzeptieren. Kapitel 4 konzentriert sich auf den zweiten Typus – Strategien, um die Emotionen, die stressvolle Lebensereignisse begleiten, zu tolerieren und auszuhalten.

Hinter den Skills zur Akzeptanz steht die Annahme, dass Schmerz, Stress und Veränderung ein Teil des Lebens sind und dass es zu verstärktem Leid oder Stress führt, dieser Tatsache auszuweichen oder sie zu verneinen. Strategien zum Umgang mit Emotionen, die wesentliche Lebensveränderungen begleiten, suchen Wege, um diese Emotionen zu ertragen und ihnen dabei nicht auszuweichen oder sich auf eine Weise zu verhalten, die zusätzliche Probleme erzeugt oder die Situation zu einer noch größeren Überforderung macht.

3.1 Wenn das Leben aus den Fugen gerät: Lebensereignisse akzeptieren und ertragen

Die schlichte Weigerung, eine Situation zu akzeptieren und zu ertragen, führt Linehan (1993a) zufolge nicht auf magische Art und Weise dazu, dass sie sich verändert und unseren Bedürfnissen und Wünschen entspricht. Wir wollen manche Situationen nicht akzeptieren, weil es bedeutet, anzuerkennen, dass wir nicht das bekommen haben, was wir wollten, oder dass unser Leben sich verändert hat und dass wir einer unsicheren und beängstigenden Situation gegenüberstehen. Schmerzhafte Situationen oder bedeutende Veränderungen anzuerkennen, sie auszuhalten und zu akzeptieren verringert jedoch eher den Stress, den wir erleben, anstatt ihn zu vergrößern.

Stressvolle Ereignisse treffen jeden. Es ist unmöglich, durch das Leben zu gehen, ohne Verlust oder Tod zu erleiden, Ablehnung zu erfahren, zu scheitern, einen Unfall zu haben, körperlich verletzt zu werden, sich bedroht zu fühlen oder unerwartet einen Gewinn zu erleben. Wir hoffen, dass diese belastenden Situationen nicht oft geschehen, es ist jedoch eine Tatsache, dass sie uns allen begegnen. Sie tauchen auf unterschiedliche Weise in unserem Leben auf, doch unabhängig davon, ob wir Oprah Winfrey oder Lieschen Müller sind, können wir Stresssituationen nicht von unserem Leben fernhalten.

Auf Lebensereignisse reagieren

Die folgende Liste basiert auf einer Studie von Thomas Holmes und Richard Rahe (Holmes & Rahe, 1967). Die Forscher stellten fest, dass diese Ereignisse am meisten zu Stress im Leben beitragen. Gehen Sie die Liste durch und bestimmen Sie, ob Sie kürzlich eines dieser stressreichen Ereignisse erlebten. Belastende Umstände einfach anzuerkennen, kann Ihnen bereits dabei helfen, sie besser zu bewältigen.

- Tod des Partners/der Partnerin
- Scheidung
- Trennung
- Haftstrafe
- Tod eines nahen Verwandten
- Verletzung oder Krankheit
- Heirat
- Jobverlust
- Versöhnung mit dem (Ehe-)Partner
- Eintritt in den Ruhestand
- wesentliche Veränderung des Gesundheitszustands einer nahestehenden Person
- Schwangerschaft
- sexuelle Probleme
- Geburt, Adoption, Einzug eines Elternteils/der Eltern
- Veränderungen im Beruf
- erhebliche finanzielle Veränderungen – zum Guten oder Schlechten
- Tod eines engen Freundes/einer engen Freundin
- Veränderung des Berufswegs oder des Arbeitsgebiets
- erhebliche Veränderung im Hinblick auf Auseinandersetzungen mit dem Partner – Zunahme oder Abnahme
- Aufnahme einer Hypothek
- Zwangsvollstreckung
- Beförderung oder Rückstufung
- Auszug der Kinder – aufgrund von Ausbildung, Ehe oder Militärdienst
- Probleme mit den Schwiegereltern
- außergewöhnliche persönliche Erfolge

Für verschiedene Menschen kann die gleiche Art von Ereignis – z. B. eine Scheidung – basierend auf persönlichen Umständen zu völlig unterschiedlichen Stressbelastungen führen. Wenn aber eines dieser Ereignisse im Leben auftritt, sind unabhängig von besonderen Umständen die Spannung, Unsicherheit, Veränderungen des Alltags und Umbrüche typischerweise bestimmend für das Stresserleben.

Manche Dinge geschehen plötzlich und führen zu einer sprunghaften Veränderung. Wir gehen in einer bestimmten Richtung voran und verlieren unerwartet den Arbeitsplatz, werden bei einem Unfall verletzt oder verlieren einen wichtigen Menschen. Andere Veränderungen, wie der Ruhestand oder ein Kind, lassen sich planen und sind zu erwarten. Dennoch können Veränderungen, die sogar positive und geplante Lebensereignisse begleiten, beträchtlichen Stress und Angst auslösen.

Was wir tun, wenn solche Umstände auftreten, führt zu erheblichen Unterschieden in Bezug darauf, wie lange wir in der Folge Stress und Angst erleben. Wenn wir eine Veränderung fürchten, die ein Lebensereignis bedeutet, weisen wir dieses Ereignis typischerweise zurück. Diese Ablehnung findet sowohl in unseren Gedanken als auch in unseren Verhaltensweisen statt. Wie oft haben Sie auf Lebensveränderungen schon mit folgenden Handlungsweisen reagiert?

- kämpfen, um ein Problem zu lösen, das sich nicht lösen lässt
- vermeiden, über die Situation und alle mit ihr verbundenen Aspekte nachzudenken
- sich weigern, notwendige Veränderungen vorzunehmen
- aus Wut und Furcht reagieren und die Situation dadurch verschlimmern

Akzeptanz hingegen mindert die zusätzliche Stressbelastung und Angst, die entstehen, wenn Sie die Situation vermeiden und mit extremen Emotionen darauf reagieren. Wenn gegenwärtige Umstände Ihnen nicht gefallen, können Sie durch Akzeptanz Energie auf die Lösung der Probleme richten, die die Situation mit sich bringt. Akzeptanz ermöglicht Ihnen, in der Situation das zu tun, was funktioniert, anstatt sie noch zu verschlimmern.

Beispiel

Die Geschichte von Kate

Kates Sohn zeigt Verhaltensauffälligkeiten. Zunächst schien er einfach ein schwieriges Kind zu sein. Er schlief nachts nicht durch, bekam bei den Mahlzeiten Wutanfälle und war nicht fähig, sich zu konzentrieren oder ruhig für sich zu spielen. Er ist Kates ältestes Kind und sie kann, als erfolgreiche Geschäftsfrau, nur seinen Eigensinn und seine Aufsässigkeit sehen. Mit dem Älterwerden wachsen auch seine Probleme. Er muss in der Schule in eine Sonderklasse, weil er dem normalen Unterricht nicht folgen kann. Er ist im Umgang mit anderen Kindern aggressiv, einmal warf er beispielsweise mit Buntstiften nach anderen Kindern und beschimpfte den Rest der Klasse mit ordinären Ausdrücken. Seine Verhaltensweisen geraten zu Hause so außer Kontrolle, dass Kate schon die Türen mit Möbelstücken versperrte, um eine Auszeit bei ihm zu erreichen, und ständig eingreifen muss, um ihn davon abzuhalten, seine jüngeren Brüder zu schlagen und zu verspotten.

Kate steht ständig unter Stress und beschreibt sein Verhalten als »zerstörerisch für die Familie«. Sie betrachtet ihren Sohn weiterhin als schwierig und weist jede Vermutung zurück, dass er möglicherweise psychische Probleme habe. Sie meidet Bücher zu dem Thema und weist Vorschläge zurück, Hilfe zu suchen. Ihr Mann würde gerne Hilfe für den Sohn in Anspruch nehmen, und die Uneinigkeit über diesen Punkt hat zu Konflikten in der Ehe geführt. Kate wünscht sich verzweifelt einen »normalen« Sohn und weigert sich, sein Verhalten als Folge von etwas anderem als Ungehorsam aufzufassen.

An Erwartungen festhalten

Sozialpsychologische Forschungsergebnisse zeigen, dass unsere Motive und Erwartungen die Sicht auf die Wirklichkeit zurechtbiegen (Greenberg et al., 1982). Wenn Menschen aufgrund bestimmter Lebensereignisse lang aufrechterhaltene Erwartungen aufgeben müssen, neigen sie dazu, widersprechende Informationen zu ignorieren oder zu beschönigen, die ihr Verständnis von der Realität bedrohen.

Betrachten wir Kate. Zu akzeptieren, dass ihr Sohn eine Behinderung hat, würde ihr abverlangen, gegenwärtige Erwartungen für seine Zukunft aufzugeben. Stattdessen bleibt sie bei der Überzeugung, dass er sein Verhalten vollkommen kontrollieren kann und einfach nur ungehorsam ist. Sie kehrt die extremeren Verhaltensweisen unter den Teppich und weigert sich, jegliche anderen Gründe für sein Verhalten anzuhören, die von ihrer eigenen Meinung abweichen. Sie versucht, durch Willensstärke Kontrolle über die Wirklichkeit zu erlangen.

Einen eisernen Willen zu besitzen und trotz Hindernissen den Kurs zu halten, kann ein großer Vorteil sein, um Ziele zu erreichen. Viele Menschen gelangen durch Hartnäckigkeit und harte Arbeit ans Ziel. Die Realität aber durch Willenskraft verändern zu wollen und daran den wahren Umständen zum Trotz festzuhalten, erzeugt lediglich zusätzlichen Stress und Leid und hindert uns daran, aus dem alten Trott herauszukommen.

Um voranzukommen, müssen wir zunächst anerkennen und annehmen lernen, dass wir vor einem lebensverändernden Ereignis stehen. Wenn wir die Situation annehmen, in der wir uns befinden, kämpfen wir nicht mehr vergeblich darum, sie zu lösen oder zu verändern. Wir bleiben nicht beim Leugnen stehen oder pochen weiterhin darauf, das zu bekommen, was wir möchten. Wir sind nicht mehr länger dem Bedürfnis nach Kontrolle ausgeliefert. Ständig gegen das anzukämpfen, was bereits geschehen ist, verbraucht Zeit und enorme Energie. Diese Zeit und Energie wäre besser darin investiert, mit den Dingen so umzugehen, wie sie jetzt sind, und das Leben so zu gestalten, dass diese neue Realität aufgenommen wird.

3.2 Akzeptanz erreichen

Laut Linehan (1993a) umfasst Akzeptanz bestimmte Aktivitäten, die die Stressreaktion im Körper abschwächen, sowie Gedankenprozesse, mit deren Hilfe wir lebensverändernde Ereignisse verstehen und annehmen können. Die folgenden Übungen zielen darauf ab, Ihren Körper zu beruhigen und zu entspannen, was eine beruhigende Wirkung auf Ihre Emotionen und Gedanken hat. Die beschriebenen Gedankenprozesse ermöglichen Ihnen, den Kampf mit der Wirklichkeit aufzugeben und sich dafür zu entscheiden, die Situation so anzunehmen und auf sie zu reagieren, wie sie ist, und nicht so, wie Sie sie gerne hätten.

Körperliche Bereitschaft zur Akzeptanz erreichen
Körper und Geist arbeiten zusammen. Es ist unmöglich, beide vollkommen voneinander zu trennen. Wenn wir uns Sorgen machen, reagiert unser Körper auf die sorgenvollen Gedanken. Jeder erlebt Stress anders, doch durch Stress und Sorgen werden wir häufig angespannt, nervös, zittrig oder atemlos.

Wenn andererseits unser Körper zittrig ist – beispielsweise durch zu viel Kaffee – reagieren wir geistig auf dieses unruhige Gefühl und deuten es als Stress oder Angst. In diesem Fall hat unser Verstand auf einen körperlichen Zustand reagiert.

Es ist schwierig, gezielt das zu identifizieren, anzuerkennen und anzunehmen, was wir in unserem Leben nicht verändern können, wenn wir körperlich durch eine akute Stressreaktion sehr aufgebracht sind. Die körperliche Stressreaktion kann beispielsweise sein, weinen oder schreien zu wollen. Sie bemerken vielleicht die eigene Reizbarkeit oder das schnelle Aufbrausen. Der Drang, dem Druck durch eine Krise und stressvolle Lebensereignisse zu entfliehen, ist oft kaum zu ignorieren. Wenn Sie keine Strategien haben, um Ihren Stress in den Griff zu bekommen, flüchten Sie sich vielleicht irgendwann in riskante und problematische Verhaltensweisen.

Im obigen Beispiel hat Kate panische Angst, sich der Möglichkeit zu stellen, dass ihr Sohn Probleme jenseits normalen Ungehorsams hat. Sie führt ein Leben in Panik und unter ständigem Stress. Unabhängig davon, ob sie arbeitet, sich Schulproblemen widmet oder die Kinder im Haus versorgt, ist sie ständig überdreht und vermeidet stets, die Schwierigkeiten ihres Sohnes aus einer anderen Perspektive zu betrachten.

Es gibt viele Entspannungstechniken, die den Körper beruhigen sollen. Wenn Sie eine Technik kennen, die für Sie funktioniert, können Sie diese anwenden. Die hier beschriebenen Techniken eignen sich besonders gut dafür, auf körperlicher Ebene Bereitschaft zur Akzeptanz zu erreichen.

Konzentration auf das Atmen. Thich Nath Hanh schrieb in seinem Buch »Ich pflanze ein Lächeln«: »Während wir bewusstes Atmen üben, wird sich unser Denkprozess verlangsamen, und wir können uns wirklich eine Ruhepause gönnen. Die meiste Zeit denken wir zu viel, und achtsames Atmen hilft uns, ruhig, entspannt und friedvoll zu sein« (2007, S. 23).

Die Konzentration auf die Atmung ist ein wichtiger Bestandteil der Behandlung von Stress, Panik und Angst. Das Atmen zur Beruhigung des Körpers einzusetzen ist deshalb von Vorteil, weil wir die ganz Zeit atmen, ganz gleich, ob wir bewusst darauf achten oder nicht. Also fällt es leicht und entspricht der Natur, sich auf den Atem zu konzentrieren. Außerdem können wir uns überall und jederzeit auf das Atmen konzentrieren – beispielsweise mitten in einer Besprechung in der Arbeit, wenn wir telefonieren oder wenn wir im Stau stehen – ohne Aufmerksamkeit auf uns zu ziehen.

Sich auf das Atmen zu konzentrieren, hat viele Vorteile:

- Es ist ein natürliches und wirksames Instrument, um zerstreuten oder unruhigen Gedanken entgegenzuwirken.
- Es bietet die Möglichkeit, eine Verbindung zwischen Körper und Gedanken herzustellen.
- Wenn Sie zerstreut sind, ermöglicht es, sich wieder zu sammeln.
- Sich auf das Atmen zu konzentrieren, hat allgemein eine beruhigende Wirkung.
- Es kann helfen, Ihnen im gegenwärtigen Augenblick Halt zu geben.

Lenken Sie bei jeder Übung Ihre Aufmerksamkeit gezielt auf die Atmung. Möglicherweise schweifen Ihre Gedanken von der Atmung ab und Sie sind unzufrieden mit Ihrer Fähigkeit, sich länger zu konzentrieren. Diese Gefühle sind normal. Wenn Sie sich komisch fühlen, nehmen Sie das Gefühl einfach nur wahr und lassen es vergehen. Wenn Sie den Fokus verlieren oder von Geräuschen abgelenkt werden, richten Sie die Aufmerksamkeit behutsam wieder auf Ihren Atem und beginnen Sie die Übung erneut. Gestatten Sie sich, diese Übungen auszuprobieren, ohne sich zu analysieren, zu beurteilen oder an sich zu zweifeln.

Übung

Atemübungen

Halten Sie sich bei allen unten aufgeführten Übungen an folgende Schritte:

(1) Lesen Sie die Anweisungen.
(2) Üben Sie das erste Mal an einem ruhigen Ort, an dem Sie wahrscheinlich nicht gestört werden.
(3) Nehmen Sie sich drei bis fünf Minuten Zeit zum Üben.
(4) Denken Sie daran, dass Ablenkungen und Konzentrationsverlust normal sind. Wenden Sie sich der Übung wieder zu, wenn Sie merken, dass Sie nicht mehr konzentriert sind.
(5) Wenn Sie die Übungen besser beherrschen, bauen Sie das praktische Üben in stressvollere Erfahrungen ein.

Atemzüge zählen. Beginnen Sie alle folgenden Übungen damit, sich auf das Gefühl einzustellen, wenn Sie ein- und ausatmen. Konzentrieren Sie sich auf die Atmung und nehmen Sie bewusst wahr, dass Sie atmen.
(1) Nehmen Sie eine bequeme Haltung ein.
(2) Richten Sie die Aufmerksamkeit auf Ihren Atem.
(3) Atmen Sie tief ein und füllen Sie Ihre Lunge.
(4) Atmen Sie aus und zählen Sie bei jedem Ausatmen: Eins beim ersten Mal, zwei beim zweiten Mal, und so fort, bis Sie bei zehn ankommen.
(5) Wenn Sie zehn erreicht haben, beginnen Sie wieder bei 1. Sollten Sie irgendwann durcheinander kommen, beginnen Sie wieder bei 1.

Die Lunge vollständig füllen und leeren. Eine der leichtesten Übungen besteht darin, sich darauf zu konzentrieren, wie der Atem in den Körper hineinfließt und ihn wieder verlässt. Sie können sie leicht im Gedächtnis behalten und sie kann Ihre Perspektive verändern, wenn Sie in Sorgen verstrickt sind.
(1) Nehmen Sie eine bequeme Haltung ein.
(2) Richten Sie die Aufmerksamkeit auf Ihren Atem.
(3) Atmen Sie ein und füllen Sie Ihre Lunge vollständig.
(4) Formulieren Sie in Gedanken bewusst »Ich fülle meine Lunge«, während Sie einatmen.
(5) Formulieren Sie in Gedanken bewusst »Ich leere meine Lunge«, während Sie ausatmen.

(6) Wenn Sie abgelenkt werden, führen Sie Ihre Gedanken behutsam zu Ihrem Atem zurück und formulieren Sie in Gedanken bewusst »füllen« beim Einatmen und »leeren« beim Ausatmen.

Ballonatmung. Diese Übung hilft, wenn Ihre Gedanken rasen, Sie grübeln oder Sie sich in Sorgen verstricken. Sie erfordert Ihre volle Aufmerksamkeit und verlangt von Ihnen, langsam zu atmen. Das kann Sie von hartnäckigen und aufdringlichen Gedanken lösen.

(1) Stellen Sie sich Ihre Lunge als Ballon vor. Atmen Sie langsam ein und stellen Sie sich dabei vor, dass sich Ihre Lunge wie ein Ballon füllt. Füllen Sie den Ballon möglichst vollständig.

(2) Atmen Sie nun langsam aus. Behalten Sie das Bild des Ballons im Kopf und versuchen Sie, die Luft vollständig herauszupressen. Versuchen Sie nach einigen Atemzügen, die Ausatmung zu verlängern. Das ermöglicht Ihnen, Ihre Lunge noch mehr zu entleeren.

(3) Setzen Sie die Ballonatmung zehn bis zwanzig Atemzüge lang fort. Wenn Sie sich müde oder schwindelig fühlen, hören Sie auf und kehren Sie zum normalen Atmen zurück. Sie können diese Übung im Gehen, im Sitzen oder im Stehen praktizieren.

Anfangs können sich Atemübungen seltsam anfühlen. Üben Sie weiter, dann werden sie selbstverständlicher.

Dem Atem folgen und Ihre Handlungen verlangsamen. Bewusst Handlungen langsamer zu verrichten, hilft Ihnen, Spannung in Ihrem Körper zu mindern und rasende Gedanken zu beruhigen.

(1) Wählen Sie eine Aktivität aus, die Sie normalerweise schnell und ohne viel Nachdenken ausführen, z. B. E-Mails lesen, den Küchenboden wischen, eine Tasse Kaffee kochen oder sich unterhalten.

(2) Achten Sie auf den Atemfluss und verlangsamen Sie dann bewusst die Geschwindigkeit Ihrer Handlungen, während Sie mit der Aktivität befasst sind. Bewegen Sie Ihren Körper 50 bis 75 % langsamer als üblich. Sie müssen die Atmung nicht

Ihren Bewegungen anpassen. Achten Sie einfach weiterhin auf die Atmung, während Sie sich langsam und bewusst bewegen.

(3) Folgen Sie dem Atem, während Sie sich weiterhin der Einzelheiten Ihrer Bewegungen bewusst bleiben. Versuchen Sie, sich nicht zu beeilen.

(4) Wenn Sie sich in dem verlieren, was Sie gerade tun, lenken Sie die Konzentration wieder auf Ihren Atem.

Wellenatmung. Unsere Atmung tagsüber und in der Nacht kann viele Formen annehmen. Sie kann flach und schnell sein, langsam und tief, unregelmäßig oder rhythmisch. Gleich bleibt allein die Tatsache, dass unser Atem hinein- und hinausfließt, wie die Wellen im Ozean. Wieder und wieder – mit wechselnder Qualität, Geschwindigkeit und Intensität – aber beständig hinein und hinaus. Bei dieser Übung geht es um das bewusste Wahrnehmen des Atems, nicht darum, ihn zu verändern.

(1) Richten Sie die Aufmerksamkeit auf Ihren Atem und nehmen Sie wahr, wie er hinein- und hinausfließt.

(2) Achten Sie darauf, ob er wie Wellen in einem heftigen Sturm hinein- und hinausbricht oder langsam ansteigt und wieder absinkt wie bei ruhiger See.

(3) Suchen Sie den eigenen Atemrhythmus und bleiben Sie mit Ihrer Aufmerksamkeit dabei.

(4) Falls Sie abgelenkt werden, richten Sie Ihre Gedanken behutsam wieder auf das fortwährende Ansteigen und Absinken Ihrer Atmung.

Atemübungen einzusetzen, um die Aufmerksamkeit zu lenken und die Stressreaktion Ihres Körpers zu mäßigen, erfordert Übung. Die ersten Versuche können enttäuschend und von Ablenkungen geprägt sein. Bemühen Sie sich, in der nächsten Woche mindestens eine Atemübung pro Tag zu machen. Je mehr diese Übungen zu einem Teil Ihres Alltags werden, desto mehr werden Sie von Ihnen profitieren.

Konzentration auf den Körper. Intensiver Stress, ausgelöst durch unerwartete oder außergewöhnliche Umstände, geht mit intensiven körperlichen Empfindungen einher. Wenn Sie Stress und Angst erleben, gilt das auch für Ihren Körper. Schwitzen, Schreckhaftigkeit, ein Kloß im Hals, ein Gefühl der Atemlosigkeit, Muskelanspannung, Druck in der Magengegend und Frieren sind Empfindungen, die allesamt mit Stress und Angst im Zusammenhang stehen.

Übung

Übungen zur Beruhigung des Körpers
Halten Sie sich wie bei den Atemübungen bei allen unten aufgeführten Übungen an folgende Schritte:
(1) Lesen Sie die Anweisungen.
(2) Üben Sie das erste Mal an einem ruhigen Ort, an dem Sie wahrscheinlich nicht gestört werden.
(3) Nehmen Sie sich drei bis fünf Minuten Zeit zum Üben.
(4) Denken Sie daran, dass Ablenkungen und Konzentrationsverlust normal sind. Wenden Sie sich der Übung wieder zu, wenn Sie merken, dass Sie nicht mehr konzentriert sind.
(5) Wenn Sie die Übungen besser beherrschen, bauen Sie das praktische Üben in stressvollere Erfahrungen ein.

Gehen und dabei ein Mantra sprechen. Im Tagesablauf gibt es viele Momente in denen Sie gehen. Wenn Sie unter Stress stehen, ist die Zeit, in der Sie vom Auto zum Büro gehen, durch die Gänge im Supermarkt eilen oder als sportliche Betätigung eine gewisse Strecke zurücklegen häufig angefüllt mit Sorgen und ängstlichem Grübeln oder ziellosen Gedanken, ohne sich klar zu konzentrieren. Mithilfe dieser Übung können Sie das Gehen einsetzen, um die Fähigkeit zu entwickeln, Ihre Aufmerksamkeit und Konzentration bewusst zu steuern.
(1) Wählen Sie zunächst ein Wort oder ein Mantra, das Sie während des Gehens wiederholen. Sie sollten etwas Einfaches aussuchen, das Sie bei jedem Schritt wiederholen können. Einige Vorschläge für ein Mantra beschreiben den physischen Akt des Gehens, beispielsweise: »Ferse, Spitze, Ferse,

Spitze«, oder einfach die Wörter »Gehen« oder »Schritt«. Sie können auch ein Mantra wählen, das auf einen Geisteszustand abzielt, zum Beispiel »ruhig« oder »langsam«. Sie könnten vielleicht auch einige Wörter zusammenfügen, etwa »Ruhig gehen« oder »Mit jedem Schritt beruhige ich meinen Geist.«

(2) Suchen Sie einen Ort für das Gehen, an dem Sie einige Momente nicht gestört werden. Sie können in einem Gebäude oder draußen gehen, auf einer belebten Straße oder allein, solange Sie ungestört sind.

(3) Gehen Sie los und achten Sie auf die physische Erfahrung des Gehens. Nehmen Sie wahr, wie sich Ihr Körper anfühlt, während Sie gehen; konzentrieren Sie sich beispielsweise auf Ihren Fuß, wie er den Boden unter Ihnen berührt, die Beinmuskulatur, wenn Sie einen Schritt machen, oder das Schwingen Ihrer Arme. Sobald Sie sich beim Gehen in Ihrer Mitte fühlen, formulieren Sie gemeinsam mit Ihren Schritten das zuvor ausgewählte Mantra oder Wort. Sprechen Sie bei jedem Schritt ein oder zwei Wörter. Wenn Sie abgelenkt werden, richten Sie die Konzentration wieder auf den physischen Akt des Gehens und darauf, Ihr Mantra zu wiederholen. Gehen Sie drei bis fünf Minuten auf diese Weise weiter, bis Sie sich ruhiger fühlen.

Anfangs kann es sich seltsam oder unangenehm anfühlen, wenn Sie achtsam gehen. Lassen Sie sich davon nicht abhalten; nehmen Sie diese unangenehmen Eindrücke einfach wahr und wenden Sie sich wieder dem Gehen und dem Mantra zu.

Luft. Eine einfache Meditation, bei der Sie sich auf körperliche Empfindungen einstellen, kann dazu dienen, Spannung abzubauen und die Verbindung zwischen Geist und Körper zu verbessern. Diese Übung können Sie jederzeit anwenden, ob Sie in der Bank Schlange stehen oder in der Arbeit an Ihrem Schreibtisch sitzen.

Um aufgebaute Spannung und Stress zu mindern, sollen Sie in dieser Übung die Ihren Körper umgebende Luft wahrnehmen.

(1) Lenken Sie die Aufmerksamkeit zunächst auf Ihren Atem. Atmen Sie einige Male ein und aus. Achten Sie bewusst auf die Luft, die Ihren Körper umgibt, während Sie atmen. Nehmen Sie wahr, wie die Luft Ihren Körper berührt. Ist sie still und bewegungslos oder gibt es einen Windhauch oder Bewegung in der Luft? Spüren Sie bewusst das Gefühl von Stille auf der Haut, falls die Luft bewegungslos ist.
(2) Atmen Sie weiter und richten Sie die Aufmerksamkeit auf die Temperatur der Luft, die Ihren Körper umgibt. Ist sie angenehm? Ist sie warm oder kalt?
(3) Konzentrieren Sie sich nacheinander auf jeweils einen Bereich Ihres Körpers. Atmen Sie und nehmen Sie die physische Empfindung der Luft auf Ihren Händen, Ihren Armen und Ihrem Gesicht wahr. Achten Sie auf Bereiche, die Sie normalerweise nicht bewusst wahrnehmen, wie beispielsweise den Bereich um Ihre Zehen, Ihren Nacken, Ihre Fußknöchel oder die Armbeugen. Schenken Sie sowohl den bedeckten wie auch den unbedeckten Körperteilen Beachtung. Inwiefern fühlen sich diese Körperteile unterschiedlich an?
(4) Nachdem Sie alle Körperbereiche passiert haben, ruhen Sie sich einfach aus und nehmen Sie die physische Empfindung der Luft wahr, die Ihren Körper umgibt. Wenn Sie sich an einem ruhigen, ungestörten Ort befinden, gestatten Sie sich drei bis fünf Minuten, um zu atmen und die Luft um Ihren Körper zu spüren. Lassen Sie mit jedem Atemzug das Gefühl von Ruhe wachsen.

Diese Übung eignet sich nicht für jeden, für viele jedoch ist sie eine Hilfe dabei, Anspannung loszulassen und sich von täglichen Sorgen zu lösen.

Ein entspanntes Lächeln. Lächeln hebt die Stimmung und baut Spannung ab. Oft scheint ein gezwungenes Lächeln Spannung und Reizbarkeit nur zu steigern, doch entspannt zu lächeln fördert eine positive Stimmung aus zwei Gründen: (1) Menschen reagieren positiver auf Sie, wenn Sie glücklich aussehen und (2) der Facial-Feedback-Hypothese zufolge lassen Rückmeldungen der Gesichtsmuskeln Ihr Gehirn glauben, dass Sie glücklich sind (Kleinke et al., 1998). In der DBT dient ein leichtes Lächeln dazu, das Akzeptieren der Realität zu erleichtern (Linehan, 1993a).

(1) Entspannen Sie sich zunächst. Lassen Sie die Spannung in Ihrem Gesicht, im Hals und den Schultermuskeln los und heben Sie die Mundwinkel leicht an. Ein angespanntes Lächeln ist ein Grinsen. Ein entspanntes Lächeln entspricht einem Lächeln mit leicht angehobenen Mundwinkeln und lockeren Gesichtsmuskeln. Versuchen Sie, einen heiteren Gesichtsausdruck anzunehmen. Fixieren Sie mit den Augen entweder einen bestimmten Punkt im Raum oder schließen Sie die Augen. Atmen Sie und lächeln Sie.
(2) Setzen Sie die Übung zwei bis drei Minuten, oder bis Sie sich ruhiger fühlen, fort.

Bei jeder dieser Übungen ist es normal, dass die Konzentration zwischendurch nachlässt. Je mehr Sie üben, desto weniger werden Ihre Gedanken abschweifen. Bewerten Sie das Üben möglichst nicht als Erfolg oder Scheitern. Merken Sie sich, welche Übungen Sie am meisten beruhigten, nachdem Sie alle ausprobiert haben. Mit der Zeit und entsprechender Übung gelingen die anderen Methoden vielleicht genauso gut, doch am Anfang sollten Sie bei hoher Stressbelastung diejenigen Übungen einsetzen, die Sie am meisten beruhigt haben.

Grundsätze für das Akzeptieren lebensverändernder Ereignisse

Sobald Sie die Reaktion Ihres Körpers auf Stress abgeschwächt haben, ist Ihr Geist besser für die Entscheidung gerüstet, die Situation oder Umstände anzunehmen, die Ihnen Stress und Angst bereiten.

Radikale Akzeptanz. Manche Menschen denken, dass Akzeptanz ein Zustand ist, der sich mit Zeit, Geduld oder Verständnis einfach von selbst einstellt. Diese Auffassung ist jedoch falsch und kann zu

Passivität und dem Gefühl führen, den eigenen geistigen Zustand nicht kontrollieren zu können. In Wahrheit ist Akzeptanz aktiv, nicht passiv und sie verlangt ein bewusstes Entscheiden. *Radikale Akzeptanz*, ein Skill in der DBT, bedeutet, sich der Realität zu stellen, anstatt sie zurückzuweisen und zu verurteilen (Linehan, 1993a). Sie müssen sich bewusst dafür entscheiden, die gegenwärtigen Umstände immer wieder in verschiedenen Situationen zu akzeptieren. Jedes Mal, wenn Ihre Gedanken Ihnen sagen, dass etwas ungerecht ist oder nicht so sein sollte, wie es ist, sollten Sie sich daran erinnern, es zu akzeptieren.

In der Geschichte von Kate gehört zum Akzeptieren der Situation auch das Zugeständnis, dass ihr Sohn Verhaltensprobleme hat, die über Ungehorsam hinausgehen. Sie muss zugeben, dass sie nicht weiß, was ihrem Sohn helfen könnte und in einer offenen Haltung nach alternativen Gründen für sein Problemverhalten suchen.

Übung

Vorteile und Nachteile von radikaler Akzeptanz

Bevor Sie die Entscheidung treffen, eine Situation zu akzeptieren, ist es hilfreich, zunächst über die Vor- und Nachteile eines solchen Perspektivenwechsels nachzudenken.

Vorteile von radikaler Akzeptanz. Mithilfe dieser Übung können Sie die Vorteile davon ermitteln, Ihren Standpunkt zu ändern. Denken Sie an eine stressvolle Situation, die Sie nur schwer akzeptieren können. Sie könnten z. B. Schwierigkeiten damit haben, anzuerkennen, dass die Arbeitswelt sich verändert hat und es nicht länger einen Markt für Ihre Fertigkeiten gibt. Oder Sie könnten Hausaufgaben hinauszögern oder vermeiden, weil Sie große Angst davor haben, von Ihren Dozenten streng beurteilt zu werden.

(1) Suchen Sie einen ruhigen Moment im Laufe des Tages, nehmen Sie Ihr Tagebuch oder ein leeres Blatt zur Hand und ergänzen Sie den Satz: »Die Vorteile davon, ______________ zu akzeptieren.« Tragen Sie in die Lücke die Situation ein, über die Sie nicht nachdenken wollen oder von der Sie sich wünschen, dass sie nicht passierte.

(2) Schreiben Sie unter den Satz eine Liste möglicher Vorteile davon, diese stressvolle Situation zu akzeptieren, anstatt sie zu bekämpfen. Es könnte hilfreich sein, wenn Sie sowohl langfristige als auch kurzfristige Veränderungen bedenken, die mit dem Akzeptieren auftreten würden. Wenn Ihnen das schwer fällt, sollten Sie über die Vorteile nachdenken, das Problem anzuerkennen oder zu ertragen, anstatt es zu bekämpfen oder zu leugnen.

Als Kate die Vorteile genauer betrachtete, die Schwierigkeiten ihres Sohnes zu akzeptieren, erkannte sie, dass Akzeptanz ihr ermöglichen würde, Hilfsangebote und Unterstützung für ihn ausfindig zu machen. Das könnte seine Fähigkeit deutlich verbessern, in der Schule und in sozialen Situationen zurechtzukommen.

Nachteile davon, stressvolle Lebensereignisse zu akzeptieren. Akzeptanz bringt auch Nachteile mit sich. Wenn wir etwas bekämpfen, vermeiden, verzögern oder lösen möchten, das wir nicht kontrollieren können, tun wir das aus gutem Grund. Üblicherweise profitieren wir in gewisser Weise davon, wenn wir uns ständig vergewissern möchten, dass die Dinge so bleiben, wie sie sind. Es ist wichtig, die Nachteile von Akzeptanz nicht zu vernachlässigen, wenn wir uns für ein Akzeptieren entscheiden. Bei dieser Übung ergründen Sie die Nachteile davon, Ihre Situation zu akzeptieren.

(1) Suchen Sie einen ruhigen Moment im Tageverlauf und legen Sie Ihr Tagebuch oder ein leeres Blatt Papier bereit. Ergänzen Sie den Satz: »Die Nachteile davon, ____________________ zu akzeptieren.« Tragen Sie in der Lücke die Situation ein, über die Sie nicht nachdenken wollen oder von der Sie sich wünschen, dass sie nicht passierte.

(2) Schreiben Sie unter den Satz eine Liste möglicher Nachteile davon, diese stressvolle Situation zu akzeptieren, anstatt zu bekämpfen. Auch hierbei ist es hilfreich, sowohl langfristige als auch kurzfristige Veränderungen bedenken, die mit dem

Akzeptieren auftreten würden. Denken Sie daran, dass wir schmerzvolle Situationen aus einem bestimmten Grund vermeiden. Inwiefern profitieren Sie davon, die Situation nicht zu akzeptieren?

In Kates Geschichte verhinderten große Furcht und Angst davor, die Probleme des Sohnes anzuerkennen, dass sie diese aktiv anging. Sie wollte nicht alle Träume und Erwartungen aufgeben, die sie für sein zukünftiges Leben hatte, noch wollte sie sich ihren Ängsten stellen, dass er in der Schule oder in sozialen Situationen nie gut zurechtkäme.

Überprüfen Sie Ihre Analyse. Wenn Sie die Kräfte unter die Lupe nehmen, die auf Ihre Sichtweise der gegenwärtigen Situation einwirken, kann Ihnen das die aktive Entscheidung erleichtern, schwierige Lebensumstände anzuerkennen.

(1) Nehmen Sie sich nun einen Augenblick Zeit, um die Vorteile und Nachteile zu überprüfen, wenn Sie die stressvolle Situation anerkennen.

(2) Erstellen Sie eine Liste der langfristigen Vorteile aus der ersten Liste und vergleichen Sie diese mit den kurzfristigen Nachteilen aus der zweiten Liste. Verhindern kurzfristige emotionale Nachteile, dass Sie von wichtigen langfristigen Vorteilen profitieren?

Kate wurde klar, dass ihr Sohn mit größerer Wahrscheinlichkeit die notwendige Hilfe bekäme und langfristig auf sozialer und emotionaler Ebene besser zurechtkäme, wenn sie seine Situation akzeptierte. Sie erkannte auch, dass die Weigerung, auf die Probleme ihres Sohnes anders zu reagieren, das Familienleben und ihre Arbeitsleistung beeinflusste. Obwohl es ihr schwer fiel, entschied sie, dass die langfristigen Vorteile für ihren Sohn und ihr eigenes Leben es wert waren, kurzfristig Furcht und Angst zu erleben.

Wenn die Welt Ihnen ungerecht erscheint und Sie sich festgefahren, ängstlich oder verzweifelt fühlen, ist es ganz normal, wenn Sie aufgeben möchten, Dinge gerade rücken wollen, die sich nicht gerade rücken lassen, oder sich einfach weigern, die Situation zu ertragen. Es fällt dann schwer, sich auf das zu konzentrieren, was in dieser Situation möglich ist, anstatt der Realität Ihren Willen aufzwingen zu wollen. Emotionen können die Fähigkeit beeinträchtigen, das in jeder Situation Notwendige zu erkennen. Mit ausreichend Zeit die Vorteile und Nachteile von Akzeptanz zu durchdenken, kann Sie dabei unterstützen, einfach Ihr Bestes zu geben, ganz gleich, was das Leben Ihnen zumutet.

Metaphern einsetzen, um Akzeptanz zu erreichen. In einer Studie aus dem Jahr 2008 stellten McMullen und seine Mitarbeiter fest, dass Teilnehmer, die Metaphern einsetzten, um das Konzept Akzeptanz zu begreifen, unangenehme Aufgaben besser ertragen konnten. Metaphern sind im Alltagsleben weit verbreitet. Wir nutzen sie häufig, um eine Erfahrung zu beschreiben, beispielsweise um einem Freund zu erklären, dass eine Panikattacke sich anfühlt, als wäre einem die Luft abgeschnürt und man müsste um Atem ringen. Metaphern liefern uns unmittelbar einleuchtende Bilder, die uns ermöglichen, abstrakte Konzepte wie Akzeptanz zu verstehen.

Um Ihre automatischen Gedankenmuster vom Kämpfen, Vermeiden oder Ablehnen von Veränderungen abzubringen, sehen Sie sich nun die Metaphern in Tabelle 3.1 an und wählen Sie die aus, die Ihnen zusagen. Wiederholen Sie die Metaphern für sich, wenn es Ihnen schwer fällt, eine Situation zu akzeptieren, die Sie nicht annehmen wollen. Sie können sich beispielsweise sagen: »Jetzt versuche ich also schon wieder, in einem Boot ohne Paddel flussaufwärts zu rudern.«

Unten finden Sie einige Beispiele, wie Menschen häufig Problemen ausweichen oder sie leugnen, und einige Metaphern, die dabei helfen könnten, eine von größerer Akzeptanz geprägte Denkweise zu erreichen.

Tabelle 3.1 Metaphern zur Förderung von Akzeptanz

Beispiele für Bekämpfen, Leugnen und Vermeiden	**Akzeptanz-Metaphern**
► unvermeidliche Veränderungen bekämpfen ► in rigidem Denken über die Situation festgefahren sein	Sie ► versuchen, in einem Boot ohne Paddel flussaufwärts zu rudern ► bitten den Wind, nicht mehr zu wehen ► möchten die Blätter vom Fallen abhalten Akzeptanz heißt ► mit dem Strom schwimmen ► den Wind im Gesicht spüren ► den Blättern zusehen, wie sie fallen
► sich weigern, notwendige Veränderungen vorzunehmen ► Problemen ausweichen	Sie ► sind ein im Meer treibendes Boot oder weigern sich, den Hafen anzusteuern Akzeptanz heißt ► zu segeln, anstatt ziellos zu treiben.
► darum kämpfen, unlösbare Probleme zu lösen ► verändern wollen, was nicht zu ändern ist	Sie ► reparieren das Dach mitten in einem Wirbelsturm Akzeptanz heißt ► während eines Sturms in einem Unterschlupf für die eigene Sicherheit und die anderer sorgen

Übung

Eine persönliche Akzeptanz-Metapher entwickeln

Die Entdeckung einer Metapher, die auf Sie persönlich zutrifft und eine bestimmte Erfahrung betont, lässt diese Erfahrung im Kontext Ihres Lebens besser verständlich werden. Persönliche Metaphern machen Ihre Vergangenheit und Ihre Zukunft sowie Ihre Hoffnungen und Träume nachvollziehbar. Selbstverständnis kann mit einer persönlichen Metapher beginnen, die Ihrem Leben und der Bedeutung Ihres Erlebens Sinn verleiht.

(1) Entwickeln Sie ein Bewusstsein für Metaphern in Ihrem Leben. Sie begegnen uns in der Literatur, in Filmen, Musik, in der Geschichte und den eigenen Erfahrungen.

(2) Überdenken Sie aufmerksam alle vergangenen oder gegenwärtigen Erfahrungen, die als Basis einer Metapher dienen können. Auf welche Weise können Ihre persönlichen Fähigkeiten oder Kenntnisse Eingang in eine Metapher finden? Für mich als Therapeutin könnte eine persönliche Metapher beispielsweise lauten: »Akzeptanz heißt, eine Klientin auch in ihrem Leiden so anzunehmen, wie sie ist, anstatt sie davon überzeugen zu wollen, dass sie glücklich ist.« Weitere Beispiele sind: »Akzeptanz ist wie Karten spielen: du musst mit dem Blatt spielen, das du bekommen hast.«, »Wer gegen den Strom schwimmt, treibt am Ende wieder zurück.« und: »Wer sein Ziel erreichen will, muss mit dem Wind segeln.«

(3) Wenn Sie eine Metapher bemerken oder hören, probieren Sie sie aus. Betrachten Sie das Leben durch die Brille der Metapher und prüfen Sie, ob sie Ihnen hilft, Klarheit zu finden.

(4) Versuchen Sie es mit einer der oben genannten Metaphern, wenn Sie in einer quälenden oder schwierigen Lebenssituation stecken. Hilft Ihnen eine davon, Ihr Denken über die Umstände zu verändern? Können Sie die Situation besser ertragen?

Wichtig ist, kontinuierlich Metaphern zu entwickeln, die Ihrer Meinung nach für Ihr Leben bedeutsam sind. Sie können außerordentlich hilfreich sein, wenn Sie gegen die eigene Natur oder die Umstände ankämpfen, in die Sie geraten.

Akzeptanz zur Gewohnheit machen. Sich für Akzeptanz zu entscheiden ist ein Prozess, der in unserem Inneren abläuft. Sie müssen erkennen, in welchen Augenblicken Sie kämpfen, aufgeben oder ausweichen und dann bewusst eine Entscheidung für Akzeptanz treffen.

Übung

Akzeptanz zur Gewohnheit machen

Obwohl es schwierig ist, können Sie sich daran gewöhnen, die Realität zu akzeptieren. Regelmäßig angewendet kann Akzeptanz Stress und Angst reduzieren und die Fähigkeit verbessern, Probleme in Ihrem Leben zu identifizieren und zu lösen.

(1) Richten Sie die nächsten zwei bis drei Tage Ihre Aufmerksamkeit auf Gelegenheiten, bei denen Sie gegen eine Situation ankämpfen, ihr ausweichen oder sich hartnäckig sträuben, sie zu akzeptieren.

(2) Wiederholen Sie regelmäßig die in diesem Kapitel beschriebenen Achtsamkeitsübungen für eine körperliche Bereitschaft zur Akzeptanz, um die körperliche und geistige Reaktion auf Stress zu mildern. Lassen Sie Gedanken darüber zu, was Sie akzeptieren möchten, während Sie diese Übungen zum Körperbewusstsein machen.

(3) Treffen Sie die Entscheidung, die Situation zu akzeptieren.
   a) Rufen Sie sich bei Bedarf die Analyse der Vor- und Nachteile ins Gedächtnis.
   b) Konzentrieren Sie sich auf eine Akzeptanz-Metapher.
   c) Malen Sie sich aus, die Situation zu akzeptieren.

(4) Wiederholen Sie diese Schritte, wenn Sie auf Situationen treffen, die Sie nur schwer akzeptieren können, bis Sie Situationen automatisch akzeptieren, anstatt automatisch gegen sie anzukämpfen.

Zusammenfassung

Im Mittelpunkt dieses Kapitels stand, unangenehme und belastende Lebensereignisse anzuerkennen, zu ertragen und zu akzeptieren. Sogar positive Lebensveränderungen können Sie überfordern und Ihnen Stress bereiten. Es kann schwer sein, Veränderungen, bedrohlichen Umständen und gefürchteten Ereignissen entgegenzutreten. Doch Vermeidung, Ablehnung von Veränderungen oder Versuche anzustellen, dass die Situation so ausgeht, wie Sie es sich wünschen, vergrößert nur Schmerz und Leid. Dieses Kapitel beschrieb Strategien, um den Körper zu beruhigen und zu entspannen. Diese haben auch eine beruhigende Wirkung auf das Denken und beinhalten Grundsätze und Methoden, mit deren Hilfe Sie sich der Realität stellen können, darunter »Radikale Akzeptanz« und »Akzeptanz zur Gewohnheit« machen.

4 Krisenstrategien einsetzen

Zu akzeptieren, dass Ereignisse Ihr Leben erschüttert haben, verringert den Druck und die Angst, Veränderung zu bekämpfen. Akzeptanz kann sowohl den Einfluss von überwältigenden positiven Veränderungen in Grenzen halten, als auch von verstörenden bzw. negativen Lebensumständen. Oft sind jedoch greifbare, praxistaugliche Strategien notwendig, um akuten und langandauernden Stress auszuhalten, ohne dabei auf Taktiken zurückzugreifen, die riskant sind, eine Veränderung erschweren oder Ihre Probleme verschlimmern. Wenn die Belastung schwieriger Lebensereignisse Sie überfordert – wenn Sie kurz vor dem Zusammenbruch stehen und das Gefühl haben, die Kontrolle zu verlieren – brauchen Sie Strategien dafür, geeignete Maßnahmen ergreifen zu können, die Sie durch die Krise bringen.

4.1 Skills zur Krisenbewältigung

Mithilfe der Strategien in diesem Kapitel sollen Sie mehr Abstand von verstörenden Ereignissen gewinnen und Unterstützung dabei bekommen, sich selbst zu beruhigen und für sich zu sorgen. Auch werden Sie lernen, auf produktivere Weise über Krisen zu denken. Linehan entwarf diese wichtigen und direkten Strategien, um Widrigkeiten überwinden zu können, ohne die Situation zu verschlimmern (Linehan, 1993b). Die Strategien beziehen sich darauf, auf geistiger und körperlicher Ebene Distanz zu Problemen zu gewinnen, sich selbst zu beruhigen und Wege zu finden, um die körperliche und geistige Reaktion auf Ereignisse zu verbessern.

Beispiel

Die Geschichte von Carl

Carl, 37 Jahre alt und zweifacher Vater, hatte gerade eine neue und herausfordernde Stelle in der Arbeit übernommen. Er war in ►

diese Position, die deutlich längere Arbeitszeiten und mehr Reisen erforderte, aufgestiegen, kurz nachdem seine Frau nach der Geburt des zweiten Kindes ihre Vollzeitstelle aufgegeben hatte. Das Baby war schwierig und schlief nicht gut, und Carl fühlte sich belastet durch den Druck der neuen Rolle als Alleinversorger der Familie. Er wollte unbedingt beweisen, dass er die neue Position in der Arbeit bewältigen, sich um die Finanzen der Familien kümmern und gleichzeitig seine Frau unterstützen konnte, die durch die schlaflosen Nächte und dadurch, dass sie für ein Kleinkind und ein von Koliken geplagtes Baby sorgen musste, übermüdet und gestresst war. Gerade zu dieser Zeit bekam Carls jüngerer Bruder die Diagnose Leukämie und betraute Carl mit der Aufgabe, Entscheidungen über seine gesundheitliche Versorgung zu treffen. Die Sorge um seinen Bruder, der Leistungsdruck in der Arbeit, Schuldgefühle, dass er seine Frau nicht unterstützte und die Anforderung, über die Finanzen und die medizinische Versorgung seines Bruders zu entscheiden, überforderten ihn. Plötzlich fand er sich in der Situation wieder, täglich zwei Stunden zu pendeln, um die Behandlung seines Bruders zu überwachen, hatte Auseinandersetzungen mit der Familie wegen Einzelheiten der Pflege seines Bruders und musste Geschäftsanrufe im Krankenhaus oder auf der Straße entgegennehmen. Immer wieder fühlte er sich plötzlich von Traurigkeit und Kummer überwältigt. Jeder Augenblick schien geprägt von Angst und Spannung. Er stellte jede getroffene Entscheidung infrage und fühlte sich unfähig, allen Pflichten gerecht zu werden. Carl wollte all dem Stress und Druck in seinem Leben entfliehen.

4.2 Distanz schaffen

Wenn wir jeden Kontakt mit emotionalem Schmerz unterdrücken und vermeiden, nehmen wir uns selbst die Möglichkeit, den Schmerz zu bewältigen und hinter uns zu lassen. Vermeiden führt mit Sicherheit dazu, dass der Schmerz anhält. In bestimmten Situationen ist es jedoch durchaus gesund, sich von Schmerz und Stress abzulenken. Lebensereignisse und die durch sie verursachte Unsicherheit lassen sich nicht immer sofort verarbeiten. Manche Situationen verlangen trotz des Durcheinanders, das wir gerade erleben, von uns die Fähigkeit zu funktionieren. Gerade in diesen Zeiten sind Strategien unentbehrlich, um Distanz zu einem Ereignis zu schaffen. Kurzfristig betrachtet sind sie wirksam, um Ihnen über diese schwierigen Momente hinwegzuhelfen. Sie ermöglichen Ihnen, sich wieder der Arbeit oder der Schule zu widmen und den Alltag trotz äußerer Stressoren zu überstehen.

Inmitten von Unruhe und Unbeständigkeit können Sie nur funktionieren, wenn Sie Wege finden, sich eine geistige Ruhepause von dem Druck, der Sorge und dem Grübeln zu verschaffen, die mit Stress einhergehen. Distanz zu schaffen ermöglicht Ihnen, zu arbeiten, normalen Alltagspflichten nachzukommen und sich wenigstens für kurze Phasen zu konzentrieren – was alles entscheidend dafür ist, die Veränderung zu überstehen, ohne dass andere Aspekte im Leben außer Kontrolle geraten und mehr Probleme für Sie verursachen.

Um eine Auszeit von Ihren Sorgen zu bekommen, müssen Sie

- Aktivitäten identifizieren, die Sie ablenken und Ihre Aufmerksamkeit vollständig auf sich ziehen, wenn auch nur kurz;
- sich diesen Aktivitäten mit gewisser Regelmäßigkeit widmen.

Was jeder Einzelne als ablenkend und fesselnd erlebt, ist sehr unterschiedlich. Vielleicht müssen Sie Aktivitäten wiederaufleben lassen, die früher funktionierten, oder neue Methoden ausprobieren. Ein Ventil, jegliches Ventil, für stressbedingte Frustrationen zu haben, schwächt die physische Stressreaktion ab. Ablenkung, insbesondere positiv besetzte Ablenkung, ist ein wesentliches Merkmal eines Ventils, das Frustration durch Stress abbaut. Sie sollten unbedingt eine lange Liste möglicher Aktivitäten erstellen, damit Sie eine neue Aktivität ausprobieren können, wenn eine andere nicht mehr wirkt. Die Übung »Möglichkeiten zur Ablenkung finden« basiert auf Komponenten einer DBT-Strategie zum Skills-Training und soll eine Liste von Aktivitäten hervorbringen, die zeitweilig Abstand zu stressreichen Gedanken und Ereignissen schaffen können (Linehan, 1993b).

Übung

Möglichkeiten zur Ablenkung finden

Suchen Sie einen ruhigen Moment im Tagesablauf und nehmen Sie Ihr Tagebuch oder ein leeres Blatt Papier zu Hand, um die unten genannten Fragen zu beantworten. Machen Sie zu allen Fragen der Übung ein Brainstorming. Quantität führt zu Qualität, zensieren Sie sich also nicht selbst. Die Liste soll mindestens 20 bis 30 Aktivitäten beinhalten, große wie kleine, die Sie zu unterschiedlichen Zeitpunkten tun können, um von Stress und Angst loszukommen, wenn auch nur für ein paar kurze Augenblicke. Versuchen Sie, für jeden Punkt mindestens fünf Möglichkeiten zu finden.

(1) *Welche Arten von Aktivitäten fesseln Sie?* Sind Sie verrückt nach Sport? Lesen oder gärtnern Sie gerne? Spielten Sie als Kind Tennis? Oder kochen Sie gerne? Die meisten Leute putzen nicht gern, aber viele lenkt es ab. Rasen mähen, das Auto waschen und Holzarbeiten gehören alle zu den Tätigkeiten, in die Sie sich vertiefen können. Auch folgende Aktivitäten kommen in Frage: ein Buch oder eine Zeitschrift lesen; Fingernägel lackieren, die Haare mit Lockenwicklern eindrehen, Kombinationen im Kleiderschrank zurechtlegen, Wäsche waschen oder bügeln, zeichnen, malen, Fotoalben oder Tagebücher gestalten, fotografieren, Gartenarbeit machen, nähen, stricken, kochen oder backen, Modelle bauen, Musik hören und mitsingen, spazieren oder wandern gehen, musizieren, einen Freund anrufen, einen Brief oder eine E-Mail schreiben oder Sport treiben.

(2) *Was lenkt Sie von Ihren Problemen ab?* Manchmal mindert es die eigene Stressbelastung, anderen zu helfen. Sie können hier persönliche Möglichkeiten erwägen, anderen etwas zu geben, beispielsweise einem Kind bei den Hausaufgaben helfen, überraschend die Wohnung putzen oder einen Freund nach seinen Sorgen fragen. Sie können auch daran denken, ehrenamtlich etwas für die Gemeinschaft oder die Welt zu tun, in einem Tierheim mit den Hunden Gassi zu gehen, Wert-

stoffe zu sammeln oder an einer Veranstaltung für einen wohltätigen Zweck teilzunehmen.

(3) *Welche Tätigkeiten geben Ihnen ein neutrales Gefühl und erzeugen auf keinen Fall Stress?* Lösen bestimmte Aktivitäten Emotionen aus, die mit Stress unvereinbar sind, wie Glück, Freude oder Zufriedenheit? Fragen Sie sich, was Sie in Ihrer Freizeit gerne tun, um diese Art von Aktivitäten zu finden. Sehen Sie sich lustige Filme an, verfolgen Sie eine TV-Serie, machen Sie Sudoku, spielen Sie Karten oder lösen Sie Kreuzworträtsel? Möchten Sie zu Musik der 80er-Jahre immer gerne tanzen? Beruhigt die Ruhe in einem Museum auch Ihren Geist? Denken Sie an Aktivitäten, die so viel geistige Konzentration erfordern, dass Sie Ihren Verstand von belastenden Gedanken abhalten, wie beispielsweise ein Puzzle machen. Ziehen Sie auch Aktivitäten in Betracht, die andere Emotionen als Stress hervorrufen, beispielsweise eine Liebenskomödie ansehen.

(4) *Was können Sie tun, um sich körperlich einen kleinen Schubs zu geben?* Wenn wir in Gedanken verstrickt sind, ist gelegentlich ein körperliches Wachrütteln nötig, um sich vom Stress zu lösen und eine andere Richtung einzuschlagen. Solche körperlichen Reize können beispielsweise dadurch entstehen, Ihren Burger mit scharfen Chilis zu würzen, in ein Schwimmbecken mit kaltem Wasser zu springen, den Hals und die Arme mit Eiswürfeln abzureiben oder heiß (aber nicht zu heiß) zu duschen. Sie kommen auch durch körperliche Aktivitäten und Sportarten zustande, die aufregend und berauschend sind, beispielsweise Wasserski fahren, Unterricht auf dem Trapez, Achterbahn fahren und in einem Windkanal Fallschirmspringen simulieren.

(5) *Können Sie sich mit Menschen vergleichen, die es noch schlechter haben als Sie? Es klingt wahrscheinlich seltsam, doch wenn Sie unter Stress stehen und das Gefühl haben, Sie können Ihr Leben im Moment kaum bewältigen, kann es hilfreich sein, sich mit Menschen zu vergleichen, denen es objektiv schlechter*

geht als Ihnen. Über Weisenkinder in Haiti oder das Leben in Afghanistan nachzudenken, kann die eigenen Probleme ins rechte Licht rücken. Über das Leben an einem Ort nachzudenken, wo die Lebenserwartung weniger als 50 Jahre und das durchschnittliche Jahreseinkommen weniger als 400 Euro beträgt, kann die eigene Gesundheit, das Einkommen und finanzielle Probleme relativieren. Sich daran zu erinnern, dass manche Menschen obdachlos sind und keine Familie haben, kann die Sichtweise auf Ihre eigene Lebenssituation verändern. Sogar der Vergleich mit Menschen in Ihrer direkten Umgebung – beispielsweise mit einer Schwester, die Asthma hat, oder einem Freund, dessen Auto in die Werkstatt muss – kann helfen. Denken Sie daran, dass es hierbei nicht um Schuldgefühle aufgrund des eigenen Glücks geht, sondern darum, sich daran zu erinnern, dass es andere Aspekte im Leben gibt, für die Sie immer noch dankbar sein können.

(6) *Wie können Sie eine verstörende Situation gedanklich hinter sich lassen?* Können Sie sich eine Wand zwischen Ihnen und der Situation vorstellen, sich körperlich von der Situation entfernen oder Zeiträume schaffen, in denen Sie sich nicht auf die Situation konzentrieren, wie beispielsweise während der morgendlichen Alltagsroutine, während der Mahlzeiten oder abends? Können Sie sich ausmalen, die Situation in eine Kiste zu packen, diese zu verschließen und für später sicher aufzubewahren?

Sobald Sie die Liste erstellt haben, sollten Sie es sich zum Prinzip machen, täglich mindestens eine dieser ablenkenden Aktivitäten umzusetzen. Nehmen Sie Ihre Lieblingssendungen auf und halten Sie Bücher mit Kreuzworträtseln bereit, damit Sie immer Zugang zu einer kurzzeitigen Ablenkung haben. Nehmen Sie sich eine Auszeit, wenn Sie merken, dass Ihre Stressbelastung hoch ist.

4.3 Ihre Sinne beruhigen

Allzu oft vernachlässigen Menschen inmitten von stressvollen Lebensereignissen gerade die Dinge, die Ihnen durch den Tag helfen. Es ist unerlässlich, sich selbst freundlich und einfühlsam zu behandeln, wenn Sie belastende Veränderungen im Leben erfahren. Vielleicht sind Sie auf die Sorge für andere konzentriert und haben sich selbst hintangestellt. Dadurch sind Sie so beschäftigt, dass Sie nicht gut für sich selbst sorgen oder einfach nicht bemerken, dass Sie diesen für das Aushalten schwieriger Umstände so wichtigen Aspekt vernachlässigen.

Erwarten Sie nicht von anderen, sich darum zu kümmern. Es wäre schön, wenn andere Menschen Ihre Bedürfnisse und Gefühle verstünden und in der Lage wären, Sie zu beruhigen und zu einer Auszeit zu bewegen. Die Fähigkeit jedoch, sich selbst beruhigende und entspannende Erfahrungen zu verschaffen, ist wesentlich, um schwere Tage zu überstehen. Sie können lebensverändernde Ereignisse leichter aushalten, wenn Sie sich freundlich behandeln und sich selbst etwas Trost spenden. Sich regelmäßig selbst zu beruhigen, macht Sie weniger anfällig für extreme Emotionen und lässt Sie die Lage besser meistern.

Übung

Möglichkeiten zur Selbstberuhigung finden

Wie bei der vorigen Übung »Möglichkeiten zur Ablenkung finden« ist hier das Ziel, eine Liste von Aktivitäten zu erstellen. Bei dieser Einschätzung auf Basis der DBT-Strategie, sich selbst zu trösten und zu versorgen (Linehan, 1993b), konzentrieren Sie sich auf Ihre Sinne (Linehan, 1993b). Machen Sie ein Brainstorming zu jeder der unten aufgeführten Fragen. Es kann hilfreich sein, die Liste der Aktivitäten entsprechend der fünf Sinne zu unterteilen: Hören, Sehen, Schmecken, Fühlen und Riechen.

(1) Denken Sie an eine Zeit, als Sie sich entspannt und sorgenfrei fühlten. Sie könnten an einen Tag am Strand denken, an einen gemütlichen Samstag im Bett oder an einen Urlaub.

Welche Empfindungen erlebten Sie? Hatten Sie eine schöne Aussicht? Waren Sie in weiche Decken gehüllt? Gab es entspannende Musik oder gutes Essen? Erstellen Sie eine Liste von allen beruhigenden körperlichen Empfindungen, an die Sie sich aus dieser Zeit erinnern.

(2) Welche Methoden anderer Menschen, Sie zu beruhigen, gefallen Ihnen? Genießen Sie Massagen, ein sauberes oder schön eingerichtetes Haus oder ein selbstgekochtes Essen? Überlegen Sie sich, in welcher Weise Sie sich selbst so trösten könnten, wie das andere in der Vergangenheit für Sie taten.

(3) Welche Formen von Trost erfuhren Sie in der Kindheit?

(4) Was ist Ihr Lieblingsgericht? Welche Textur oder Konsistenz hat es, wie sieht es aus und wie riecht es?

(5) Was ist Ihr Lieblingslied, Ihre liebste Band oder bevorzugte Musik, wenn Sie sich beruhigen möchten?

(6) Welche Dinge bewahren Sie zu Hause auf, die Sie verwöhnen und trösten? Haben Sie eine besondere Körperlotion, eine Fußbadewanne, ein Massagekissen, Kerzen oder weiche Decken?

(7) Die Natur hebt die Stimmung und kann ein Gefühl der Ruhe erzeugen. Beschreiben Sie, welche Aspekte der Natur Sie entspannen und trösten. Nehmen Sie bei Ihrer Beschreibung alle Sinne in den Blick. Können Sie bei dem Geräusch von Regen auf dem Dach abschalten, beim Geruch von frisch gemähtem Gras, dem Gefühl, in der Erde zu graben oder in einem Berg von Neuschnee, oder bei dem Geschmack frisch gepflückter Äpfel?

Sich selbst die Erlaubnis zu geben, abzuschalten, ist kein Luxus; vielmehr ist es unerlässlich für Ihre Fähigkeit, weiterhin zu funktionieren, sich neuen Umständen anzupassen, wichtige Entscheidungen zu treffen und sich um die Menschen und Probleme in Ihrem Leben zu kümmern. Jetzt ist es an der Zeit, sich ganz ohne schlechtes Gewissen einige Sinnesfreuden zu gönnen. Beginnen Sie mit ein paar Veränderungen in Ihrer Umgebung, die mehr Gelegenheiten bieten, sich zu beruhigen und zu entspannen. Wenn Ihnen ein bestimmtes Eis besonders gut schmeckt, weil es so herrlich cremig ist, sollten Sie dieses kaufen und sich den Genuss gönnen. Benutzen Sie Ihre Lieblingslotion und lassen Sie sich den Tag über durch ihren Geruch verwöhnen. Tragen Sie ein weiches, glattes Seidenhemd. Hängen Sie ein Bild aus dem letzten Urlaub an Ihrem Arbeitsplatz auf. Gehen Sie nach draußen und lauschen Sie dem Wind in den Bäumen. Stellen Sie Musik für Ihren MP3-Player zusammen, die Sie beruhigt und Ihnen guttut.

Wenn es Ihnen schwer fällt, sich selbst eine Pause zu gönnen, sollten Sie in Ihrem Tagesplan unbedingt Termine für Aktivitäten festlegen, mit deren Hilfe Sie abschalten können. Manche Menschen sorgen sich von Natur aus um andere und konzentrieren sich darauf, die Schwierigkeiten abzubauen, die andere vor sich sehen. Wenn das auf Sie zutrifft, sollten Sie sich gestatten, diese Fürsorge auch sich selbst zukommen zu lassen. Das ist nicht eigennützig. Tatsächlich ist die Fähigkeit, für sich selbst zu sorgen, eine Stärke, mit deren Hilfe Sie in stressreichen Zeiten Ihren Weg finden können. Wenn im Flugzeug die Sauerstoffmasken herabgelassen werden, sind Sie angewiesen, erst die eigene Maske aufzusetzen, bevor Sie anderen helfen. Dahinter steht eine einfache Logik: Sie können anderen nicht helfen, wenn Sie selbst nicht stark genug sind und ausreichend Luft zum Atmen haben. Wenden Sie hier die gleiche Logik an. Bauen Sie beruhigende Aktivitäten in Ihren Tagesablauf ein, denn diese sind Ihr Sauerstoff. Um in stressvollen Lebenssituationen zu funktionieren, müssen Sie für sich selbst sorgen. Und wenn Sie gut versorgt sind, profitieren auch andere Menschen in Ihrem Leben davon.

4.4 Körper und Geist stärken

Bei den Skills in diesem Kapitel geht es nicht darum, die Umstände zu verändern, die Stress verursachen. Sie können jedoch beeinflussen, wie Sie über diese Umstände denken und auf sie reagieren. Die Strategien in diesem Abschnitt gründen auf DBT-Skills, die unmittelbare negative Reaktionen in Ihrem Körper und Ihrem Geist durch positivere Reaktionen ersetzen (Linehan, 1993b). Diese Strategien zielen darauf ab, die Stressreaktion Ihres Körpers zu mildern und Ihre Sichtweise auf das Leid und die Belastung in Ihrem Leben zu verändern.

Die Stressreaktion Ihres Körpers mildern

Körper und Geist sind miteinander verbunden. Der Körper kommuniziert mit dem Geist und beeinflusst ihn, und umgekehrt. Wenn Sie Angst haben und Ihre Gedanken rasen oder Sie in Sorgen verstrickt sind, ist auch Ihr Körper verkrampft und angespannt – weil er mit dem Geist verbunden ist. Manchmal beginnt man am besten damit, den Körper zu beruhigen, um dann die gedankliche Haltung verbessern zu können.

Übung

Entspannungstechniken

Wenn Sie den Körper entspannen, verlangsamt und entspannt sich auch das Denken. Die Belastung durch ein äußerst stressvolles Ereignis oder zahlreiche Stressoren können die Bewältigung des Alltags zur Überforderung werden lassen. Wenn Sie sich in einer Krise befinden, können Aufgaben, die Sie früher ohne Probleme erfüllten, plötzlich starke Emotionen auslösen und unerträglichen Druck bedeuten, beispielsweise Ihren Arbeitsplatz organisieren, kleine Routinearbeiten im Griff haben, Rechnungen bezahlen, das Auto in Schuss halten oder zum Supermarkt gehen. Die folgenden Entspannungstechniken, darunter Progressive Muskelentspannung, Vorstellungsbilder, eine Minipause machen und im gegenwärtigen Augenblick präsent sein, sollen Ihnen dabei helfen, die Geschwindigkeit herauszunehmen, sich selbst zu beruhigen, eine Pause zu machen und sich wieder zu sammeln, wenn Sie zerstreut und voller ängstlicher Gedanken sind.

Progressive Muskelentspannung

Progressive Muskelentspannung bedeutet, systematisch und der Reihe nach Muskelgruppen in Ihrem Körper anzuspannen und wieder zu lösen.

(1) Suchen Sie einen ruhigen Moment im Laufe des Tages, in dem Sie einige Minuten ungestört sind. Richten Sie zunächst die Aufmerksamkeit auf Ihr Gesicht. Ziehen Sie die Muskeln in Ihrem Gesicht zusammen, halten Sie die Spannung drei bis fünf Sekunden lang und lassen Sie wieder los.
(2) Gehen Sie mit der Aufmerksamkeit langsam entlang Ihres Körpers nach unten – Hals, Schultern, Rücken, Oberkörper, Beine und Füße – spannen Sie die jeweiligen Muskelgruppen an, halten Sie die Spannung und lassen Sie wieder los, während Sie vorangehen.

Manchmal fällt es schwer, angespannte Muskeln zu entspannen. Vielleicht sind Sie sich auch gar nicht bewusst darüber, dass bestimmte Muskelgruppen steif und angespannt sind. Wenn Sie Ihre Muskeln zuerst anspannen, wie in dieser Übung, können Sie sie danach besser lösen und entspannen.

Vorstellungsbilder

Ein entspannendes Bild aufbauen. Vorstellungsbilder können dazu dienen, abzulenken, zu beruhigen und Mut und Selbstvertrauen zu stärken. Sie können mit ihrer Hilfe einen sicheren Ort in Ihrem Geist schaffen oder sich bildhaft vorstellen, wie Sie erfolgreich die Lage meistern, wenn Sie Stress begegnen.
(1) Suchen Sie einen ruhigen Moment im Laufe des Tages, bei dem Sie nicht gestört werden. Sie können jeden Zeitpunkt wählen, der für Sie gut passt, zum Beispiel am Abend, vor dem Schlafengehen, während der Mittagspause oder morgens, bevor Sie in den Tag starten. Denken Sie dabei an eine Umgebung, die normalerweise entspannend für Sie ist. Entspannungsbilder entstehen oft als Szene rund um eine Wiese, einen Berg oder Wasser (Strand, Meer oder See), doch Sie können jeden entspannenden Ort oder jede Szene wählen, die Sie möchten.
(2) Konzentrieren Sie sich auf Ihren Atem und atmen Sie ruhiger. Wenn Sie möchten, schließen Sie die Augen.

(3) Stellen Sie sich vor, wie Sie sich dem Ort, den Sie gewählt haben, auf einem Pfad nähern. Schmücken Sie den Pfad mit Einzelheiten aus. Denken Sie daran, was Sie sehen, fühlen, hören und riechen. Ist der Himmel blau, streicht ein warmer Wind über Ihre Schultern, hören Sie das Knirschen Ihrer Schritte auf den Kieselsteinen oder riechen Sie das Salz aus dem Meer oder den Duft von Pinien?

(4) Stellen Sie sich nun vor, wie Sie an dem entspannenden Ort ankommen. Beobachten Sie sich selbst, wie Sie einige Schritte machen, und denken Sie an Ruhe und tröstende körperliche Empfindungen. Stellen Sie sich Einzelheiten vor, wie den Schrei einer Möwe, das Geräusch von Wasser, das leise ans Ufer schwappt, und die warmen Sonnenstrahlen auf Ihren Wangen. Das unterstützt Sie dabei, sich in das Bild zu vertiefen.

(5) Lassen Sie sich auf das Bild ein und nehmen Sie sich einige Minuten, um sich vorzustellen, wie Sie ruhig dasitzen und die Szene um sich herum wahrnehmen. Erleben Sie drei bis fünf Minuten lang, vollkommen entspannt zu sein, und malen Sie sich dann aus, langsam aufzustehen und den Pfad wieder zurückzugehen.

(6) Gönnen Sie sich einige tiefe Atemzüge, bevor Sie sich wieder sammeln und den Alltagsaufgaben zuwenden.

Vorstellungsbilder, um die Lage zu meistern und Vertrauen zu bilden. Sie können sich ausmalen, wie Sie erfolgreich die Lage meistern, wenn Sie Stress begegnen. Diese Übung ist besonders wirksam, wenn Sie während des Ablaufs so viele Sinne wie möglich einschließen. Konzentrieren Sie sich auf Ihre Sinne, um das Bild mit Farben, Geräuschen und Gerüchen auszugestalten.

(1) Die ersten drei bis vier Versuche mit dieser Übung sollten Sie zu einem ruhigen Zeitpunkt im Tagesablauf durchführen, wenn Sie drei bis fünf Minuten ungestört sind. Mit entsprechender Übung können Sie sich auch während einer Stressphase vorstellen, erfolgreich auf Umstände zu reagieren. Das Bild wird leichter entstehen, je mehr Sie üben.

(2) Wählen Sie eine Situation, bei der Sie stressige Umstände meistern müssen. Einen besonderen Moment herauszugreifen, zum Beispiel, wenn Sie in der Arbeit eine Präsentation halten müssen, wenn Ihr Partner Sie kritisiert oder wenn Sie müde sind und viele Anforderungen jonglieren müssen, hilft Ihnen dabei, ein wirkungsvolles Bild zu schaffen.

(3) Stellen Sie sich vor, Sie wären in dieser Situation und erzeugen Sie eine Vision, die Sie spüren lässt, dass Sie die Situation gekonnt oder selbstbewusst bewältigten. Wenn Sie beispielsweise häufig losschreien, wenn Sie kritisiert werden, stellen Sie sich vor, einige Male tief durchzuatmen und ruhig, weder mit Abwehr noch unterwürfig, auf die Kritik zu antworten. Malen Sie sich aus, wie Sie Ihren Körper positionieren würden. Welche Körperhaltung oder -sprache würde Ruhe, Offenheit und Selbstvertrauen vermitteln? Stellen Sie sich diese Haltung vor. Formulieren Sie im Geiste die Wörter, die Sie sagen würden, oder malen Sie sich aus, wie Sie sich von dem Stressor distanzieren und einen Weg finden, sich selbst zu beruhigen. Welche spezielle Strategie würden Sie einsetzen? Bauen Sie diese in Ihr Bild ein.

(4) Wenn Sie geübter darin werden, sich dieses Bild vorzustellen, können Sie es während einer Stressphase anwenden. Es könnte Ihnen dazu verhelfen, sich ruhiger und selbstbewusster zu verhalten oder sich an Strategien zu erinnern, um Distanz zu schaffen oder sich selbst zu beruhigen.

Mit dieser Strategie können Sie gewohnheitsmäßige selbstlimitierende Reaktionen durch Vorstellungen ersetzen, wie Sie die Lage effektiv meistern.

Die Minipause

Jeder braucht Urlaub. Während akuter Stressphasen ist das Bedürfnis, sich zurückzuziehen und von anderen versorgen zu lassen, noch ausgeprägter. Unglücklicherweise eignen sich diese Phasen meist überhaupt nicht, um sich eine Auszeit zu nehmen. Die Strategie, Minipausen zu machen, bedeutet, kleine geplante Unterbrechungen von Stress und Krise einzurichten. Damit eine

Pause Ihnen aber nicht noch mehr Probleme verursacht, müssen Sie diese im Voraus planen und sich wieder Ihrem Leben zuwenden, wenn sie vorbei ist.

Die Geschichte von Carl (Fortsetzung)
Auf der regelmäßigen Fahrt zum Krankenhaus seines Bruders kam Carl immer an einigen Ausfahrten zu Urlaubszielen in der Gegend vorbei. Im Vorbeifahren verspürte er regelmäßig den Drang, einfach von der Straße abzubiegen, geradewegs zu einem Ferienhäuschen zu fahren und alles hinter sich zu lassen. Carl wusste, dass er seinen Pflichten und der Lebensrealität jeden Tag gerecht werden musste. Gleichzeitig war es wichtig, sein Bedürfnis nach Flucht nicht so stark werden zu lassen, dass er eines Tages doch einfach eine Abzweigung nahm und vor seinem Leben davonlief.

Carl beschloss, einmal in der Woche von der Autobahn abzubiegen. Er fuhr nicht in ein Ferienhäuschen, doch er verbrachte eine Stunde in einem Buchladen, las Zeitschriften und trank Kaffee. Das war zwar nicht eine Woche Erholung und Spaß, doch es entsprach einem kurzen Aufschub seines Alltagsstresses.

In schwierigen Zeiten ist es besonders wichtig, vorauszudenken und einige Minipausen für Ihr Leben zu planen. Dadurch laufen Sie weniger Gefahr, sich impulsiv eine ungeplante oder lange Auszeit von Ihren Verpflichtungen zu nehmen, was zusätzlichen Stress verursachen könnte.

(1) Erstellen Sie in Ihrem Tagebuch oder auf einem leeren Blatt Papier eine Liste dazu, was Ihnen als Pause oder kurzzeitige Rückzugsmöglichkeit dienen könnte. Welche Möglichkeit, für den Augenblick versorgt zu werden, können Sie für sich zulassen? Wahrscheinlich können Sie nicht eine Woche lang verschwinden, doch Sie können vielleicht einen Tag im Bett bleiben, eine Massage bekommen oder eine Weile in der Sonne sitzen.

(2) Wenn Sie durch den Druck in der Arbeit unter Stress geraten sind, könnten Sie Minipausen von der Arbeit schaffen, indem

Sie arbeitsfreie Zeiten und Zonen in Ihrem Leben festlegen. Stellen Sie für bestimmte Orte im Haus ein Verbot auf, dort berufliche E-Mails zu lesen oder den Computer zu benutzen, beispielsweise den Esstisch oder das Sofa. Setzen Sie täglich oder wöchentlich Zeitblöcke fest, in denen Sie nicht über die Arbeit nachdenken, wie zum Beispiel das Abendessen und eine Stunde danach, Sonntag nachmittags oder die Mittagspause.

Denken Sie daran, sich nach der Pause wieder Ihrem Leben zuzuwenden und sich damit auseinanderzusetzen. Eine Auszeit und Neuorientierung ist gesund, doch eine Minipause kann nachteilige Folgen haben, wenn Sie danach nicht wieder Ihr Leben in Angriff nehmen.

Im gegenwärtigen Augenblick präsent sein

Den Schreibtisch aufräumen, Routineaufgaben in der Arbeit erledigen und den Haushaltspflichten nachkommen sind tägliche Mühen, die sich aufstauen und gedankliches Durcheinander und zusätzlichen Stress in Ihrem Leben erzeugen können. Durch eine andere Herangehensweise können sie jedoch als Methode dienen, die Gedanken zu sammeln und Stress abzubauen. Machen Sie im Haus nur sauber, damit Sie das hinter sich bringen und Zeit für die Dinge haben, die Sie tun müssen oder möchten? Oder machen Sie im Haus sauber, um im Haus sauber zu machen? Die Unterscheidung wirkt vielleicht unwichtig oder etwas albern. Tatsächlich stellt sie jedoch ein wesentliches Konzept dar, um im Alltag präsent zu sein.

Die Geschichte von Carl (Fortsetzung)

Bei seiner neuen Stelle erhielt Carl eine große Menge an Dokumenten, um die er sich nicht dringend kümmern musste, die für seine Arbeit jedoch wichtig waren. Den Papierkram zu erledigen war für ihn etwas, mit dem er fertig werden musste, damit er all die Dinge angehen konnte, die er tun wollte und musste. Er stapelte die Papiere dann immer hastig und stopfte Schnellhefter in Schreibtischschubladen, wenn er diesen Kram schnell aus dem

Weg haben wollte. Währenddessen machte er sich in Gedanken ständig To-Do-Listen. Das Abarbeiten der Dokumente sah er als Aufgabe, die erledigt werden musste, damit er dann Zeit für andere Dinge hätte, und er erlebte sie als ärgerlich und frustrierend.

Carl stellte jedoch fest, dass das Aufräumen beruhigend wirkte anstatt zu ermüden, wenn er seine ganze Aufmerksamkeit darauf richtete und auf nichts sonst – weder auf Listen oder Gedanken, damit endlich fertig zu werden, noch auf Pläne, was er unmittelbar danach tun würde. Wenn er sich vollkommen auf die eine Sache in diesem Augenblick konzentrierte, schöpfte er Befriedigung daraus, seinen Schreibtisch zu leeren und eine logische Ordnung für die Dokumente zu schaffen, die er in Zukunft bräuchte. Anstatt das nervös hinter sich zu bringen, um sich schnell wieder an seine To-Do-Liste zu machen, beendete er die Aufgabe ruhig und entspannt. Die Liste seiner Pflichten lief ihm nicht davon. Er hatte keine Zeit verloren, aber er hatte Befriedigung und Freude erfahren, während er den Schreibtisch aufräumte, und hatte den Stress nicht vergrößert, indem er nur versuchte, möglichst schnell durchzukommen und zur nächsten Sache überzugehen.

Obwohl es scheinbar der Intuition zuwiderläuft, die gesamte Aufmerksamkeit auf Alltagsaufgaben zu richten, selbst wenn sie uns auf die Nerven gehen, kann genau das sie zu einer beruhigenden und entspannenden Erfahrung werden lassen.

(1) Um eine Aufgabe im Haushalt oder eine tägliche Routine in einen Moment der Entspannung umzuwandeln, sollten Sie jene Aufgaben in den Blick nehmen, die Sie täglich hastig erledigen oder vermeiden. Wählen Sie eine davon aus und versuchen Sie, vollkommen präsent zu sein, während Sie diese erledigen.
(2) Nehmen Sie sich etwas Zeit zusätzlich, um die Aufgabe abzuschließen, und gehen Sie langsam vor, während Sie auf die Bewegung Ihres Körpers und Ihre körperlichen Empfindungen achten.

(3) Wenden Sie sich mit Ihrem Körper und Ihren Gedanken vollständig dem gegenwärtigen Augenblick zu. Wenn Sie merken, dass Sie sich Sorgen machen, grübeln oder einfach nur Pläne machen, richten Sie Ihre Gedanken einfach wieder auf die gerade anstehende Aufgabe. Helfen kann dabei, Sinneswahrnehmungen im Blick zu behalten, wie die Wärme des Wassers, wenn Sie abspülen, oder das Summen und Vibrieren des Staubsaugers.

(4) Versuchen Sie den Tag über, sich auch in andere einfache Aufgaben oder kleinere Pflichten zu vertiefen. Sie können beinahe jeder Aktivität Ihre volle Aufmerksamkeit widmen.

Wenn Sie gestresst sind und negativen Veränderungen gegenüberstehen, fällt es schwer, sich in Aktivitäten und Routinen zu vertiefen, die trivial erscheinen. Das macht es jedoch möglich, im gegenwärtigen Augenblick Frieden und Ruhe zu finden.

Ihre gedankliche Haltung verbessern

Schmerz und Leid auf emotionaler Ebene in Verbindung mit Krisen und stressreichen Lebensereignissen können das Gefühl von Sinnhaftigkeit und Bedeutung zerstören. Krisen und schmerzhafte Erfahrungen, wie eine Einbuße an Lebensqualität, ein Trauma, der Verlust eines Kindes oder gesundheitliche Probleme, können bei Ihnen das Gefühl hinterlassen, dass Ihr Leben keinen Sinn hat. Diese Erfahrungen können grundlegende Annahmen infrage stellen, die Sie über sich und die Welt hatten. Wenn die Umstände nicht länger gnädig oder vorhersagbar sind, kann das Gefühl der Sicherheit verloren gehen. Inmitten von Stress und Krise fühlen Sie sich vielleicht verletzlich. Kummer, Traurigkeit, Furcht, Wut und Gedanken wie »Warum ich?« gehören alle zu typischen Reaktionen auf widrige Umstände.

Sinn finden. Die Fähigkeit, einem Trauma, Schmerz oder Stress Bedeutung abzugewinnen, kann Ihnen helfen, sich neuen Lebensumständen anzupassen. Einen Sinn in etwas zu sehen kann Sie darin unterstützen, sich an schmerzvolle Lebensereignisse anzupassen (Updegraff et al., 2008). Bedeutung zuzuschreiben ändert nichts an dem Ereignis, doch es verändert, wie Sie das Ereignis wahrnehmen.

Diese Veränderung kann die Symptome von Stress abschwächen und Ihre Fähigkeiten, die Lage zu meistern, verbessern. Sogar im Falle täglicher, banaler Stressoren kann die emotionale Belastung abnehmen, wenn sie Sinn ergeben.

Jeder einzelne findet auf unterschiedliche und ganz eigene Weise Sinn. Manchen hilft es, die positiven Folgen einer Situation herauszufinden. Andere schöpfen Sinn aus sozialen Verbindungen oder Glaube und Gebet. Wie Sie Stress bewältigen, beeinflusst Ihre Fähigkeit, den Umständen Bedeutung abzugewinnen. Vermeiden, Leugnen und problematische Verhaltensweisen verringern die Wahrscheinlichkeit, Situationen sinnvoll zu deuten. Bewältigungsstrategien, beispielsweise soziale Unterstützung suchen, im gegenwärtigen Augenblick präsent sein und das Ereignis neu zu interpretieren, ermöglichen hingegen, Sinn zu erkennen.

Übung

Strategien, um Sinn zu finden

Die Strategien in dieser Übung sollen Ihnen ermöglichen, wieder ein psychisches Gleichgewicht herzustellen. Sie umfassen Strategien, um positive Folgen Ihrer Situation ausfindig zu machen und soziale Unterstützung zu suchen. In Verbindung damit, Trost im Gebet und in Spiritualität zu finden und positive Selbstgespräche zu führen, können diese Strategien Ihnen dabei helfen, die erlebten Widrigkeiten mit Ihrer Sicht auf die Welt zu vereinbaren. Vielleicht sind eine oder zwei Strategien für Sie passend, Ihre Situation in einem Zusammenhang zu sehen, während andere bei Ihnen weniger gut wirken. Setzen Sie jene Strategien ein, die für Sie am besten funktionieren, um sich über schwierige Zeiten Klarheit zu verschaffen.

Nach positiven Folgen forschen. Mithilfe folgender Fragen können Sie mögliche positive Ergebnisse belastender Umstände entdecken. Sie können über diese Fragen nachdenken oder Ihre Gedanken dazu in einem Tagebuch oder auf einem leeren Blatt Papier notieren.

- Welchen Nutzen erhoffen Sie sich, der aus dieser schwierigen oder schmerzvollen Situation entstehen wird?
- Welche verborgenen Stärken und inneren Ressourcen besitzen Sie?
- Wie können Sie Mitgefühl für sich selbst und andere entwickeln, sogar für Menschen, die Ihnen Stress und Schmerz bereiteten? Wie können Sie der Situation mit Mut und Würde entgegentreten?
- Welche Handlungen wären mutig und würdevoll?
- Wie möchten Sie in dieser Situation sein und leben?
- Welche Menschen sind für Sie wichtig?
- Wen und was schätzen Sie?

Wenn Sie die Fragen bearbeitet haben, nutzen Sie Ihre Antworten dafür, um sich für zwei oder drei Möglichkeiten zu entscheiden, wie Sie die Situation angehen möchten. Überlegen Sie sich bestimmte Einstellungen, Gedanken und Handlungen, die Ihre emotionale Belastung verringern können.

Eine Situation mit dem Glauben in Angriff zu nehmen, dass sich daraus etwas Positives ergeben wird, verändert nicht die Umstände, doch es verändert, wie Sie zu sich selbst und Ihrer Fähigkeit stehen, die Lage in den Griff zu bekommen.

Soziale Unterstützung suchen. Sich mit anderen zu verbinden kann Ihnen helfen, Freude und Frieden im gegenwärtigen Augenblick zu finden und Sinn aus den Beziehungen zu anderen zu schöpfen. Wählen Sie aus den Vorschlägen zwei bis drei aus, um soziale Unterstützung stärker in Anspruch zu nehmen.

- Suchen Sie Rat bei Menschen, die Ihnen wichtig sind, die Sie respektieren und die Sie Ihrer Meinung nach dabei unterstützen können, Sinn zu finden.
- Denken Sie über die Menschen nach, die wichtig für Sie sind und die Sie lieben.
- Tauschen Sie Erinnerungen mit Freunden und Ihnen nahestehenden Menschen aus.
- Unternehmen Sie mit den Menschen in Ihrem Umfeld das, was Sie besonders gerne tun.

- Äußern Sie anderen gegenüber, wie wichtig sie Ihnen sind.
- Begehen Sie Feiertage und besondere Ereignisse feierlich.
- Bitten Sie um Verzeihung, wenn Sie andere verletzt haben.

Sich mit anderen zu verbinden kann Ihr Gefühl der Verletzlichkeit mindern und die Welt weniger hart erscheinen lassen.

Gebet und Spiritualität. Gebet bezeichnet für viele Menschen etwas ganz Unterschiedliches. Es kann eine Verbindung mit einer höheren Macht bedeuten, Offenheit oder Bereitschaft für Akzeptanz, einen Hilferuf oder einen Ausdruck der Hoffnung. Es kann unsere höchsten Ideale und tiefsten Wünsche enthalten. Ein Gebet kann Teil der Suche nach Orientierung, Richtungsweisung und nach Antworten sein. Es kann ein Weg sein, innere Stärke und Weisheit zu suchen, und die Einladung, etwas Größeres als uns selbst in unser Leben einzuschließen.

Wenn Gebete ein Teil Ihres Lebens waren oder Sie glauben, dass Beten Ihnen helfen könnte, sollten Sie es in Ihr Leben integrieren. Es gibt nicht nur einen einzigen richtigen Weg, um zu beten. Sie können das Beten in ein Ritual einbetten, zu einer bestimmten Tageszeit beten oder ein einziges beruhigendes Gebet wiederholen. Oder Sie können es in Ihren Alltag einbauen und darin um Orientierung bitten oder Hoffnung ausdrücken, wenn Sie das Bedürfnis verspüren. Sie können auch Gebetsrituale wiederholen, die Ihnen in der Vergangenheit geholfen haben.

Es spielt keine Rolle, welcher Religion Sie angehören oder ob Sie überhaupt in bestimmter Weise religiös sind. Gebete, sogar nicht religiöse Gebete, können den Weg zu Akzeptanz weisen. Sie müssen nicht zu einer Gottheit beten; Sie können ein Gebet an sich selbst richten, an einen geliebten Menschen, die Natur, die Welt, etwas Größeres als Sie selbst oder eine höhere Macht. Beten eignet sich nicht für jeden, und es ist in Ordnung, wenn Sie es nicht versuchen möchten.

Unterstützende Selbstgespräche. Anstatt zuzulassen, dass Sie sich geistig mit Schuld, Selbstzweifel und Sorge beladen, kann es hilfreich sein, mit sich selbst so zu sprechen, wie mit einem guten Freund, den Sie sehr mögen und an den Sie glauben.

- Feuern Sie sich wie ein Cheerleader selbst an und bemühen Sie sich beständig darum, Aussagen wie »Ich kann das nicht«, oder »Das ist mir alles zu viel«, durch Ermutigungen und positive Selbstgespräche zu ersetzen.
- Machen Sie positive Aussagen, wie beispielsweise: »Ich schaffe das«, »Es wird schon gut gehen«, »Ich bin stark«, »Ich werde das überstehen«, und »Ich werde einen Weg finden«.
- Stellen Sie sich vor, Sie sprechen mit einem guten Freund. Was würden Sie sagen, um einen Freund in schwierigen Zeiten zu unterstützen und zu ermutigen? Sie sollten das am besten aufschreiben und bei sich tragen.

4.5 Weitermachen

Der Wille, neue Strategien umzusetzen, ist unerlässlich, um eine Veränderung Ihrer Stressbelastung zu erreichen. Manche Strategien in diesem Kapitel wirken vielleicht einfach oder selbstverständlich, doch sie können nur wirken, wenn Sie sie auch anwenden. Sogar kleine Veränderungen können schwer fallen, wenn Sie Widrigkeiten gegenüberstehen. Wenn Sie in Phasen von Stress und Krise anders reagieren möchten, müssen Sie Ihre gewohnten Methoden, mit Stress umzugehen, austauschen. Automatische Gedanken und ungesunde Gewohnheiten lassen sich nur schwer unterbrechen. Veränderungen zu erreichen und aufrechtzuerhalten, erfordert bewusste Anstrengung. Wenn Sie auf emotionaler Ebene kämpfen, verlieren Sie leicht den Mut.

In Phasen mit wenig Stress sollten Sie einen Plan für Zeiten mit einer hohen Stressbelastung erstellen. Bedenken Sie auch die Nachteile und Vorteile davon, diesen Plan einzusetzen, bevor Sie mitten in einer Krise stecken; auf diese Weise werden Sie die Strategien in diesem Kapitel anwenden, die Ihnen am meisten helfen.

Übung

Überlebenspläne für Stressphasen

Jeder Mensch muss ein gewisses Ausmaß an Schmerz und Stress im Leben aushalten. Die Strategien in diesem Kapitel sollen Ihnen helfen, jene schmerzhaften und stressvollen Momente zu ertragen, die Sie nicht ändern können.

(1) Sehen Sie Ihre Notizen aus den vorherigen Übungen in diesem Kapitel noch einmal durch.

(2) Schreiben Sie die Überschrift »Stress-Überlebensplan« auf und listen Sie folgende Punkte darunter auf:

- Ihre zehn bevorzugten Methoden, sich abzulenken, aus der Übung »Möglichkeiten zur Ablenkung finden«
- Ihre zehn bevorzugten Methoden, sich zu beruhigen, aus der Übung »Möglichkeiten zur Selbstberuhigung finden«
- die drei bis fünf wirksamsten Methoden für Sie, um die körperliche und geistige Reaktion auf äußere Stressoren positiv zu beeinflussen

(3) Merken Sie sich diese Strategien gut, damit Sie sie in Stressphasen anwenden können.

Wir alle müssen Schwierigkeiten, Stress, schmerzvolle Gefühle und belastende Lebensereignisse akzeptieren und ertragen, doch das zu bewerkstelligen, ohne zusätzliche Probleme zu erzeugen, kann sehr schwer sein. Es ist unverzichtbar, viele Strategien einsatzbereit zur Verfügung zu haben, um schwierige Momente zu überstehen. Eine Liste von Strategien greifbar zu haben, die speziell Ihren Zwecken genügt, bedeutet, dass Sie bei Bedarf mit den notwendigen Werkzeugen versorgt sind, um Stress erfolgreich in den Griff zu bekommen.

Zusammenfassung

Krise, Trauma und lebensverändernde Ereignisse zu bewältigen, ohne in zerstörerische Verhaltensweisen zu geraten, ist manchmal schwierig. Dieses Kapitel nahm die notwendigen kurzfristigen, greifbaren und praxistauglichen Strategien in den Blick, um die Umbrüche im Leben zu ertragen und zu überstehen. Sie beinhalten, Distanz von Problemen und Widrigkeiten zu schaffen, sich selbst freundlich und einfühlsam zu behandeln und sowohl die körperliche Reaktion auf Stress als auch Ihre Denkweise über stressvolle Situationen positiv zu beeinflussen.

5 Beziehungen verbessern

Beziehungen sind Teil aller Aspekte unseres Lebens. Unsere Herkunftsfamilie formt und bestimmt die frühe Entwicklung und Lerngeschichte. Die Konstellation unserer Beziehungen beschreibt, wer wir als Erwachsene sind: Mutter, Vater, Tante, Onkel, Sohn, Tochter, Ehefrau, Ehemann, Partner, Beschäftigter, leitender Angestellter, Vermieter, Freund, Freundin, Rivale. Sogar, wenn wir einsam sind, entstammen unsere Gefühle der Einsamkeit einem Mangel an Beziehungen.

5.1 Beziehungen und Stress

Sowohl konfliktreiche Beziehungen als auch die Isolation von anderen erzeugen Stress und Angst und können alle Lebensbereiche betreffen. Uneinigkeit kann produktive Veränderungen nach sich ziehen, ungelöste Konflikte jedoch können zu zerbrochenen Beziehungen, Reue, Einsamkeit, Wut, Ärger, Feindseligkeit und letztendlich zu Belastung und Stress führen.

Konfliktreiche Beziehungen können Stress erzeugen, umgekehrt belasten die Symptome von Stress möglicherweise eine Beziehung. Wenn Sie im ersten Kapitel ein Stresstagebuch angefertigt haben, ist Ihnen vielleicht aufgefallen, dass zu viele Emotionen, Sorge oder Grübelei Ihrer Fähigkeit im Weg stehen können, erfolgreich mit anderen zu interagieren. Wenn Sie gestresst sind, werden Sie anfälliger für intensive und manchmal schmerzhafte Gefühle wie Wut, Angst oder Frustration. Gleichzeitig sorgen Sie sich vielleicht um Schuldgefühle, um die Folgen für andere, wenn Sie sich selbst behaupten, oder wie andere auf Sie reagieren. Die Stärke der Gefühle und Sorgen kann die Fähigkeit außer Kraft setzen, erfolgreich mit anderen zu interagieren.

Sie können zwar nicht das Verhalten derjenigen kontrollieren, mit denen Sie Beziehungen pflegen, aber Sie können die eigene Fähigkeit verbessern, die Hochs und Tiefs zu meistern, die unsere soziale Umwelt mit sich bringt. Sie können verändern, wie Sie interagieren. Wenn Interaktionen sich verändern, können Sie die Qualität Ihrer Beziehungen ändern – und die Fähigkeit, das zu erreichen, was Sie möchten und brauchen – während Sie die Beziehung und Ihre Selbstachtung aufrechterhalten. Folgende Schritte können den Stress in Beziehungen abschwächen:

- Machen Sie sich klar, wie Sie sich typischerweise in sozialen Interaktionen verhalten.
- Finden Sie ein Gleichgewicht zwischen den Dingen, die Ihnen wichtig sind, und den Anforderungen der anderen.
- Verändern Sie, wie Sie mit anderen interagieren.

In der DBT gilt es als erlernbarer Skill, Beziehungen aufrechtzuerhalten und zu verbessern. Die DBT lehrt Selbstbehauptung, Zuhören und Kommunikationsfertigkeiten, um auf bessere Art und Weise Wünsche äußern, auf Forderungen anderer reagieren und eigene Werte bewahren zu können (Linehan, 1993b).

5.2 Die Herangehensweise an soziale Interaktionen

Bevor Sie daran gehen, Ihre Reaktionsweise in zwischenmenschlichen Situationen zu verändern, erkunden Sie zuerst den Stil, in dem Sie typsicherweise auf andere reagieren. Robert Alberti und Michael Emmons (1978) zufolge können die Reaktionen auf andere in drei Kategorien unterteilt werden: *selbstsicher, aggressiv und unsicher:*

- *Selbstsichere Reaktionen*, die typischerweise direkt, unumwunden, respektvoll und einfühlsam sind, gelten als erfolgreichste Reaktionsweise, damit die eigenen Wünsche und Bedürfnisse erfüllt werden. Häufig, aber nicht immer, begleitet selbstsichere Reaktionen ein gutes Gefühl (Alberti & Emmons, 1978).
- *Aggressive Reaktionen*, häufig in der Absicht, unsere Ziele durchzusetzen, geschehen im Gegensatz zu selbstsicheren Reaktionen auf Kosten anderer, was zu belasteten und konfliktreichen Beziehungen führt. Eine aggressive Reaktion einer Vorgesetzten wäre zum Beispiel, einen Mitarbeiter jedes Mal anzuschreien oder

schlechtzumachen, wenn sie bemerkt, dass ein Fehler gemacht wurde.

- Nach *unsicheren Reaktionen*, charakterisiert durch eine unterwürfige Haltung anderen gegenüber, fühlen Sie sich in der Regel verärgert, einsam oder isoliert von anderen. Ein unsicherer Vorgesetzter tendiert wahrscheinlich dazu, Fehler zu ignorieren, möchte mit allen Beschäftigten Freund sein und drückt nie klar aus, was er von Mitarbeitern braucht. Sowohl am Arbeitsplatz als auch im Privatleben können diese zwei letztgenannten Interaktionsstile zu größeren Belastungen in Beziehungen führen.

Ihr Stil in sozialen Interaktionen kann von der Art der Situation abhängen. Er kann sich mit dem Kontext, den Menschen und den Emotionen verändern. Sie reagieren unter Stress vielleicht ganz anders auf eine Situation oder Person als in gelassener Stimmung. Im Allgemeinen sind Sie vielleicht direkt und redegewandt, wenn Sie jedoch überfordert sind, werden Sie schnell wütend oder kapitulieren eher vor anderen, als für sich einzutreten.

Übung

Einschätzung Ihrer zwischenmenschlichen Skills

Die folgenden Fragen gründen auf DBT-Skills und sollen Sie bei der Verbesserung Ihrer Kommunikationsfertigkeiten unterstützen (Linehan, 1993b). Dahinter steht die Absicht, Sie zum Nachdenken über den eigenen Reaktionsstil in zwischenmenschlichen Situationen anzuregen. Diese Übung ist kein Persönlichkeitstest und ergibt keinen bestimmten Persönlichkeitstyp; mit ihrer Hilfe können Sie jedoch bestimmen, ob Sie eher passiv, aggressiv oder direkt mit anderen in Verbindung treten. Sie kann Ihnen zudem zeigen, wie Sie in verschiedenen sozialen Situationen auf unterschiedliche Weise mit anderen in Kontakt treten.

Suchen Sie eine ruhige Phase im Laufe des Tages und legen Sie Ihr Tagebuch oder ein leeres Blatt Papier bereit. Stufen Sie Ihre Zustimmung zu folgenden Aussagen auf einer Skala von 1 (kaum, unter großen Schwierigkeiten) bis 7 (die ganze Zeit, leicht) ein.

Eine 4 als Antwort bedeutet, dass Sie manchmal auf die beschriebene Weise reagieren und Ihnen das mittelmäßig schwer fällt.

(1) **Situationsabhängig selbstsicher.** Die folgenden Aussagen sollen Ihnen helfen, zu bestimmen, ob Sie in verschiedenen Kontexten in unterschiedlichem Stil mit anderen in Verbindung treten. Stufen Sie den Grad der Zustimmung zu jeder Aussage auf der oben beschriebenen Skala von 1 bis 7 ein.

a) Ich bitte in allen Beziehungsarten um die Dinge, die ich möchte und brauche (z. B. in Liebesbeziehungen, bei Familie und Freunden und bei Fremden, beispielsweise Kellnern, Parkplatzpersonal oder Verkäufern).

b) Ich bitte unabhängig von meinen Emotionen um das, was ich möchte und brauche. Ich bin zum Beispiel fähig, mich durchzusetzen, wenn ich überwältigt, unter Druck, ängstlich, enttäuscht, glücklich oder verliebt bin.

c) Ich bitte unabhängig von der Wichtigkeit meines Anliegens um das, was ich möchte und brauche. Ich bitte beispielsweise um kleine Gefälligkeiten genauso wie um jene Dinge, die äußerst wichtig für mich sind.

Die meisten Menschen werden gewisse Unterschiede dabei feststellen, wie sie mit anderen interagieren. Betrachten Sie Ihre Antworten; achten Sie darauf, ob Sie niedrige Werte haben. Niedrige Werte weisen darauf hin, dass Ihre Reaktionen sich kontextabhängig unterscheiden.

(2) **Unsicherer Stil.** Mithilfe folgender Fragen sollen Sie den Stil bestimmen, in dem Sie in der Regel auf andere reagieren. Wenn Sie aufgrund der Fragen weiter oben wissen, dass Ihr Stil abhängig vom Kontext deutlich variiert, sollten Sie die folgenden Fragen mehrmals beantworten, jeweils mit einem anderen Zusammenhang vor Augen (z. B. die Art der Beziehung, das Ausmaß der Emotion oder die Wichtigkeit des Anliegens).

a) Ich bin immer auf die Wünsche und Bedürfnisse anderer um mich herum eingestellt.

b) Ich richte mich oft nach anderen, auch wenn ich nicht mit ihnen übereinstimme.
c) Ich neige dazu, mich zu verurteilen.
d) Ich fühle mich schuldig, wenn ich andere um etwas bitte.
e) Ich mache mir Sorgen, wie andere reagieren werden, wenn ich um etwas bitte oder Nein sage.
f) Ich sage es den Leuten nicht, wenn sie meine Gefühle verletzen.
g) Ich stelle oft fest, dass sich Groll und Probleme aufgestaut haben.
h) Ich möchte möglichst allen Wünschen anderer entsprechen.
i) Ich tue, was ich tun sollte, auch wenn ich etwas anderes gerade lieber tun würde.
j) Ich entschuldige mich ständig für mich oder meine Überzeugungen.
k) Ich lüge lieber, als jemanden zur Rede zu stellen oder mit einer Sache zu konfrontieren.
l) Ich werde für meine Unentschlossenheit kritisiert.

(3) **Aggressiver Stil.** Aggressive Kommunikation ist ein Interaktionsstil mit dem Ziel, den eigenen Gefühlen und Meinungen Gehör zu verschaffen und die Erfüllung der eigenen Bedürfnisse durchzusetzen. Aggressive Kommunikation kann jedoch beinhalten, andere einzuschüchtern, andere kontrollieren zu wollen, die Rechte anderer zu verletzen und andere möglicherweise körperlich oder emotional zu misshandeln.
a) Ich muss meinen Willen durchsetzen oder Auseinandersetzungen »gewinnen«.
b) Ich habe häufig Konflikte mit anderen.
c) Ich kann nur schwer einen Streit aufhören, auch wenn der andere ihn beenden möchte.
d) Ich glaube, dass es gewisse Wege gibt, zu interagieren, an die sich jeder halten sollte.
e) Ich kann häufig nicht gelassen bleiben.

f) Ich benutze Drohungen, verbale Angriffe und Schimpfwörter, wenn ich wütend bin.
g) Es fällt mir schwer, auf eine Bitte ein »Nein« hinzunehmen.

(4) **Selbstsicherer Stil.** Ein selbstsicherer Kommunikationsstil bedeutet, für seine Bedürfnisse einzutreten und Meinungen und Gefühle auf offene und direkte Art auszudrücken. Selbstsichere Kommunikation respektiert die Meinung anderer und lässt Sie offen über die eigenen Grenzen, Bedürfnisse und Sichtweisen sprechen.
a) Wenn ich eine emotionale Reaktion spüre, kann ich formulieren, worauf ich reagiere.
b) Ich kann meine Gefühle und Meinungen ausdrücken, ohne übermäßig emotional zu werden.
c) Ich bitte um das, was ich möchte und brauche.
d) Ich bin bereit, zu verhandeln, damit meine Bedürfnisse erfüllt werden.
e) Normalerweise bin ich höflich und rücksichtsvoll.
f) Ich höre mir andere Meinungen an.
g) Ich suche Blickkontakt, wenn ich mit anderen spreche.
h) Ich bin mir meiner Werte und Überzeugungen bewusst und bringe sie zum Ausdruck, wenn es nötig ist.
i) Ich bitte Menschen darum, ihren Beitrag zu leisten.

(5) Betrachten Sie Ihre Antworten; achten Sie darauf, wo Sie die höchsten Werte erreichen. Antworten in Richtung einer 7 weisen darauf hin, dass Sie so Interaktionen angehen. Zählen Sie nun jeweils für jeden Abschnitt die Werte zusammen, um herauszufinden, wo Sie insgesamt den höchsten Wert erreichen. Abschnitte mit hohen Gesamtwerten zeigen an, dass der entsprechende Interaktionsstil für Sie die Regel ist. Wenn Sie den höchsten Wert im Abschnitt »Unsicherer Stil« haben, sind Sie in sozialen Interaktionen womöglich eher passiver als andere. Sie stellen die Bedürfnisse anderer wahrscheinlich über die eigenen und fühlen sich durch die Forderungen anderer oder durch angestaute Verletzungen oder Groll

überlastet. Wenn Ihre Antworten eher in dem Abschnitt »Aggressiver Stil« hohe Werte erreichen, sollten Sie überlegen, ob Sie im Austausch mit anderen meist sehr durchsetzungsstark agieren. Sie könnten erleben, dass andere Menschen sich gekränkt fühlen, dass häufig Missverständnisse auftreten oder dass Beziehungen belastet oder durch häufige Konflikte charakterisiert sind.

Soziale Interaktionen sind kompliziert und verändern sich ständig, wodurch Reaktionen in unterschiedlichen Situationen zur Herausforderung werden können. Wenn Sie erkennen, wie Sie Interaktionen hauptsächlich angehen, können Sie jene Kommunikationsfertigkeiten in den Blick nehmen, die Sie weniger selbstverständlich anwenden.

In diesem Kapitel sollen Fertigkeiten entwickelt werden, um Interaktionen zu verbessern, die Ihnen Stress verursachen. Der Fokus liegt darauf, Bereiche positiv zu beeinflussen, in denen Sie kämpfen müssen, und darauf, Probleme und Missverständnisse zu lösen, bevor sie sich aufstauen und übermächtig werden.

5.3 Balance

Wenn Sie mit anderen in Kontakt treten, geht es nicht nur um Anbindung und soziale Unterstützung; es geht auch darum, das zu bekommen, was Sie möchten und brauchen, um Ihr Leben besser in den Griff zu bekommen. Ein Großteil der Belastung in Beziehungen kommt auf, wenn Ihre Wünsche und Prioritäten mit Ihren eigenen verinnerlichten sozialen Regeln in Konflikt stehen oder mit dem, was jemand anderes von Ihnen fordert.

Die DBT lehrt, dass Sie für einen erfolgreichen Umgang mit zwischenmenschlichen Belastungen Ihre Wünsche und Bedürfnisse kennen und priorisieren müssen. Ebenso müssen Sie mit anderen verhandeln, weniger wichtige Forderungen aufzuschieben, müssen Ihre eigenen Bedürfnisse vermitteln und zu unwillkommenen Bitten »Nein« sagen (Linehan, 1993b).

Wünsche von Sollvorstellungen und Prioritäten von Forderungen abgrenzen

Wünsche sind Dinge, die Sie begehren. Wünsche können das Leben angenehm und interessant machen. Sie könnten sich etwa wünschen, Zeit mit Freunden zu verbringen, Zeit für ein Hobby zu haben oder Urlaub zu machen. *Sollvorstellungen* hingegen entsprechen inneren Verpflichtungen und Erwartungen. Das können Erwartungen von außen, Moralkodexe oder Regeln sein, die Sie vor langer Zeit verinnerlicht haben und die nun Druck auf Sie ausüben. Sie haben beispielsweise bestimmte Regeln über Interaktionen am Arbeitsplatz oder die Beantwortung von telefonischen Nachrichten internalisiert. Sie vertreten möglicherweise innere Regeln im Hinblick auf Haushaltspflichten oder soziale Verpflichtungen, die im Widerspruch mit dem stehen, was Sie tun möchten. Sie glauben beispielsweise, dass Sie Ihrem Partner beim Abwasch helfen sollten, möchten aber gern im Internet surfen; Sie fühlen sich vielleicht verpflichtet, Dankesschreiben zu verfassen, möchten aber fernsehen. Sie können sich Ihre Wünsche und Sollvorstellungen als Gewichte an den beiden Enden einer Waage vorstellen (Linehan, 1993b).

Prioritäten sind jene Dinge, die von größtem Wert für Sie sind, die Sie als einen wichtigen Teil eines erfüllten Lebens ansehen und, vor allem, die Ihnen ein Leben ermöglichen, das für *Sie* erfüllend ist, anstatt eines, das für jemand anderen bedeutsam ist. Ihre Prioritäten könnten sich darauf beziehen, sich weiterzubilden, sich kreativ auszudrücken oder einer sinnvollen Arbeit nachzugehen.

Forderungen sind jene Dinge, die Sie tun müssen. Sie stellen Erwartungen und Ansprüche dar, die die Gesellschaft und andere Menschen Ihnen auferlegen. Das könnte sich darauf beziehen, Rechnungen und Steuern zu bezahlen, mit Ihrem Auto wie vorgeschrieben zum TÜV zu gehen, saubere Kleidung zu tragen, keine Unordnung zu hinterlassen oder bestimmte Aufgaben in der Arbeit zu erfüllen (Linehan, 1993b).

Übung

Wünsche und Sollvorstellungen, Prioritäten und Forderungen identifizieren

Wünsche, Sollvorstellungen, Prioritäten und Forderungen sind äußerst individuell; sie sind durch die eigene Persönlichkeit bestimmt, die Kultur, frühere Erfahrungen und die eigenen Lebensumstände.

(1) Suchen Sie einen ruhigen Moment im Laufe des Tages, legen Sie Ihr Tagebuch oder ein leeres Blatt Papier bereit und erstellen Sie eine Tabelle mit zwei Spalten. Versehen Sie eine Spalte mit der Überschrift »Wünsche« und die andere mit der Überschrift »Sollvorstellungen«.

(2) Rufen Sie sich als Fokus für diese Übung eine besonders belastende oder überwältigende Situation ins Gedächtnis. Beispielsweise könnten Sie in der Arbeit den Eindruck haben, dass Sie überlastet sind, zu viele ungelöste Konflikte bestehen und einige Mitarbeiter nicht genug leisten. Führen Sie in der Spalte »Wünsche« Aktivitäten an, die Ihnen angenehm sind, und Dinge, die Sie sich wünschen oder nach denen Sie sich sehnen. In dem genannten Beispiel würden Sie sich auf Aspekte Ihrer Arbeit konzentrieren, die Sie genießen oder als angenehm empfinden. Sammeln Sie in der Spalte »Sollvorstellungen« innere Erwartungen an sich selbst. Nehmen Sie auch Erwartungen auf, die Sie aus Ihrer Kindheit kennen oder die Sie damals verinnerlichten, wie beispielsweise kulturelle oder familiäre Erwartungen. Bei dem Beispiel einer belastenden Arbeitssituation könnten Sie innere Erwartungen hinsichtlich Ihrer Arbeitsethik identifizieren, bezüglich der Beziehungen zu Kollegen sind oder der Qualität Ihrer Arbeit.

(3) Erstellen Sie nun eine weitere Tabelle mit den Spalten »Prioritäten« und »Forderungen«. Erstellen Sie wie bei den Spalten »Wünsche« und »Sollvorstellungen« jeweils eine Liste der eigenen Prioritäten und der Forderungen von außen, denen Sie gegenüberstehen.

Ziele festlegen, um eine Balance herzustellen

Wenn Sie eine schwere Last innerer Regeln – Sollvorstellungen – mit sich herumtragen, werden Sie durch die eigenen Erwartungen sehr zermürbt und belastet. Wenn Sie regelmäßig Forderungen anderer über Ihre eigenen Prioritäten stellen, überfordern und belasten Sie diese zahlreichen Aufgaben in ganz ähnlicher Weise, jedoch ohne das befriedigende Gefühl, das sich einstellt, wenn Sie eigene Prioritäten in den Mittelpunkt stellen.

Um eine Balance herzustellen, müssen Sie Ihre Wünsche und Prioritäten artikulieren, eigenen wichtigen Sollvorstellungen und den wichtigsten Forderungen anderer entsprechen und verhandeln, um die weniger wichtigen Forderungen anderer Menschen aufzuschieben oder abzuweisen.

Übung

Wünsche vs. Sollvorstellungen, Prioritäten vs. Forderungen prüfen

(1) Stellen Sie sich vor, dass jeder »Wunsch«, den Sie erkannt haben, ein Gewicht auf einer Seite einer Waage ist, und jede »Sollvorstellung« ein Gewicht auf der anderen Seite. Ist eine Seite schwerer als die andere? Widmen Sie sich einer Seite mehr als der anderen? Ist das Gewicht auf einer Seite so schwer, dass die Waage zu brechen droht?

(2) Führen Sie nun die gleiche Vorstellungsübung mit Ihren Prioritäten und Forderungen durch. Wenn Sie sich die Prioritäten und Forderungen auf einer Waage vorstellen, fragen Sie sich, ob ein Gleichgewicht herrscht.

a) **Die Waage prüfen.** Stellten Sie ein Ungleichgewicht der Waage fest, als Sie die Vorstellungsübung durchführten? Gibt es zu viele Sollvorstellungen? Zu viele Forderungen?

b) **Zu viele Sollvorstellungen und Forderungen.** Falls Ihre eigenen Wünsche und Prioritäten ins Hintertreffen geraten, gehen Sie Ihre Liste durch und identifizieren Sie weniger wichtige Sollvorstellungen und Forderungen. Sie können die Grundsätze des dialektischen Denkens aus

Kapitel 2 und Akzeptanz-Strategien aus Kapitel 3 anwenden, um innere »Sollvorstellungen« anders anzugehen, die unnötigen Stress in Ihrem Leben verursachen. Sie sollten sich beispielsweise immer wieder von dem Gedanken lösen, dass Sie sich auf bestimmte Art und Weise verhalten »müssen« oder dass Sie »schlecht« sind, wenn Sie die eigenen Maßstäbe lockern (wie in Kap. 2 beschrieben). Oder Sie könnten Strategien anwenden, um eine körperliche Bereitschaft zu mehr Akzeptanz zu erreichen (s. Kap. 3), wenn Sie bemerken, dass Sie sich selbst mit diesen Sollvorstellungen unter Druck setzen. Es gibt auch Methoden, um die weniger wichtigen Forderungen anderer Menschen aufzuschieben oder abzuweisen; Sie sollten sich auf die Strategien im weiter unten folgenden Abschnitt »Veränderung durchsetzen« konzentrieren, um das aussprechen zu lernen, was am besten für Sie ist, und mit anderen zu verhandeln, um diese weniger wichtigen Forderungen von Ihrer Liste zu streichen.

Das Ausmaß an Forderungen verändert sich im Laufe des Lebens. Zu bestimmten Zeiten im Leben, wenn Sie beispielsweise gerade ein Kind bekommen, eine neue Arbeitsstelle angetreten oder eine gesundheitliche Krise erlebt haben, besteht kein Gleichgewicht mehr zwischen der Fähigkeit, den Forderungen anderer und Ihren inneren Sollvorstellungen zu entsprechen, und der Fähigkeit, die eigenen Prioritäten und Wünsche zu berücksichtigen.

Doch sogar inmitten lebensverändernder Ereignisse und gerechtfertigter Bedürfnisse der Menschen um Sie herum ist es unabdingbar, bewusst und aufmerksam mit den eigenen Wünschen und Prioritäten umzugehen. Innerer Druck, äußere stressvolle Ereignisse und Forderungen von anderen tragen insgesamt zu der körperlichen und emotionalen Belastung bei, die Sie erleben.

Prioritäten bewerten

Sie fühlen sich vielleicht durch die Forderungen anderer Menschen überbeansprucht, sind aber unsicher, welche Sie aufschieben oder wann Sie sich Hilfe holen sollen. Und wenn Sie unsicher im Hinblick auf Ihre Rechte sind oder den Stellenwert davon, Ihre Sichtweise zu äußern, gelingt es Ihnen vielleicht nicht, für Ihre eigenen Interessen einzutreten.

Wird eine kleine Lüge, um einen Fehler zu vertuschen, die Selbstachtung untergraben? Kann es zu chronischem Stress und emotionalen Reaktionen führen, wenn Sie zusätzliche Pflichten übernehmen? Werden Sie Beförderungen oder berufliche Möglichkeiten verpassen, weil Sie nicht sicher sind, wann Sie Ihre Leistungen und künftigen Ziele ansprechen sollen?

Ihre Prioritäten nach einer bestimmten Methode zu bewerten kann Ihnen ermöglichen, auf die beste Weise im eigenen Interesse zu handeln. Die folgende Übung gründet auf einem DBT-Skill, durch den Sie besser beurteilen können, wann Sie sich durchsetzen sollten (Linehan, 1993b).

Durchsetzungsfähigkeit können Sie sich wie eine Skala vorstellen, an deren einem Ende steht, auf den eigenen Rechten zu bestehen und sie einzufordern, und deren anderes Ende damit gleichzusetzen ist, überhaupt nicht zu handeln oder ein Thema gar nicht anzusprechen. In der Mitte sind Vorgehensweisen angesiedelt wie Hinweise geben, Kompromisse schließen und nachdrücklich Fragen stellen, mit der Bereitschaft, zu verhandeln.

Wie ausdrücklich Sie Ihre Sache vorbringen, hängt mit den eigenen Prioritäten zusammen, Ihren Rechten, der Qualität Ihrer Beziehung zu einem anderen Menschen und eigenen Zielen. Leider können Sie eine soziale Situation nicht auf ein paar wenige Fragen reduzieren, die zweifelsfrei die beste Handlungsweise festlegen. Wenn Sie sich über die Vorgehensweise nicht klar sind, kann es jedoch helfen, Ihre Prioritäten zu überdenken, die Natur Ihrer Beziehung mit der anderen Person und die eigenen kurz- und langfristigen Bedürfnisse.

Übung

Entscheiden, wie nachdrücklich Sie sich durchsetzen möchten

(1) Wählen Sie aus der vergangenen Woche eine Interaktion mit jemandem aus, bei der Sie unsicher waren, wie Sie vorgehen sollten. Vielleicht haben Sie gar nichts gesagt, waren unsicher, ob es angemessen wäre, Bedenken vorzubringen, sagten Ja, als Sie eigentlich Nein sagen wollten oder kehrten ein Problem unter den Teppich und sagten sich, dass es nicht wichtig sei.

(2) Suchen Sie einen ruhigen Moment im Tagesverlauf, legen Sie Ihr Tagebuch oder ein leeres Blatt Papier bereit und beschreiben Sie die Situation. Halten Sie sich dabei möglichst eng an die Tatsachen. Verwenden Sie »Ich-Aussagen« in Ihrer Beschreibung, wie beispielsweise »Ich möchte«, »Ich denke«, oder »Ich empfinde«, um die Situation zu klären. Halten Sie nach wertenden Wörtern Ausschau, beispielsweise »sollte« oder »angemessen/fair«, und ersetzen Sie diese möglichst durch eine Beschreibung der Situation oder wie Sie sich dabei fühlten.

(3) Nachdem Sie die Situation klar formuliert haben, bewerten Sie den Grad Ihrer Zustimmung zu jeder der folgenden Aussagen hinsichtlich dieser Situation auf einer Skala von 1 (ja, stimme voll zu) bis 7 (nein, stimme überhaupt nicht zu). Eine 4 bedeutet dabei eine mittlere Zustimmung.

   a) Ich habe genug Informationen, um eine Entscheidung zu treffen. Ich versuche nicht, auf der Basis einseitiger Informationen zu entscheiden.
   b) Es gibt Gesetze oder Moralkodexe, die festlegen, dass ich das bekomme, was ich in dieser Situation möchte oder brauche.
   c) Ich kann Nein sagen und dennoch die Werte und Rechte der anderen Person anerkennen.
   d) Die Beziehung zu der anderen Person ist beiderseits ausgewogen.
   e) Ich gebe in dieser Beziehung mehr, als ich bekomme.

f) Jetzt den Frieden zu wahren, wird auf lange Sicht Probleme verursachen. Wenn ich beispielsweise einen Konflikt vermeide, um die Beziehung so weiterzuführen, wie Sie gerade ist, werde ich dann meine Selbstachtung gefährden, Möglichkeiten verpassen oder werde ich dies langfristig bedauern?

(4) Gehen Sie die Antworten auf die obigen Fragen noch einmal durch. Waren Ihre Antworten näher an einer 1 oder an einer 7? Wenn Sie eher niedrige Werte erreichten, sollten Sie erwägen, sich in dieser Situation durchzusetzen. Wenn Sie eher hohe Werte erreichten, sollten Sie besser gar nichts tun. Entsprechen die Antworten mittleren Werten, sollten Sie sich darauf konzentrieren, zu verhandeln und Kompromisse zu schließen.

Die Antworten auf die obigen Fragen lassen Sie klarer erkennen, wie nachdrücklich Sie Ihre Wünsche und Bedürfnisse durchsetzen möchten. Wenn Sie festgelegt haben, ob Sie sich durchsetzen möchten, sollten Sie überlegen, wer in der Lage ist, Ihnen zu geben, was Sie möchten oder brauchen, und eine Gelegenheit wählen, um Ihre Bitte vorzubringen.

5.4 Interaktionen verändern

Um Stress abzubauen, der von belasteten Beziehungen herrührt, sollten Sie manche Interaktionsweisen mit anderen unbedingt verändern. Negative Emotionen und Stress können abnehmen, wenn Sie Fertigkeiten erlernen und einsetzen, um Ihre Bedürfnisse durchzusetzen, zu verhandeln, zuzuhören, sich erfolgreich in andere hineinzuversetzen und für Ihre Überzeugungen einzutreten. Bestimmte Formen der Interaktion mit anderen können die Qualität Ihrer Beziehung verbessern. Bei der DBT verbindet das Training zwischenmenschlicher Fertigkeiten Skills der sozialen Kompetenz (McKay et al., 2009), Skills im Zuhören (Barker, 1971) und ein Training der Durchsetzungsfähigkeit (Alberti & Emmons, 1978).

Beispiel

Die Geschichte von Nissa

Nissa ist 38 Jahre alt und Buchhalterin. Mit 26 Jahren bekam sie eine Anstellung in einem großen Unternehmen. Weil sie jung und unerfahren war, richtete sie sich nach ihren Kollegen, wenn es um Entscheidungen über Schlupflöcher oder Änderungen bei bestimmten Regeln ging, und auch hinsichtlich täglicher Entscheidungen über Arbeitszeiten und darüber, an welchen Projekten sie sich beteiligte. Weil ihr sehr früh ein Fehler unterlaufen war, wurde Sie sogar noch passiver. Wenn sie mit Entscheidungen oder der Arbeitsweise von Kollegen nicht einverstanden war, gab sie immer nach, um den Frieden zu bewahren. Sie sagte sich immer wieder, dass die anderen erfahrener und besser ausgebildet waren, sodass es ihr nicht zustand, sie infrage zu stellen.

Nissa blieb jahrelang bei dem Unternehmen, doch ihr Stil im Umgang mit Kollegen veränderte sich nicht und mit der Zeit wurde sie wütend und hegte Groll, wenn Kollegen, die ihrem Eindruck nach weniger qualifiziert waren als sie selbst, auf höhere Positionen versetzt wurden. Es graute ihr bald davor, zur Arbeit zu gehen und sie stellte fest, wie sie passiv zuließ, dass andere die Lorbeeren für die Arbeit einheimsten, an der sie beteiligt war, und dass sie ihre Kollegen durch Sarkasmus und Beschimpfungen herabwürdigte. Sie war in der Arbeit nicht mehr sie selbst. Schließlich verließ sie das Unternehmen und wechselte zu einer neuen Stelle.

Nissa wusste nicht, wie sie für sich eintreten, das Verdienst für ihre Leistungen in Anspruch nehmen, bei Bedarf um Hilfe bitten oder ihre Sichtweise bei wichtigen Arbeitsangelegenheiten durchsetzen konnte. Nicht zu wissen, was man tun soll oder wie eine Situation zu handhaben ist, kann Missverständnisse, Konflikte und Spannung in Beziehungen verursachen – und insgesamt kann dadurch die Stressbelastung steigen.

Veränderung durchsetzen: Um das bitten, was Sie brauchen, und Nein sagen

Wenn Sie ein durchschnittlicher Mensch sind, fällt es Ihnen in manchen Situationen leicht, höflich, direkt und ehrlich zu sein, beispielsweise, wenn Sie ruhig und von Menschen umgeben sind, die Sie gern haben und die Ihnen wichtig sind. In anderen Situationen jedoch kann es äußerst schwierig sein, offen auszudrücken, wie Sie sich fühlen. Das trifft beispielsweise zu, wenn Sie verletzt, wütend oder besorgt hinsichtlich negativer Konsequenzen sind oder mit jemandem zu tun haben, der Ihre Meinung scheinbar nicht respektiert. Genau für diese Gelegenheiten benötigen Sie eine Strategie, um sich zu behaupten und nicht passiv oder aggressiv zu reagieren.

In ihrem Trainingsmanual beschreibt Linehan Kommunikationsweisen, die eine Verständigung verbessern und langfristige Beziehungen aufrechterhalten können (Linehan, 1993b).

Was Sie sagen. Bereiten Sie den Zuhörer auf Ihre Bitte vor, geben Sie ihm dazu etwas Hintergrundinformation und beschreiben Sie die Tatsachen. Vermeiden Sie emotional beladene und wertende Wörter wie »sollte«, »angemessen«, »unangemessen«, »richtig«, »falsch« oder »dumm«. Beschreiben Sie die Situation stattdessen mithilfe von Fakten und Aussagen dazu, wie Sie sich fühlen.

Während einer Diskussion über die Zuweisung eines Arbeitsprojekts bei ihrer neuen Stelle beispielsweise bereitete Nissa ihren Vorgesetzten, Tom, so auf eine Bitte vor: »Seit ich hier arbeite, habe ich viel Zeit für unkomplizierte Routineprojekte aufgewendet. Ich hatte keine Gelegenheit, an anspruchsvolleren Projekten mitzuarbeiten, die mich motivieren und mir wirklich Spaß machen. Ich habe das Gefühl, dass ich meine Fähigkeiten nicht einsetzen kann und das enttäuscht mich.« Bitten Sie direkt um das, was Sie möchten. Machen Sie Ihre Bitte oder Ihre Antwort auf die Bitte der anderen Person deutlich. Konzentrieren Sie sich gleichzeitig auf das Positive. Die meisten Situationen bieten beiden Beteiligten wünschenswerte Aspekte. Formulieren Sie diese positiven Aspekte in Ihrer Bitte.

Nissa setzte die Diskussion mit Tom folgendermaßen fort: »Ich würde gerne diesem Projekt zugeteilt werden, das interessante Aufgaben vorsieht, die ich auch gut erfüllen kann. Wenn ich dieses schwierige Projekt übernehme, kann ich Ihnen etwas Arbeit abnehmen, nachdem Sie in letzter Zeit viele Überstunden gemacht haben.«

Nissa wusste, dass Tom ihre gute Laune bei der Arbeit und ihre Leistungsfähigkeit schätzte. Auch hatte es ihm Schwierigkeiten bereitet, lange Arbeitszeiten mit den Erwartungen der Familie in Einklang zu bringen. Nissa erhöhte die Wahrscheinlichkeit, dass Tom positiv auf ihre Bitte reagierte, indem sie diese positiven Ergebnisse erwähnte.

Wie Sie etwas sagen. Achten Sie auf Ihre Körpersprache. Suchen Sie Blickkontakt. Sprechen Sie mit ruhiger Stimme und nehmen Sie eine entspannte, aber selbstbewusste Haltung ein – vermeiden Sie hängende Schultern oder geballte Fäuste. Seien Sie ehrlich und direkt. Bringen Sie das Gespräch wieder auf den Punkt, wenn es von Ihrem Ziel abschweift. Geben Sie dem Gesprächspartner Raum, seine Sichtweise zu vermitteln. Verhandeln Sie. Nissa beispielsweise versteifte sich nicht auf ihre Rolle bei einem speziellen Projekt, sondern hörte sich Toms Bedenken hinsichtlich ihrer Fähigkeiten an, das neue Projekt zu bewältigen, und verhandelte darüber. Schließlich stimmte Tom zu, dass Nissa sich an dem gewünschten Projekt beteiligte, mit einigen Einschränkungen hinsichtlich ihrer Verantwortlichkeiten. Und Nissa erklärte sich bereit, weiterhin einige der weniger interessanten Projekte zu übernehmen, mit der Bedingung, dass sie mehr Gelegenheiten bei herausfordernden Projekten bekommen würde, wenn sie bei diesem neuen Projekt eine gute Leistung zeigte.

Es ist wichtig, für sich einzustehen, das eigene Befinden auszudrücken und die Erfüllung eigener Bedürfnisse durchzusetzen. Wenn Sie wissen, was Sie sagen können und auf welche Weise, werden Ihre Wünsche und Bedürfnisse erfüllt und Beziehungen bleiben erhalten.

Übung

Eine Bitte äußern

(1) Wählen Sie eine Interaktion in der kommenden Woche, bei der Sie eine Bitte äußern möchten. Wählen Sie zunächst eine Situation, die Ihnen verhältnismäßig leicht fällt. Sie könnten beispielsweise in einem Restaurant einen besonderen

Wunsch äußern, eine nahestehende Person um einen Gefallen oder einen Kollegen um Unterstützung bitten.
(2) Äußern Sie Ihre Bitte. Bereiten Sie den Zuhörer zunächst vor und denken Sie daran, sich auf Tatsachen und Aussagen darüber zu konzentrieren, wie Sie sich fühlen. Bitten Sie dann direkt um das, was Sie möchten und formulieren Sie positive Aspekte für den Gesprächspartner.
(3) Hören Sie aufmerksam zu, falls der Gesprächspartner andere Wünsche und Bedürfnisse nennt, und schlagen Sie dann Alternativen vor, die eher den Bedürfnissen beider Beteiligter entsprechen.

Meinungsverschiedenheiten können sich legen, wenn Sie üben, schwierige Situationen mithilfe direkter Kommunikation in Angriff zu nehmen. Dadurch erhöht sich auch die Wahrscheinlichkeit, das zu bekommen, was Sie möchten, und Sie können langfristige Beziehungen verbessern.

Beziehungen verbessern

In diesem Kapitel haben Sie bereits eine Übung zu Ihrem typischen Interaktionsstil in zwischenmenschlichen Situationen durchgeführt. Falls Sie herausfanden, dass Sie häufig aggressiv handeln, damit Ihre Bedürfnisse erfüllt werden, sollten Sie Skills in den Blick nehmen, um Beziehungen zu erhalten.

Offen auf andere zugehen. Offen auf andere zuzugehen und aktiv Ihren Gedanken und Problemen zuzuhören, kann sich deutlich auf die Stärke und Qualität Ihrer Beziehungen auswirken. Gehen Sie auf andere mitfühlend, rücksichtsvoll und neugierig zu. Denken Sie daran, dass es keine absolute Wahrheit gibt und seien Sie aufgeschlossen gegenüber anderen Sichtweisen als Ihren eigenen. Bemühen Sie sich um eine angenehme und entspannte Stimmung, wenn Sie interagieren. Achten Sie auf Ihren Tonfall, darauf, wie Sie Ihren persönlichen Freiraum nutzen, und auf Ihre Körpersprache.

Greifen Sie niemanden an und drohen Sie nicht, selbst wenn Sie sich schlecht behandelt fühlen. Bleiben Sie rücksichtsvoll und auch neugierig und interessiert an dem Standpunkt der anderen. Bleiben

Sie in Gedanken, in Worten und im Tonfall freundlich und gemäßigt. Bleiben Sie im Zweifelsfall höflich. Folgen Sie diesem Ansatz auch, wenn Sie Gedanken an sich selbst richten. Vielleicht haben Sie jemanden beleidigt, Dinge im Zorn gesagt oder etwas, das Sie so nicht meinten, oder sich in eine peinliche Lage gebracht. Gehen Sie in Gedanken ruhig und freundlich mit sich um. Selbstbeschuldigungen führen zu Schuldgefühlen und Reizbarkeit und erhöhen die Wahrscheinlichkeit, dass Sie zu Ihrer Verteidigung verbal um sich schlagen.

Richtig zuhören. Um richtig zuzuhören, müssen Sie die Gefühle, Kämpfe und Sichtweisen anderer Menschen anerkennen. Sie müssen anderen nicht zustimmen oder glauben, dass sie recht haben, um zu vermitteln, dass Sie verstehen, wie es ihnen geht. Manchmal muss der andere einfach nur wissen, dass Sie ihm zuhören.

Übung

Aktiv zuhören

(1) Wählen Sie eine Interaktion in der nächsten Woche. Konzentrieren Sie Ihre körperliche und psychische Energie auf das Zuhören. Falls Sie beginnen, über Ihre Antwort nachdenken, anstatt zuzuhören, wenden Sie sich wieder der Handlung zu, der anderen Person zuzuhören. Lassen Sie Ihren Gesprächspartner ausreden, bevor Sie eine Antwort formulieren. Sollten manche Standpunkte von Ihren eigenen abweichen, hören Sie besonders auf das, was an diesen Standpunkten berechtigt und überzeugend ist.

(2) Zeigen Sie dem Gesprächspartner, dass Sie zuhören. Das können Sie durch Ihre Körpersprache tun, indem Sie nicken, sich etwas vorlehnen und Blickkontakt herstellen. Auf verbaler Ebene können Sie das tun, indem Sie zusammenfassen, was der andere sagt. Um sicherzustellen, dass Sie alles richtig verstanden haben, bitten Sie um Klarstellung oder reflektieren Sie das, was Ihr Gegenüber sagte.

Wenn Sie aktiv zuhören, können Sie Beziehungen stärken, Gemeinsamkeiten entdecken, auf vollständige und nicht einseitige Kommunikation reagieren und Konflikte mindern. Dadurch nimmt Stress ab. Wenn Sie anderen aktiv zuhören, fühlen diese sich gehört und verstanden, was die emotionale Spannung mildern kann, wenn Sie einen Konflikt austragen. Es kann auch das Verständnis für die Perspektive des anderen verbessern. Dadurch wird es wahrscheinlicher, dass Sie eine Vorgehensweise oder einen Kompromiss vorschlagen, der dieser Person zusagt.

Die eigene Selbstachtung bewahren

Wir alle beschönigen gelegentlich die Wahrheit und verbiegen eigene Maßstäbe oder Grundsätze, um Konflikte abzubauen und Beziehungen funktionieren zu lassen. Wenn allerdings eine Gewohnheit daraus wird, es anderen Recht zu machen, und Sie Unstimmigkeiten und Auseinandersetzungen lieber unterdrücken, als zu Ihren persönlichen Überzeugungen zu stehen, stellen Sie vielleicht fest, dass Sie Ihre Selbstachtung gefährden.

Im Laufe der Zeit langsam die eigenen Werte aus den Augen zu verlieren, ist normal. Wenn Sie mit Auseinandersetzungen negative Erfahrungen gemacht haben, verhalten Sie sich womöglich wie Nissa und ein Zugeständnis führt zum nächsten, bis Sie sich nicht mehr wertgeschätzt und verbittert fühlen.

In Nissas Fall erforderte es Mut, für sich einzustehen, die eigenen Werte zu kennen und sie zu äußern – und auch Erfolge zu kommunizieren sowie täglich die eigenen Fehler zuzugeben. Sie musste sich bewusst darauf konzentrieren, ihre Integrität und ihre Werte in diesen Alltagssituationen zu bewahren.

Übung

Verlorene Werte wiederfinden

Wenn Sie im Einklang mit Ihrer Selbstachtung handeln möchten, müssen Sie Ihre Werte und Überzeugungen bewahren und gleichzeitig das erzielen, was Sie im Leben möchten und brauchen. Um das zu erreichen, sollten Sie auf eine Weise handeln, die

Ihren Werten entspricht und Ihnen vermittelt, dass Sie kompetent und fähig sind.

Bei der DBT lernen Menschen Skills, um Ihre Selbstachtung aufrechtzuerhalten (Linehan, 1993b). Ein zentraler Aspekt der Selbstachtung ist, das wiederzufinden, was Ihnen wichtig ist.

(1) Denken Sie an eine Person, die Sie bewundern.
(2) Was bewundern Sie an dieser Person?
(3) Welche besonderen Eigenschaften haben Menschen, die bewundernswert sind?
(4) Welchen dieser Eigenschaften, Werte und Handlungen möchten Sie gerne nacheifern?

Nissa bewunderte ihre Schwester. Sie hatte eine sehr gute Position als leitende Angestellte im Gesundheitswesen, drückte ohne Aggressionen ihre Meinungen und Gefühle aus, hörte sich die Ansichten anderer Menschen an und konnte anderen etwas geben und für sie sorgen und gleichzeitig für ihre eigenen Standpunkte und Bedürfnisse eintreten.

Manchmal geben wir nach oder verhalten uns so, dass wir über Umwege das bekommen, was wir möchten oder brauchen. Wir lügen vielleicht, geben uns hilflos oder beugen uns einem anderen Menschen, um einen Streit zu vermeiden (Linehan, 1993b). Auch wenn diese Dinge uns tatsächlich das verschaffen, was wir möchten und brauchen, führen sie langfristig zu einem schlechten Gefühl uns selbst gegenüber. Sie ab und zu einzusetzen, hat keine großen Auswirkungen, das oft zu tun aber sehr wohl.

Übung

Den eigenen Werten treu bleiben

(1) Versuchen Sie im Laufe der nächsten Woche bewusst, für sich selbst und Ihre Überzeugungen einzutreten, ohne die eigene Sichtweise anderen aggressiv aufzuzwingen.
(2) Achten Sie auf jeglichen Drang, Konflikte mit kleinen Lügen oder Kompromissen über wichtige Überzeugungen und Werte beizulegen. Konzentrieren Sie sich in diesen Fällen

darauf, ehrlich und direkt zu sein. Das erfordert Übung. Die Wahrheit oder die eigenen Werte zu formulieren, kann schwer fallen, insbesondere, wenn Sie eine negative Reaktion erwarten.

(3) Üben Sie bei Bedarf zunächst in Interaktionen, die Ihnen leicht fallen und mit Personen, die eher offen und nachsichtig sind.

Wenn Sie Situationen typischerweise unsicher angehen, ist es für Sie vielleicht zur Gewohnheit geworden, Konflikte zu vermeiden oder durch Kompromisse hinsichtlich der eigenen Werte das zu bekommen, was Sie brauchen. Mit der Zeit stellen Sie vielleicht fest, dass Sie wichtige Werte preisgegeben haben. Sich wieder auf die eigenen Werte zu besinnen und mit anderen ehrlich und direkt in Kontakt zu treten, kann die Selbstachtung verbessern und den Stress und den Druck abschwächen, der damit einhergeht, wenn die eigenen Bedürfnisse nicht erfüllt werden.

Manchmal liegen Umstände außerhalb Ihrer Kontrolle und unabhängig davon, wie Sie die Situation angehen, werden Ihre Pläne durchkreuzt. Wichtig ist hier das Verständnis, dass gelegentlich Ungleichheiten in der Umwelt sowie Machtungleichgewichte in der Gesellschaft und in bestimmten Beziehungen sich nicht verändern, auch wenn Sie selbst verändern, wie Sie mit anderen interagieren (Linehan, 1993b). Um die eigene Selbstachtung zu bewahren, wenn Sie mit Umständen außerhalb Ihrer Kontrolle konfrontiert sind, müssen Sie andere Möglichkeiten in Betracht ziehen, beispielsweise eine zerstörerische Beziehung aufzugeben oder Machtungleichheiten neu zu ordnen, und andere Wege finden, damit Ihre Bedürfnisse erfüllt werden, wenn eine bestimmte Person sie nicht erfüllen kann oder möchte.

Zusammenfassung

Wie dieses Kapitel zeigte, erfordern alle Beziehungen Aufmerksamkeit. Ohne zwischenmenschliche Fertigkeiten ist es uns nicht möglich, die Unterstützung zu bekommen, mit deren Hilfe wir stressvolle Lebensereignisse besser in den Griff bekommen würden. Und wenn wir uns nicht um unsere Beziehungen bemühen, können Konflikte und Spannungen mit den Menschen in unserem Umfeld zu einer wesentlichen Quelle von Stress werden. Dieses Kapitel fokussierte darauf, den eigenen Interaktionsstil im Umgang mit anderen kennenzulernen, das zu tun, was von Ihnen erwartet wird und gleichzeitig jene Dinge im Blick zu behalten, die Ihrem Leben Sinn und Freude verleihen, und Interaktionen zu verändern, die Stress in Ihrem Leben erzeugen. Gute Fertigkeiten in Beziehungen zu entwickeln, ist wichtig, um Leid, Selbstbeschuldigungen, angestaute Verletzungen und Missverständnisse abzubauen, die Belastung und Stress im Leben verstärken können. Zwischenmenschliche Fertigkeiten sind notwendig, um Konflikte zu lösen, um die Erfüllung berechtigter Bedürfnisse durchzusetzen und im Einklang mit eigenen Werten und Überzeugungen zu leben.

6 Achtsamkeit pflegen

Achtsamkeit zu üben bedeutet, die Aufmerksamkeit zu bündeln und Ihren Gedanken, körperlichen Erfahrungen und Gefühlen gegenüber eine Bewusstheit zu pflegen, ohne unmittelbar zu reagieren, sodass Sie vollkommen den gegenwärtigen Moment wahrnehmen können. Das Üben kann Ihr physisches und psychisches Wohlbefinden steigern und die Fähigkeit verbessern, Stress zu bewältigen.

Zerstreute, unaufmerksame und selbstkritische Reaktionen können die negativen Emotionen, die häufig Teil der Stressreaktion sind, fortbestehen lassen und intensivieren. Unter Stress erleben Sie womöglich, dass Sie wie »ferngesteuert« oder im »Autopilot-Modus« reagieren – gedankenlos und abgelenkt durch Sorgen – und hastige Entscheidungen treffen. Der wiederkehrende Streit mit Ihrem Partner oder das sich wiederholende Problem in der Arbeit ergeben sich beispielsweise oft daraus, dass Sie aus Gewohnheit handeln und reagieren, anstatt überlegt und bewusst. Wenn Sie beständig abgelenkt sind oder mental und emotional in gewohnheitsmäßigen Mustern verhaftet sind, steigt der Stress.

In dem Bemühen, den Druck von außen zu reduzieren, fühlen Sie sich vielleicht gezwungen, zahlreiche Aufgaben gleichzeitig zu übernehmen. Bedauerlicherweise führt es nicht zu größerer Produktivität oder einer geringeren Stressbelastung, wenn Sie versuchen, immer mehr Aufgaben gleichzeitig zu erledigen – also *Multitasking* zu betreiben. Eine an der Stanford University von den Professoren Eyal Ophir, Clifford Nass und Anthony Wagner durchgeführte Studie ergab sogar, dass Menschen, die regelmäßig Multitasking betrieben (beispielsweise bei bestimmten anderen Aufgaben das Internet oder des Mobiltelefon benutzten und fernsahen) eine Reihe von Aufgaben tatsächlich schlechter erfüllten, als diejenigen, die kaum Multitasking einsetzten (Ophir et al., 2009). Multitasking verringert die Fähigkeit, Informationen zu behalten oder unwichtige Fakten herauszufiltern. Und jedes Mal, wenn Sie von einer Aufgabe zur anderen wechseln, entstehen *Wechselkosten* – die Zeit, die das Gehirn benötigt, um von einer Aufgabe zur nächsten zu wechseln und bei dieser wieder die übliche Geschwindigkeit zu erreichen. Je anspruchsvoller die Aufgabe ist, desto höher sind die Wechselkosten. Unausweichlich steigt der Stress, weil Ihre Fähigkeiten nicht ausreichen, den Anforderungen der Aufgaben gerecht zu werden, die Sie erfüllen möchten.

Unter Stress sind wir anfälliger für intensive und schmerzvolle Emotionen. Selbstkritik und bewertendes Denken, die häufig mit Stress einhergehen, verstärken Emotionen wie Wut, Scham und Angst. Umgekehrt verstärkt das Erleben intensiver schmerzvoller Emotionen die Wahrnehmung von Stress. Starke Gefühle können unsere Fähigkeit zu erfolgreicher Bewältigung (Coping) beeinträchtigen und die gedankliche Haltung zu unseren Lebensumständen noch mehr verzerren.

Unter Stress geraten Menschen häufig in ungesunde Verhaltensweisen, wie rauchen, zu viel Geld ausgeben, zu viel oder zu wenig essen oder übermäßig Alkohol trinken. Gemäß der DBT nehmen wir an, dass diese ungesunden Verhaltensweisen Ablenkungen von negativen Gefühlen darstellen, wenn auch manchmal nur sehr kurzfristige (Linehan, 1993a). Die zeitweilige Linderung stressbedingter schmerzhafter Emotionen, die diese Ablenkungen bieten, erhalten diese Verhaltensweisen aufrecht und erschweren es, stattdessen gesündere Bewältigungsmechanismen zu einzusetzen.

Achtsamkeitsübungen fördern eine konzentrierte Aufmerksamkeit und eine Bewusstheit gegenüber Emotionen, ohne zu bewerten oder auf der Verhaltensebene auf sie zu reagieren. Dadurch sollen sie dem »Autopilot«-Modus, zerstreuten Gedanken und ungesunden Bewältigungsmethoden entgegenwirken. Bei einer zusammenfassenden Überprüfung jüngerer Forschungsergebnisse entdeckten Paul Grossman und seine Mitarbeiter unterstützende Hinweise bezüglich der Vorteile regelmäßig praktizierter Achtsamkeit auf körperlicher und psychischer Ebene. Es zeigte sich, dass sie das Wohlbefinden verbessert, Stress und stressbedingte Symptome abbaut und die Bewältigung von Stress im Alltag erleichtert (Grossman et al., 2004). Forschungsergebnisse legen nahe, dass regelmäßige Achtsamkeit Veränderungen im Gehirn anregt, da sie Teile des Gehirns aktiviert, die mit einer positiven Stimmung zusammenhängen (Davidson et al., 2003).

6.1 Was ist Achtsamkeit?

Der Begriff der *achtsamen Bewusstheit* gründet im frühen Buddhismus und ist in nahezu jeder religiösen Tradition gegenwärtig (Goleman, 1977). Trotz seiner Herkunft aus der religiösen Praxis ist Achtsamkeit in der DBT ein nicht religiöser Skill, der darauf zielt, eine bestimmte Art von Aufmerksamkeit und Bewusstheit in Ihr Leben zu bringen. Achtsamkeit ist gekennzeichnet durch eine nicht emotionale, nicht wertende und andauernde, auf den gegenwärtigen Augenblick gerichtete Aufmerksamkeit. Sie entspricht einer genauen Betrachtung der inneren und äußeren Welt durch den Akt, Ihren Gedanken, Verhaltensweisen, Gefühlen und Erfahrungen mit ruhiger und unvoreingenommener Aufmerksamkeit zu begegnen. Heutzutage ist das Erlernen von Achtsamkeit mit dem Ziel des Stressabbaus weit verbreitet.

Achtsame Aufmerksamkeit

In jedem denkbaren Augenblick sind wir alle in einem gewissen Ausmaß sowohl achtsam als auch unachtsam. Achtsamkeit bedeutet, die Fähigkeit zu entwickeln, Ihre Aufmerksamkeit auf alle Aspekte des Lebens zu richten. Ganz gleich, ob Sie Geschirr abwaschen, Auto fahren, sich Sorgen machen, in einem Zahnarztstuhl liegen, gehen, meditieren oder an einer Besprechung teilnehmen, achtsame Aufmerksamkeit ermöglicht Ihnen, auf Ihr Erleben im gegenwärtigen Augenblick zu achten. Wenn Sie achtsam sind, nehmen Sie Gedanken, die körperliche Verfassung, Gefühle und die Welt so wahr, wie sie sind, ohne das Erleben zu beurteilen.

Die Beschaffenheit der Aufmerksamkeit, die Sie auf Ihr Erleben richten, ist entscheidend. Um Achtsamkeit zu praktizieren, müssen Sie sich von Bewertungen der eigenen Gedanken, Gefühle und Erfahrungen lösen. Um die Wirklichkeit Ihres Erlebens in den Blick zu bekommen, müssen Sie Urteile und Erwartungen hintenanstellen. Wenn Ablenkungen, Urteile, Erwartungen und Bewertungen während der Achtsamkeitsübung auftreten, nehmen Sie diese als Teil des Moments wahr und lenken Sie die Aufmerksamkeit dann wieder auf die Gegenwart.

Das Konzept der »inneren Weisheit« (Wise Mind)

In der DBT beschreibt Linehan eine geistige Verfassung, die sie als »*Wise Mind*«, bzw. »*innere Weisheit*« bezeichnet. »Innere Weisheit« bezeichnet ein inneres Gefühl von Wissen und Verstehen, das aus einer Verbindung von emotionalem Erleben und Problemlösen erwächst (1993a). Der Zustand der »inneren Weisheit« ist gleichzeitig wissend und intuitiv, emotional und rational.

Manchmal stehen wir trotz größter Anstrengung Stressoren jenseits unserer Kontrolle gegenüber, die Wut, Frustration und Angst hervorrufen – beispielsweise die Geschirrspülmaschine, die ausläuft, ein Vorgesetzter, der uns anbrüllt, zudringliche Verwandte, der morgendliche Berufsverkehr, eine kaputte Klimaanlage, ein löchriges Dach, Rechnungen und Probleme mit dem Auto. Derartige Stressoren können wir im Allgemeinen nicht vermeiden.

Stresserzeugende tägliche Ärgernisse und schwierige Lebensumstände können heftige Emotionen auslösen, wenn sie uns daran hindern, Ziele zu erreichen. Wenn der Stau Sie beispielsweise davon abhält, rechtzeitig bei einem Vorstellungsgespräch zu sein, erleben Sie möglicherweise Emotionen wie Panik, Empörung und tiefste Verzweiflung. Inmitten dieser Emotionen handeln Sie mit größerer Wahrscheinlichkeit impulsiv – nehmen wir an, Sie schreien, lügen, beschuldigen und beleidigen andere und weigern sich stur, erforderliche Maßnahmen zu ergreifen, was Ihnen noch mehr Ärger beschert.

Wenn Sie geführt von Ihrer »inneren Weisheit« handeln, erkennen Sie eigene Urteile, heftige Emotionen und Handlungsdränge. Sie sind in der Lage, Ihre emotionale Anbindung an die Umstände der Situation zu lösen, was Ihnen erlaubt, Ihre Aufmerksamkeit auf mehr als nur Ihre persönlichen Wünsche zu richten. Praktizierte Achtsamkeit verbessert die Fähigkeit, auf das Leben zu reagieren, so wie es ist, anstatt sich in den eigenen Reaktionen selbst einzuschränken, beispielsweise durch Abwehr, Rationalisieren oder Geringschätzung. Wenn Ihre innere Weisheit Sie anleitet, können Sie bei Bedarf die Taktik ändern, unnötige Konflikte vermeiden und Möglichkeiten erkennen, die Sie zuvor nicht sahen.

Absichtsvolle und tägliche Achtsamkeitspraxis kann Ihnen wieder Zugang zu Ihrer »inneren Weisheit« verschaffen. Studien zu Achtsamkeit ergeben konstant, dass praktisches Üben zu einem Gefühl von größerer Weisheit, Selbstwirksamkeit und Einsicht führt (Carmody & Bear, 2007).

6.2 Achtsamkeit praktizieren

Wenn Sie eine neue Fähigkeit erlernen wollten (angenommen, Klavier spielen oder Skifahren), müssten Sie üben, um diese Fertigkeit zu beherrschen. Das Üben von Achtsamkeit unterscheidet sich jedoch vom Üben anderer Fertigkeiten. Es ist kein wiederholtes Üben, um die Fertigkeit zu beherrschen oder ein hohes Niveau zu erreichen, sondern eher eine bewusste Teilhabe am Erleben des gegenwärtigen Augenblicks. Jon Kabat-Zinn, der Begründer der achtsamkeitsbasierten Stressreduktion, beschreibt die Achtsamkeitspraxis damit, sich einfach der Disziplin der Achtsamkeit im gegenwärtigen Moment zu widmen, ohne ein Ziel oder die Erwartung eines bestimmten Ergebnisses (Kabat-Zinn, 2003).

Diese Praxis kann manchmal widersprüchlich wirken. Warum sollte man eine Praxis pflegen, die Stress reduzieren soll, jedoch nicht die Erwartung oder das Ziel der Stressreduktion vorgibt? Das Üben von Achtsamkeit konzentriert sich auf den *Prozess*, den gegenwärtigen Augenblick wahrzunehmen und an ihm teilzuhaben, anstatt ein Ergebnis anzustreben. Wenn Sie dieses Erleben mit einem Ziel oder einer Erwartung verknüpfen, reißt Sie das aus dem gegenwärtigen Augenblick heraus und hin zu Gedanken an die Vergangenheit oder Erwartungen für die Zukunft.

Auch wenn das Üben von Achtsamkeit sich vom Erlernen anderer neuer Fertigkeiten unterscheidet, ist es doch wie bei jeder anderen Fertigkeit: Achtsam zu sein erfordert Anstrengung und Wiederholung. Sie werden bemerken, dass Sie durch das Wiederholen der Übungen in diesem Kapitel besser in der Lage sind, sich dem Alltag zu widmen ohne abgelenkt zu werden oder sich in Gedanken oder

Emotionen zu verstricken. Da es schwer fallen kann, in Stresssituationen vollkommen präsent und aufmerksam zu sein, ist es wichtig, in vergleichsweise ruhigen Momenten zu üben und Erfahrung zu sammeln. Versuche, neue Fertigkeiten zu erlernen, sind unter Druck generell weniger erfolgreich als in ruhigen Phasen.

Die Praxis der Achtsamkeit schließt sowohl regelmäßige formale Übungen ein als auch allgemeine achtsame Bewusstheit im Alltagsleben. Dieses Kapitel bietet *zielgerichtete* Übungen (bei denen Sie sich Zeit nehmen, auf bestimmte Aspekte Ihres Erlebens zu fokussieren) und Achtsamkeitsübungen für den Alltag (die Stress reduzieren sollen, indem Sie Achtsamkeit routinemäßig zu einem Bestandteil Ihres Alltags machen).

Loslassen (Auf inneres Erleben nicht reagieren)

Die zielgerichteten Achtsamkeitsübungen verlangen von Ihnen, sich darin zu üben, eingefahrene Denkweisen und Gefühlsmuster loszulassen. Vielleicht stellen Sie bei Ihren ersten Übungsversuchen fest, dass Sie sich nicht auf die Achtsamkeitsübung konzentrieren, sondern die Zeit wie in jedem anderen ruhigen Moment in Stressphasen verbringen – Sie grübeln, sorgen sich, planen oder fühlen sich ängstlich, traurig oder beschämt.

In die üblichen Gedanken- und Gefühlsmuster zu geraten, ist normal. Bei diesen Übungen jedoch werden Sie die Fähigkeit entwickeln, wahrzunehmen, wenn Sie in gewohnten stressbezogenen Gedanken und Gefühlen gefangen bleiben. Der Akt, die Gedanken und Gefühle wahrzunehmen, wenn Sie auftreten, schafft Distanz und erlaubt Ihnen, mit entsprechender Übung, diese gewohnheitsmäßigen Reaktionen loszulassen.

Erfahrungen nicht bewerten

Ein Hauptziel in der DBT besteht darin, eine nicht wertende Haltung gegenüber unserem Leben und uns selbst einzunehmen (Linehan, 1993b). Wenn wir gestresst sind, fällt es jedoch schwer, keine Urteile zu fällen.

Urteile sind spontane und häufig unzutreffende Deutungen unserer Umwelt, die unser Denken und Verhalten beeinflussen. Typischerweise verurteilen wir jene Menschen, die uns verletzen, mit uns streiten oder uns an die eigene Unzulänglichkeiten erinnern. Die härtesten Urteile sind aber häufig jene negativen Gedanken, die wir über uns selbst verinnerlicht haben, wie beispielsweise »Ich bin faul« oder »Ich bin dumm«.

In allen Achtsamkeitsübungen in diesem Kapitel werden Sie angewiesen, auf Ablenkungen zu achten, die Sie vom gegenwärtigen Augenblick wegführen. Entwickeln Sie ein Gespür für jene Gedanken, die von eigenen Urteilen oder Bewertungen bzgl. Ihrer Erfahrungen stammen. Gedanken wie »Das ist die Zeit nicht wert«, »Das kann ich nicht gut«, »Das ist super« und »Ich sollte dazu fähig sein«, sind alle typische Urteile und Bewertungen der Achtsamkeitspraxis. Indem Sie Urteile, Erwartungen und Bewertungen immer besser erkennen können, schwächen Sie deren Potential, Sie im täglichen Leben zu beherrschen.

Viele Menschen verwechseln ein nicht wertendes Denken damit, Ereignisse positiver zu betrachten. »Nicht bewerten« heißt nicht, die positive Seite von schwierigen Umständen zu sehen. Es geht vielmehr darum, einfach nur die Umstände, Gefühle oder Empfindungen anzuerkennen, ohne automatisch Meinungen zu entwickeln oder zu bewerten.

Im gegenwärtigen Moment präsent sein

Wenn Sie gestresst oder geängstigt sind, vertiefen Sie sich leicht in Gedanken und Sorgen über die belastenden Umstände. Viele Menschen bringen die tägliche Routine wie Duschen, zur Arbeit fahren oder Essen so gedankenverloren hinter sich, dass Sie sich kaum daran erinnern können. Sich von den Sorgen und Gedanken über andere Dinge zu lösen und den gegenwärtigen Augenblick vollkommen wahrzunehmen, kann sehr schwer sein. Der Druck, vieles erledigen zu müssen, kann dazu führen, dass Sie zahlreiche Aufgaben auf einmal erfüllen möchten, und Nervosität kann Sie sehr empfänglich für jegliche Ablenkung aus der Umwelt machen. Insgesamt können diese Störungen Sie vom gegenwärtigen Augenblick ablenken und Ihre Fähigkeit einschränken, die Aufmerksamkeit zu bündeln.

Widerstehen Sie, wenn Sie Achtsamkeit üben, dem Drang, Multitasking zu betreiben oder sich durch innere Ablenkungen oder Bewegung in Ihrer Umgebung von der Aktivität abbringen zu lassen.

Lenken Sie Ihren Geist und Ihr Bewusstsein sowohl bei den zielgerichteten Übungen als auch bei der Achtsamkeitspraxis im Alltag auf die Aktivität im gegenwärtigen Augenblick, anstatt die Aufmerksamkeit auf verschiedene Aktivitäten und Gedanken aufzuteilen. Im Laufe der Zeit und mit entsprechender Übung werden Sie besser in der Lage sein, den Fokus Ihrer Aufmerksamkeit zu bestimmen. Sie können dann Unterbrechungen wahrnehmen und vorbeiziehen lassen. So können Sie im gegenwärtigen Augenblick und in Ihrem Leben präsent bleiben.

6.3 Zielgerichtete Achtsamkeitspraxis

Für alle folgenden zielgerichteten Achtsamkeitsübungen sollten Sie sich eine ruhige Phase suchen, in der Sie zehn bis fünfzehn Minuten lang ungestört sind. Um nach und nach Kontrolle über Ihre Aufmerksamkeit zu gewinnen und Bewusstheit ohne Ablenkung zu pflegen, sollten Sie am besten täglich üben. Manchen Menschen hilft es, für das Üben eine bestimmte Tageszeit vorzusehen, beispielsweise gleich am Morgen, kurz vor dem Schlafengehen, über die Mittagszeit oder vor dem Abendessen. Wenn Sie gestresst und überfordert sind, haben Sie vielleicht den Eindruck, dass Sie nicht die Zeit haben, noch eine andere Aktivität in Ihren Tag einzubauen. Für diese Übungen nur einige ruhige Momente einzuplanen, kann jedoch Ihre Konzentration verbessern und Ihnen ermöglichen, auf die Ereignisse im Laufe des Tages ruhig und ausgeglichen zu reagieren.

Bei allen Übungen sollten Sie für die ersten Versuche die Anweisungen vollständig durchlesen, bevor Sie beginnen.

Wenn Sie eine Übung durchgeführt haben, überlegen Sie einen Moment, was Sie davon abbrachte oder Sie ablenkte. Nehmen Sie sich am Ende jeder Übung ein bis zwei Minuten Zeit und notieren Sie in Ihrem Tagebuch oder auf einem leeren Blatt Papier jene Dinge, die es Ihnen erschwerten, die Aufmerksamkeit zu bündeln. Wenn Sie sich mit der Zeit der Ablenkungen bewusst werden, können Sie diese besser wahrnehmen und vorbeiziehen lassen, wenn Sie während der Übung auftauchen.

Auf das innere Erleben achten

Wenn wir gestresst sind, vereinnahmt uns der Druck von außen häufig so sehr, dass wir mit unserer inneren Welt nicht mehr verbunden sind. Mithilfe einer formalen Praxis der Achtsamkeit können Sie Ihr inneres Erleben wahrnehmen und unerforschte körperliche Empfindungen, Gedanken und Emotionen entdecken.

Übung

Achtsam Atmen

Bei dieser Übung beruhigen Sie Ihren Körper und klären Ihren Geist durch rhythmisches Atmen. Sich auf den Atem zu konzentrieren hilft, wenn Sie überfordert oder nicht bei der Sache sind. Sie entwickeln dabei ein Gefühl dafür, wie der Atem in Ihren Körper hinein- und wieder hinausfließt. Zu Beginn sollten Sie sich bemühen, die Übung drei bis fünf Minuten fortzuführen (stellen Sie sich evtl. einen Wecker, damit Sie während der Übung nicht an die Zeit denken müssen). Mit wachsender Erfahrung können Sie den Zeitraum auf zehn Minuten (oder nach Wunsch auch länger) ausdehnen.

(1) Wenn Sie einen Wecker benützen, stellen Sie ihn jetzt.

(2) Nehmen Sie zunächst im Sitzen eine bequeme Haltung ein. Es mag verlockend erscheinen, sich hinzulegen, dadurch kann es aber zu leicht passieren, einzuschlafen. Sie können beispielsweise auf einem bequemen Stuhl sitzen oder auf dem Boden im Schneidersitz.

(3) Schließen Sie entweder die Augen oder suchen Sie sich einen bestimmten Punkt vor Ihnen, auf den Sie den Blick richten. Falls Sie die Augen offen lassen möchten, sollten Sie den Blick auf einem bestimmten Punkt ruhen lassen, um Ablenkungen gering zu halten.

(4) Richten Sie die Aufmerksamkeit auf Ihre Atmung. Achten Sie anfangs einfach nur darauf, wie die Luft in Ihren Körper hinein- und wieder hinausströmt.

(5) Nehmen Sie nach einigen Atemzügen bewusst das Gefühl wahr, wie der Atem durch Ihre Nase oder Ihren Mund

einströmt, die Kehle hinunter wandert und in Ihre Lunge gelangt. Spüren Sie nach, wie sich die Lunge ausdehnt, wenn die Luft eintritt. Nehmen Sie den Druck wahr, kurz bevor Sie ausatmen.

(6) Achten Sie auf Ihren Atem, wenn Sie ausatmen. Spüren Sie die Entspannung der Muskeln, wenn die Luft aus Ihrer Lunge strömt. Spüren Sie, wie sich die Luft durch Ihren Hals und aus Ihrer Nase oder Ihrem Mund hinausbewegt. Nehmen Sie den kurzen Augenblick zwischen zwei Atemzügen, zwischen dem Aus- und Einatmen, genau zur Kenntnis.

(7) Wenn Sie auf Ihren Atem achten, atmen Sie möglicherweise von alleine tiefer. Das ist in Ordnung. Versuchen Sie nicht, den Atem zu kontrollieren oder dessen Tempo zu verändern. Wenn Sie sehr tief atmen und Ihnen schwindelig wird, unterbrechen Sie die Übung und atmen Sie einige Atemzüge lang normal.

(8) Wenn Ihre Aufmerksamkeit abschweift und Sie an einem gewissen Punkt bemerken, dass Ihre Gedanken nicht mehr bei der Atmung sind, stellen Sie einfach nur für sich fest, dass Sie abgelenkt wurden und lenken Sie die Aufmerksamkeit wieder auf die körperliche Empfindung des Atmens. Sogar Menschen, die schon sehr lange Achtsamkeit praktizieren, lassen sich ablenken. Als Anfänger stellen Sie vielleicht fest, dass Sie häufiger abgelenkt als konzentriert sind. Das ist in Ordnung. Ein Großteil des Praktizierens dreht sich darum, bewusst wahrzunehmen, wenn Ihr Geist abschweift, und dann die Aufmerksamkeit wieder zurückzuholen.

(9) Wenn die Zeit um ist oder Sie mit der Übung fertig sind, sollten Sie daran denken, etwa eine Minute lang zu beobachten, wie Ihnen die Übung gelungen ist. Notieren Sie kurz in Ihrem Tagebuch oder auf einem leeren Blatt Papier, wie gut Sie sich während der Übung konzentrieren konnten und welche Dinge Sie womöglich ablenkten. Einige Wörter sind ausreichend, zum Beispiel: »sorgenvolle Gedanken«, »Planung für die Besprechung morgen«, »Gefühlsverwirrung«,

»Gedanken, dass das nichts bringt« oder »Bemerkte einige Male Ablenkungen und richtete die Aufmerksamkeit wieder auf die Atmung«.

Die Atmung ist ein idealer Fokus, da sie immer da ist. Wenn Sie erfahren darin werden, die Aufmerksamkeit auf den Atem zu lenken, können Sie diese Fähigkeit nutzen, um Ihre Gedanken zu fokussieren und im Alltag Ihre Mitte zu finden. Sie können sich zu jedem beliebigen Zeitpunkt auf den Atem konzentrieren, zum Beispiel, wenn Sie Schlange stehen, gehen, oder jemandem zuhören. Im Allgemeinen wirkt es beruhigend und kann dabei unterstützen, zerstreute Gedanken zu sammeln.

Übung

Den Körper in drei Positionen bewusst wahrnehmen

Diese Achtsamkeitsübung soll Ihnen dabei helfen, die Aufmerksamkeit auf Ihren Körper zu richten und die Verbindung zwischen Ihrem Körper, Ihrem Geist und Ihren Emotionen zu erkennen. Dabei bringen Sie den Körper bewusst in verschiedene Haltungen und erleben jeweils die Gefühle, die Empfindungen und den Atem.

Ihre Körperhaltung drückt Ihre Gefühle aus und beeinflusst sie auch. Ihre Körperhaltung zu verändern, indem Sie die Position Ihres Körpers verändern, kann sich auf Ihre Einstellung auswirken, auf Ihre Haltung insgesamt und auf Ihr Gefühlsleben.

Diese Übung beinhaltet, sich in drei verschiedene Körperhaltungen zu begeben und die physischen Empfindungen, Gedanken und Gefühle zu beobachten, die mit dieser Haltung verbunden sind. Nachdem Sie diese Haltungen im Laufe einiger Tage oder einer Woche geübt haben, können Sie dazu übergehen, die physischen Empfindungen, Gedanken und Gefühle in Verbindung mit jeder beliebigen Haltung Ihrer Wahl zu beobachten. Sie können Ihren Wecker jeweils getrennt für jede einzelne Position stellen und sich jeweils zwei bis drei Minuten Zeit nehmen.

(1) Wenn Sie einen Wecker benutzen möchten, stellen Sie ihn jetzt.

(2) Nehmen Sie nun die erste Haltung ein: Ballen Sie beide Hände zu festen Fäusten. Drücken Sie fest zu. Beißen Sie die Zähne zusammen und spannen Sie die Gesichtsmuskeln an. Achten Sie in dieser Haltung auf die Energie, die mit ihr verbunden ist. Bleiben Sie zwei bis drei Minuten in dieser Stellung.
   a) Nehmen Sie wahr, welche Muskeln für diese Haltung erforderlich sind.
   b) Konzentrieren Sie sich für einen Moment auf die verschiedenen Bereiche Ihres Körpers (z. B. Kopf, Hals und Schultern, Arme, Oberkörper, Beine).
   c) Achten Sie auf jede, auch schmerzhafte Empfindung, die Sie erleben.
   d) Richten Sie die Aufmerksamkeit auf Ihre Gedanken. Erlauben Sie sich, zu beobachten, wie Ihre Gedanken kommen und gehen. Tun Sie das Gleiche im Hinblick auf Ihre Gefühle. Falls Ihre Beobachtung abschweift, stellen Sie einfach fest, dass Sie abgelenkt wurden und konzentrieren Sie sich wieder auf Ihre Körperhaltung.

(3) Lösen Sie nun diese Haltung; nehmen Sie sich kurz Zeit, um Hände und Beine auszuschütteln und den Körper zu lockern.

(4) Nehmen Sie dann die zweite Körperhaltung ein: Entspannen Sie Ihr Gesicht, öffnen Sie die Fäuste und legen Sie die Handflächen aneinander. Richten Sie Ihren Körper aus wie zum Gebet. Bleiben Sie zwei bis drei Minuten in dieser Stellung, lenken Sie die Aufmerksamkeit auf die gleichen Aspekte wie in Schritt 1.

(5) Nehmen Sie sich kurz Zeit, um Hände und Beine auszuschütteln und den Körper zu lockern.

(6) Nehmen Sie nun die dritte Körperhaltung ein und stellen Sie sich dazu gerade und ganz aufgerichtet hin, die Füße schulterbreit auseinander und die Arme locker an den Seiten. Lassen Sie die Schultern nach unten sinken oder entspannen

Sie sie und machen Sie den Nacken lang. Bleiben Sie zwei bis drei Minuten in dieser Stellung und lenken Sie die Aufmerksamkeit auf die gleichen Aspekte wie in Schritt 1.

(7) Nehmen Sie sich kurz Zeit, um Hände und Beine auszuschütteln und den Körper zu lockern.

(8) Beobachten Sie etwa eine Minute lang, wie Ihnen die Übung gelungen ist. Fielen Ihnen bei den Haltungen jeweils Unterschiede an Ihrem Körper, Ihren Emotionen und Gedanken auf? Notieren Sie kurz in Ihrem Tagebuch oder auf einem leeren Blatt Papier, wie gut Sie sich während der Übung konzentrieren konnten, und welche Dinge Sie womöglich ablenkten.

Wenn Sie Ihren Körper achtsam in verschiedene Positionen bringen, können Sie die damit verbundenen Gefühle, Empfindungen und Gedanken erleben. Üben Sie, die Haltung Ihres Körpers und alle begleitenden Gedanken, Emotionen oder physischen Empfindungen wahrzunehmen; das ist eine sehr gute Möglichkeit, mit der Gegenwart in Kontakt zu kommen und Ihr inneres Erleben in jedem Augenblick bewusster wahrzunehmen.

Auf das Erleben der äußeren Welt achten

Wenn Sie überfordert sind, erleben Sie vielleicht, dass Ihre Gedanken nicht vollständig auf das gerichtet sind, was Sie körperlich tun und wahrnehmen. In diesen Phasen passiert es Ihnen möglicherweise häufiger, dass Sie aus Unachtsamkeit Dinge kaputt machen oder etwas verschütten, beim Autofahren nicht merken, wie Sie von einem Ort zum anderen gelangen, oder bei Ihren Aktivitäten hetzen.

Mithilfe der folgenden Übung können Sie geistig wieder mit den Dingen in Verbindung kommen, die Sie körperlich erfahren. Machen Sie diese Übung, wie die vorhergehende, die ersten Male etwa drei bis fünf Minuten lang. Nach einigen Versuchen können Sie die Übungszeit ausdehnen. Verwenden Sie während der Übung eine beliebige Methode der Zeitmessung, die für Sie gut passt. Falls Sie einen Wecker stellen möchten, tun Sie dies, bevor Sie mit der Übung beginnen. Für die Übung benötigen Sie einen Cracker (oder ein anderes geeignetes Lebensmittel).

Übung

Konzentriert einen Cracker essen

(1) Setzen Sie sich, mit einem Cracker in der Hand oder auf einem Teller oder auf einer Serviette vor Ihnen, bequem hin. Sie können auf einem bequemen Stuhl sitzen oder im Schneidersitz auf dem Boden.

(2) Richten Sie entweder den Blick auf den Cracker oder schließen Sie behutsam die Augen. Falls Sie die Augen geschlossen halten, sollten Sie den Cracker in die Hand nehmen, damit Sie während der Übung nicht danach tasten müssen.

(3) Lenken Sie Ihre Aufmerksamkeit auf den Cracker. Nehmen Sie den Cracker langsam in den Mund und beißen Sie davon ab. Achten Sie zunächst auf den Geschmack und die Textur des Crackers. Ist er salzig oder knusprig? Vielleicht hatten Sie bestimmte Erwartungen, wie der Cracker schmecken würde. Achten Sie darauf, wie der Cracker wirklich schmeckt, während Sie ihn langsam kauen.

(4) Beachten Sie jegliche körperliche Reaktion auf den Cracker. Entsteht Speichel im Mund? Grummelt Ihr Magen? Achten Sie darauf, was physisch in Ihrem Körper passiert.

(5) Nehmen Sie nun bewusst wahr, wie Sie den Cracker beurteilen. Ist der Geschmack angenehm, langweilig oder unangenehm? Ihre Vorlieben und Abneigungen entsprechen einem Urteil über den Cracker. Sie können feststellen, dass Sie da sind und dann die Aufmerksamkeit wieder auf den Akt lenken, den Cracker zu essen.

(6) Essen und der Akt des Essens kann für viele Menschen eine emotionale Erfahrung sein. Gestatten Sie sich, jede emotionale Reaktion bewusst wahrzunehmen, die das Cracker-Essen auslöst, oder Gefühle, die während des Essens aufkommen. Sollten Sie feststellen, dass Sie sich in Ihre Gefühle

verstricken, sollten Sie das zur Kenntnis nehmen und den Fokus wieder auf die physische Empfindung des Essens lenken.

(7) Wenn die Zeit um ist oder Sie mit der Übung fertig sind, sollten Sie daran denken, etwa eine Minute lang zu beobachten, wie Ihnen die Übung gelungen ist. Schreiben Sie kurz einen Satz oder einige Wörter darüber, wie gut Sie sich während der Übung konzentrieren konnten, und halten Sie jegliche Ablenkung fest, die Sie davon abbrachte.

Wenn Sie achtsamer werden, steigt Ihr Bewusstsein für die körperlichen, geistigen und emotionalen Erlebnisse, die Sie in jedem Augenblick haben. Essen gehört zu den zahlreichen Aktivitäten, die Menschen häufig unachtsam durchführen. Wenn Sie lernen, sich dieser oder anderen alltäglichen Aktivitäten achtsam zu widmen, kommen Sie enger mit allen Aspekten Ihres Lebens in Berührung und verbringen weniger Zeit im Autopilot-Modus.

Eigene Erfahrungen benennen

Bei dieser Übung hören Sie sich mit voller Aufmerksamkeit ein Musikstück an. Bei den ersten Versuchen mit dieser Übung ist es hilfreich, ein Musikstück zu wählen, das Sie emotional berührt (vielleicht reagieren Sie auf den Text oder die Stimmung oder Sie verbinden das Lied mit einem früheren Erlebnis).

Übung

Ein musikalisches Erlebnis beschreiben

Bei dieser Übung konzentrieren Sie sich darauf, Ihre Erfahrung in Worte zu fassen. Die Übung weist Sie an, verschiedene Aspekte der Musik zu beschreiben und wie Sie diese erleben. Sie können das im Stillen tun, leise für sich aussprechen oder in Ihr Tagebuch oder auf ein leeres Blatt Papier schreiben.

(1) Wenn Sie einen Wecker stellen möchten, tun Sie das jetzt und schalten Sie dann die Musik ein.

(2) Setzen Sie sich zunächst bequem hin. Wie bei den vorhergehenden Übungen können Sie auf einem bequemen Stuhl sitzen oder auf dem Boden im Schneidersitz.
(3) Schließen Sie die Augen oder suchen Sie sich einen bestimmten Punkt vor Ihnen, auf den Sie den Blick richten können. Falls Sie die Augen offen lassen möchten, sollten Sie den Blick auf einem Punkt ruhen lassen, um Ablenkungen gering zu halten.
(4) Hören Sie der Musik zu und beschreiben Sie für sich deren Merkmale. Sie können mit dem Genre beginnen (z. B. Country, Pop oder Klassik). Schenken Sie nun dem Klang der Instrumente Aufmerksamkeit und beschreiben Sie ihn; der Stimmlage des Sängers, wenn es einen gibt; dem Rhythmus; der Energie und der Stimmung des Liedes.
(5) Achten Sie auf Ihre körperliche Reaktion auf die Musik. Wünschen Sie sich, aufzustehen und dazu zu tanzen, auf und ab zu hüpfen, oder sich hinzulegen und zu entspannen? Ist Ihrem Körper danach, sich zu bewegen oder in Ruhe zu bleiben? Versuchen Sie, für die Wirkung der Musik auf Ihren Körper Worte zu finden und sie zu benennen.
(6) Gestatten Sie sich, jegliche emotionale Reaktion wahrzunehmen, die Sie auf die Musik haben, und beschreiben Sie diese. Benennen Sie möglichst die Emotion oder die Emotionen, die Sie erleben. Beschreiben Sie für sich alle Elemente der Musik, die eine emotionale Reaktion auslösen.
(7) Entwickeln Sie ein Gespür für alle Gedanken, die Sie haben. Benennen Sie diese Gedanken. Vielleicht handelt es sich um Erinnerungen an ein früheres Erlebnis oder um Fantasien. Beschreiben Sie den Inhalt Ihrer Gedanken.
(8) Bei dieser Übung verlieren Sie sich vielleicht in der Musik oder den Gefühlen oder Gedanken, die mit der Musik zusammenhängen. Wenn Ihre Aufmerksamkeit abschweift, stellen Sie einfach fest, dass Sie abgelenkt wurden und fokussieren Sie wieder auf die Musik. Wenn Ihnen Urteile über Ihre Fähigkeit aufgefallen sind, die Erfahrung in Worte

zu fassen, markieren Sie diese in Gedanken als »Urteile« und lassen Sie diese vorbeiziehen. Falls Sie sich in Urteilen verlieren, richten Sie Ihren Geist wieder auf die Musik.

(9) Wenn der Wecker klingelt oder das Lied zu Ende ist, denken Sie daran, etwa eine Minute lang zu beobachten, wie Ihnen die Übung gelang. Schreiben Sie kurz einen Satz oder einige Wörter darüber, wie gut Sie sich während der Übung konzentrieren konnten, und halten Sie jegliche Ablenkung fest, die Sie davon abbrachte.

Sie können diese Übung auf eine Reihe alltäglicher Umstände übertragen – wenn Sie beispielsweise einem Gespräch zuhören oder in einer Besprechung in der Arbeit sind. Die Fähigkeit, Ihre Gedanken, Emotionen und Erfahrungen zu beschreiben und zu benennen, unterstützt Sie dabei, diese zu verstehen, und kann emotionale Reaktivität abschwächen. Die *Neuronale fMRT* (funktionelle Magnetresonanztomographie; angewandt, um die wechselnde Durchblutung im Gehirn im Zusammenhang mit neuronaler Aktivität zu erkennen) weist darauf hin, dass ein solches Benennen die Emotionsregulation im Gehirn verbessert und schmerzhafte Emotionen wie Wut, Angst und Furcht mindert (Creswell et al., 2007). Stress erhöht sich, wenn Sie das Gefühl haben, außer Kontrolle und überfordert zu sein. Eine Erfahrung einfach in Worte zu fassen, kann die Selbstwirksamkeit erhöhen und intensive Emotionen abbauen, die übermächtig sein können und möglicherweise zu Ihrer Stressbelastung beitragen.

6.4 Achtsamkeit im Alltag

Achtsamkeit wird eher als eine bestimmte Art des Seins gelehrt, denn als Technik, um ein Ziel zu erreichen. Als bestimmte Art des Seins soll sie zu einem Bestandteil Ihres Alltagslebens werden. Die zielgerichteten Achtsamkeitsübungen in diesem Kapitel dienen als Grundlage, um die Praxis der Achtsamkeit in das tägliche Leben einzugliedern. Die durch Stress ausgelösten verstärkten Emotionen und physischen Symptome behindern viele Menschen in Ihrer Fähigkeit, sich zu entspannen, mit anderen in Kontakt zu treten und ungesunde Bewältigungsmechanismen und Gewohnheiten loszulassen. Es folgen einige Vorschläge, um mehr achtsame Bewusstheit in Bereiche Ihres Alltags einzubauen, die infolge von Stress beeinträchtigt sein könnten. Sie können diese Strategien nutzen, um sich die Phasen von Anspannung und Stress bewusst zu machen und sie besser in den Griff zu bekommen.

Gewohnheiten ändern, die Ihnen schaden

Um gewohnheitsmäßige Handlungen und Reaktionen zu verändern, müssen Sie lernen, den Vorgängen in Ihrer Umwelt und in Ihrem Inneren Aufmerksamkeit zu widmen. Achtsamkeit lehrt Sie, das eigene Verhalten, Ihre Gedanken und Emotionen wahrzunehmen und zu benennen. Das ist notwendig, wenn Sie neue Verhaltensweisen lernen oder alte Gewohnheiten verändern.

Folgende Vorschläge zur Achtsamkeit sollen Ihnen erleichtern, gewohnte Verhaltensmuster zu verändern:

- *Bauen Sie »Mini-Achtsamkeits-Meditationen«* (von jeweils ca. zwei bis fünf Minuten Dauer) *in Ihren Tagesablauf ein* (überlegen Sie, diese Art Meditationen alle 90 Minuten zu üben).
- *Praktizieren Sie kurze Atemübungen.* Widmen Sie sich Routineaktivitäten mit Achtsamkeit. Achten Sie in diesen Augenblicken auf Ihre Gefühle, Gedanken und Verhaltensweisen.
- *Richten Sie die Aufmerksamkeit mehrmals im Laufe des Tages auf Ihre Körperhaltung.* Achten Sie darauf, wie Sie Ihren Körper halten und welche Gefühle mit dieser Position verbunden sind. Es ist nicht notwendig, Ihre Haltung oder Ihre Emotionen zu verändern; nehmen Sie sie einfach bewusster wahr.
- *Üben Sie sich darin, Ihre Gedanken und Ihre Aufmerksamkeit auf Ihre Handlungen zu richten.* Wenn Sie gehen, tun Sie das bewusst. Wenn Sie sitzen, tun Sie auch das bewusst. Seien Sie sich der Emotionen und Gedanken bewusst, die Sie von der aktuellen Tätigkeit ablenken, und richten Sie Ihren Geist wieder auf das, was Sie in diesem Augenblick tun.
- *Wenn im Laufe des Tages ein Gefühl auftritt, nehmen Sie es bewusst zur Kenntnis.*

- *Stellen Sie sich Ihre Emotionen als Wellen im Meer vor* (Linehan, 1993b). Versuchen Sie nicht, ihnen zu entkommen, und kämpfen Sie nicht gegen sie an. Bemerken und würdigen Sie Ihre Gefühle und nehmen Sie bewusst wahr, wie sie Ihren Geist wieder verlassen. Nehmen Sie zur Kenntnis, wie sie manchmal hereinbrechen und sich zu anderen Zeiten zurückziehen, wie eine Welle, ohne die Notwendigkeit, dass Sie selbst etwas tun.
- *Üben Sie, Ihre Handlungsimpulse* (beispielsweise Ungesundes zu naschen) *zu beobachten und wahrzunehmen, wie die Dränge im Laufe der Zeit kommen und gehen.* Versuchen Sie nicht, gegen den Drang anzukämpfen; verfolgen Sie nur, wie die Stärke des Drangs im Tagesverlauf ansteigt und wieder abebbt.

Arbeit

Achtsamkeit kann Ihr Arbeitsumfeld auf verschiedene Weise verbessern. Achtsamkeit in eine Tätigkeit zu integrieren, kann bei stressbedingten Arbeitsbelastungen helfen, wie beispielsweise Versagensängsten, übermäßige Sorgen über unerwartete Ereignisse, dem Druck, zahlreiche Aufgaben auf einmal zu erledigen, und eingefahrenen Reaktionen auf Probleme.

Das Arbeitsumfeld verlangt vielen Menschen eine Reihe sehr spezieller, hoch entwickelter Fertigkeiten ab. Der Arbeit eine nicht wertende anhaltende Aufmerksamkeit entgegenzubringen, kann die Fähigkeit verbessern, Fertigkeiten zu beherrschen und Aufgaben zu erfüllen, was den Arbeitsstress verringern, ein Burnout abschwächen und Ihnen ermöglichen kann, wirkungsvoller auf Arbeitsprobleme zu reagieren.

Es folgen einige Vorschläge zur Achtsamkeit bei der Arbeit:

- *Strukturieren Sie Ihren Arbeitstag, um weniger häufig zwischen verschiedenen Tätigkeiten wechseln zu müssen.* Das kann zum Beispiel bedeuten, Zeitblöcke für die Durchsicht von E-Mails einzuplanen, anstatt jede E-Mail gleich zu beantworten, wenn sie ankommt, Anrufe nur zu bestimmten Zeiten anzunehmen und auf sie zu reagieren oder Zeit zu reservieren, um eine Aufgabe abzuschließen, bevor Sie eine andere beginnen.
- *Praktizieren Sie achtsames Atmen, um Konzentration und Aufmerksamkeit zu erhöhen, bevor Sie einen Anruf entgegennehmen*

oder in eine Besprechung gehen. Stellen Sie störende Geräte ab, wie beispielsweise Mobiltelefone und Laptops, und richten Sie Ihre volle Aufmerksamkeit auf die Besprechung oder den Anruf.

- *Nehmen Sie Unterbrechungen im Laufe des Tages bewusst zur Kenntnis und üben Sie, eine Wahl zu treffen: Bleiben Sie entweder auf die ursprüngliche Aufgabe konzentriert oder gestatten Sie sich, Ihre ganze Aufmerksamkeit von der ursprünglichen Aufgabe auf die Quelle der Unterbrechung zu verlagern.*
- *Planen Sie Zeiten für Mini-Achtsamkeits-Pausen ein und konzentrieren Sie sich dabei auf die Atmung oder wenden Sie sich körperlichen Empfindungen und Gefühlen zu.* Nutzen Sie diese Zeiten, um sich zu beruhigen und Ihre Mitte zu finden, bevor Sie wieder die Arbeit aufnehmen.
- *Nehmen Sie sich nach Ihrem Arbeitstag fünf Minuten Zeit, um über den Tag nachzudenken und merken Sie sich, wann Ablenkungen und Unterbrechungen Sie von sehr wichtigen Aufgaben abbrachten.* Nutzen Sie diese Informationen über das, was Sie von wichtigen Aufgaben ablenkte, um Veränderungen dahingehend vorzunehmen, jene Ablenkungen und Unterbrechungen abzubauen.
- *Achten Sie darauf, wann tägliche Ärgernisse in der Arbeit Ihre Ziele negativ beeinflussen und intensive Emotionen auslösen.* Üben Sie, den Zustand der »inneren Weisheit« zu aktivieren und entwickeln Sie dazu ein Gespür für Handlungsdränge – beispielsweise den Drang, unüberlegte Entscheidungen zu treffen, automatisch Urteile zu fällen oder defensiv zu reagieren. Konzentrieren Sie sich darauf, überzogene Emotionen loszulassen und das zu tun, was in einer bestimmten Situation Erfolg verspricht, was bedeuten könnte, die Taktik zu ändern oder unnötige Konflikte zu vermeiden.

Schlaf

Sorgenvolle Gedanken und Grübeln sind typische Merkmale der Stressreaktionen, die zu Schlafproblemen führen können. Es gibt Beweise, dass ein vermehrtes Üben von Achtsamkeit mit besserem Schlaf und weniger schlafstörenden Stresssymptomen, wie Sorgen, verbunden ist (Winbush et al., 2007).

Folgende Achtsamkeitsübungen helfen, den Schlaf zu verbessern:

- *Erweitern Sie das Bewusstsein für andere Faktoren im Laufe des Tages, die Ihre Fähigkeit zu schlafen beeinflussen können.* Planen Sie zwei bis drei Zeitpunkte für Mini-Achtsamkeitsübungen in Ihren Tagesablauf ein.
- *Achten Sie auf Störungen, wie körperliche Schmerzen, Muskelanspannung, Essgewohnheiten und das Bedürfnis nach Bewegung, die alle den Schlaf beeinträchtigen können.*
- *Führen Sie die Routine vor dem Zubettgehen achtsam aus.* Schlafstörungen sind häufig das Ergebnis schlechter Schlafgewohnheiten – z. B. im Bett fernsehen, schwere Mahlzeiten kurz vor dem Schlafengehen zu sich nehmen, den Computer mit in das Bett nehmen und das Bett als Büro nutzen. Diese Aktivitäten reizen am späten Abend stark und stören den Schlaf.
- *Achten Sie einige Nächte lang auf den Inhalt der Sorgen und Gedanken, die Sie vom Schlafen abhalten.* Nächtliche Sorgen beziehen sich bei vielen Menschen darauf, Probleme vorherzusehen und Pläne für den nächsten Tag zu machen. Falls Sie bei der Beobachtung Ihrer Gedanken feststellen, dass das auch für Sie zutrifft, ist es vielleicht hilfreich, früher im Tagesablauf Zeit einzuplanen, um sich ganz auf Planungen zu konzentrieren. Nehmen Sie sich zu einem frühen Zeitpunkt – sagen wir, am frühen Abend – zehn bis fünfzehn Minuten Zeit und richten Sie die volle Aufmerksamkeit darauf, mögliche Stressoren vorauszusehen und die Aktivitäten des folgenden Tages zu planen. Am Ende dieser Planungsphase können Sie alle Handlungen aufschreiben, die am nächsten Morgen oder im Laufe des nächsten Tages anstehen. Nehmen Sie danach auftretende sorgenvolle Gedanken bewusst wahr und lassen Sie zu, dass sie vorbeiziehen.
- *Üben Sie vor dem Schlafen achtsames Atmen.*
- *Nehmen Sie im Körper bewusst jegliche Spannungen wahr, die sich im Laufe des Tages aufgebaut haben.*
- *Konzentrieren Sie sich darauf, die Muskeln in den verschieden Körperbereichen zu entspannen.*

In Beziehungen

Achtsamkeit kann in zwischenmenschlichen Beziehungen größere Bewusstheit, Verbundenheit und Akzeptanz fördern. Die eigenen Skills zur Bewältigung von Stress zu steigern, verbessert die Qualität Ihrer Beziehungen.

Es folgen einige Vorschläge zur Achtsamkeit in Beziehungen:

- *Praktizieren Sie vor wichtigen Begegnungen achtsames Atmen und das bewusste Wahrnehmen Ihrer Körperhaltung, Ihrer Gedanken und Emotionen.*
- *Konzentrieren Sie Ihre volle Aufmerksamkeit darauf, der anderen Person zuzuhören, ohne sich in eigenen Gedanken oder emotionalen Reaktionen darauf zu verfangen, was sie sagt.*
- *Lassen Sie sich von Ihrer »inneren Weisheit« leiten.* Achten Sie beispielsweise auf tägliche Stressoren, wie kaputte Haushaltsgeräte oder Stau, die intensive emotionale Reaktionen hervorrufen. Nehmen Sie wahr, ob diese Emotionen Sie eher dazu führen, anderen gegenüber impulsiv zu handeln und das später möglicherweise zu bereuen, wie beispielsweise jemanden anschreien, beschuldigen oder beleidigen.
- *Widmen Sie sich im Umgang mit den Menschen in Ihrem Leben ganz der Aktivität im gegenwärtigen Augenblick.* Lassen Sie sich im Handeln und Denken vollkommen darauf ein, mit anderen zusammen zu sein. Legen Sie Ablenkungen wie Mobiltelefone und anderes elektronisches Spielzeug weg. Richten Sie Ihre Gedanken wieder auf die aktuelle Aktivität, wenn Sie feststellen, dass Ihr Geist zu Sorgen oder anderen Gedanken wandert.
- *Achten Sie darauf, die Probleme oder Kämpfe anderer Menschen nachzuempfinden und zu würdigen.*
- *Konzentrieren Sie sich auf die freudigen Aspekte daran, sich mit anderen auszutauschen.*
- *Achten Sie auf das, was andere Menschen zu Ihrem Leben beitragen.*

Zusammenfassung

Die Praxis der Achtsamkeit kann den Einfluss von Stress auf Ihr körperliches und geistiges Wohlbefinden und auch auf andere Aspekte ihres Lebens abschwächen, darunter problematische Gewohnheiten, die Schlafqualität, die Arbeitsleistung und Ihre Beziehungen. Achtsamkeitspraxis kann das Bewusstsein für Gefühle verbessern, sodass Sie Gedanken und Gefühle, die kommen und gehen, ohne Sorge oder Grübeln zulassen können. Dieses Kapitel betonte die Merkmale der Aufmerksamkeit, die zur Praxis der Achtsamkeit gehören, und konzentrierte sich auf Übungen, die Achtsamkeit in Ihren Alltag bringen sollen. Diese Praxis der Achtsamkeit kann Ihnen dabei helfen, Ihre Gedanken zu fokussieren, physische Empfindungen von Stress besser wahrzunehmen und darauf zu reagieren sowie absichtsvoll zu handeln, anstatt automatisch oder aus Gewohnheit.

7 Emotionales Leid abschwächen

Stress gehört für alle Menschen zum Leben. Sogar, wenn Sie Ihr Leben radikal ändern, können Sie Stress nicht vollständig davon fernhalten.

Die DBT vermittelt jedoch, dass Sie Stress und schmerzhafte, stressbedingte Emotionen ausgleichen können, wenn Sie mehr positive Erfahrungen und positive Emotionen in Ihr Leben integrieren (Linehan, 1993b). Der Fokus dieses Kapitels liegt darauf, extremen Stress zu reduzieren, indem Sie Freude steigern, Stress und stressbedingte Emotionen einfach loslassen und durch eine aktive Lebensgestaltung die Anfälligkeit für Stress mindern.

7.1 Freude steigern

Viele Menschen haben den Eindruck, ihren Umständen ausgeliefert zu sein. Wenn das Leben von Stress bestimmt ist, geraten Sie in einen Kreislauf stressreicher Ereignisse und übermächtiger stressbedingter Emotionen. Regelmäßig Auseinandersetzung und Druck zu erleben, führt dazu, dass Sie regelmäßig Emotionen wie Wut, Frustration und auch Angst erfahren.

Um das Ausmaß an erlebtem Stress zu verringern und Freude und Vergnügen in Ihrem Leben zu steigern, ist ein Verständnis davon hilfreich, wie diese im Gehirn entstehen. Stress und Freude erscheinen vielleicht wie gegensätzliche Pole, tatsächlich sind sie im Gehirn jedoch eng miteinander verbunden. Dopamin – eine chemische Substanz, die Nervenimpulse im Gehirn entlang der Synapsen übermittelt – spielt eine wichtige Rolle bei der Erfahrung von Freude. Und interessanterweise steht es auch in Zusammenhang mit einer akuten Stressreaktion.

Auch wenn es widersprüchlich erscheint, lösen Stresshormone die Ausschüttung von Dopamin aus Nervenbahnen aus, die für angenehme Erfahrungen verantwortlich sind. Das bedeutet, dass Stress zu einem gewissen Maß eine angenehme Reaktion auslöst.

Wie kann Stress, der Sie schwächen und Ihnen Leid verursachen kann, mit der Erfahrung von Freude verbunden sein? Wenn Sie einen mäßigen Anstieg von Stresshormonen erleben – wenn Sie sehen, dass Sie eine E-Mail von einem möglichen künftigen Arbeitgeber nach einem Vorstellungsgespräch erhalten haben, das Ihrer Meinung nach gut gelang – dann könnten Sie zu einem gewissen Grad Stress empfinden, aber auch Vorfreude in der Hoffnung, dass die E-Mail gute Nachrichten enthält. Wenn der Stress verhältnismäßig kurz andauert, wie in diesem Fall, und Sie nur die E-Mail öffnen müssen, wird die größte Menge an Dopamin im Gehirn freigesetzt. Aufgrund der Freisetzung von Dopamin erleben Sie dieses bestimmte stressvolle Ereignis eher als aufregend oder erfreulich und nicht als quälend (Sapolsky, 2004).

Ernster und lang andauernder Stress dagegen – beispielsweise Wochen oder Monate lang auf Nachricht hinsichtlich einer möglichen künftigen Arbeitsstelle zu warten – wird die Dopaminreserven aufbrauchen und dazu führen, dass Sie Freude und Glück weniger gut erleben können. Kurzer und mäßiger Stress kann Ihnen einen Energieschub geben und Sie anregen. Lang andauernder Stress macht Sie traurig oder depressiv.

Die Stärke der Nervenbahnen für angenehmes Erleben im Gehirn ist veränderlich, wobei die Bahnen sich verstärken, wenn sie häufiger genutzt werden. Wie ein Fußweg im Wald, der leichter zu gehen ist, je öfter er benutzt wird, leiten diese neuronalen Pfade Neurotransmitter, in diesem Fall Dopamin, besser weiter, wenn Sie häufiger genutzt werden.

Wenn Sie Situationen schaffen, die Gefühle von Freude und Glück hervorrufen, stärken Sie die Bahnen im Gehirn, die mit dem Erleben von Freude zusammenhängen. Sie können aktiv für positive Ereignisse in Ihrem Leben sorgen und, mit der Zeit, positiv beeinflussen, wie leicht Sie Freude erleben können.

Um das Erleben von Freude zu steigern, schlagen Strategien der DBT vor, das zu tun, was Ihnen gefällt, Ziele zu setzen und diese zu verfolgen, zwischenmenschliche Kontakte zu pflegen, positiv zu denken und Sorgen loszulassen (Linehan, 1993b).

Tun Sie das, was Ihnen gefällt

Unterschätzen Sie nicht den Einfluss, den einige wenige positive Erfahrungen auf das Ausmaß Ihres Stresses haben. Aktivitäten, die Ihnen gefallen, können Sie entspannen, zufriedenstellen, beschwingen oder anregen. Das Dopamin, das im Gehirn während beschwingender Aktivitäten freigesetzt wird, wie Achterbahn fahren, Trampolin springen oder Eislaufen, kann Sie aufgeregt oder glücklich machen. Bowlen, einen Sonnenuntergang betrachten und das Haus mit Blumen zu verschönern sind Beispiele für Aktivitäten, die befriedigend und erfreulich sein können.

Hier folgen einige Vorschläge, um das zu tun, was Ihnen gefällt:

- *Um die Nervenbahnen für angenehmes Erleben zu stärken, planen Sie mindestens eine Aktivität pro Tag, durch die Sie sich gut fühlen.* Das könnte zum Beispiel sein, einen Freund anzurufen, Musik zu hören, Sport zu treiben, Schokolade oder etwas anderes zu essen, das Sie gern mögen, Kerzen anzuzünden, einen Film zu sehen, spazieren zu gehen, ein Buch oder eine Zeitschrift zu lesen oder allein zu sein.
- *Planen Sie angenehme Aktivitäten als Belohnungen, auf die Sie sich freuen können.* Planen Sie beispielsweise, nach harter Arbeit und Teilerfolgen zu feiern.
- *Wenn Sie schon lange keine richtige Freude mehr empfunden haben, denken Sie an Momente in Ihrem Leben zurück, die Sie als spannend und aufregend erlebten.* Vielleicht müssen Sie bis in Ihre Kindheit zurückgehen, um diese Augenblicke zu identifizieren. Planen und verpflichten Sie sich dazu, mindestens einer dieser spannenden und aufregenden Aktivitäten nachzugehen.

Ziele setzen

Freude entsteht aus der Vorfreude auf Belohnungen und aus Erwartung, Vertrauen und dem Gefühl, etwas gut zu können. Veränderungen des Dopaminspiegels im Gehirn können einfach dadurch entstehen, sich ein positives Ziel zu setzen und daran zu arbeiten. Wenn Sie davon ausgehen, dass die harte Arbeit belohnt wird, können Sie sowohl bei der Erwartung als auch bei der Vollendung der Aufgabe Freude empfinden (Sapolsky, 2004).

Nachfolgend einige Vorschläge, um sich Ziele zu setzen, die Freude und Vergnügen erhöhen und Stress abbauen:

- *Identifizieren Sie Ihre Ziele.* Identifizieren Sie die Ziele, die Ihr Leben verbessern und die es positiv bereichern, wenn Sie sie erreichen.
- *Bestimmen Sie langfristig positive Ergebnisse.* Stellen Sie sicher, dass sich langfristig positive Ergebnisse einstellen, wenn Sie Ihr Ziel erreichen, wie beispielsweise ein besserer Lebensstandard, ein besserer Gesundheitszustand oder engere Beziehungen zu anderen.
- *Sorgen Sie für Erfolgserlebnisse.* Alle Ziele enthalten ein Element des Kontrollverlusts, da Sie nicht sicher wissen, ob Sie sie erreichen können. Ziele, die Sie eher erreichen – und die folglich weniger Unsicherheit beinhalten – erhöhen mit größerer Wahrscheinlichkeit Ihr Glücksgefühl, anstatt Stress durch den Druck zu erzeugen, das Ziel erreichen zu müssen. Wenn Ihr Ziel beispielsweise darin besteht, sich beruflich zu verändern, können Sie Rat und Orientierung von Karriereberatern und Fachleuten auf dem angestrebten Gebiet einholen, um Unsicherheit zu minimieren und Ihre Erfolgschancen zu erhöhen.
- *Setzen Sie kurzfristig Veränderungen um, die langfristig Ergebnisse erzielen.* Ein gewisser Mangel an Kontrolle ist angenehm, wenn er nur kurz anhält, während ein lang andauernder Mangel an Kontrolle belastet. Kleine Ziele, die Sie vermutlich vergleichsweise schnell erreichen, begrenzen die Erfahrung von Angst und das Gefühl, die Situation nicht im Griff zu haben. Nehmen Sie täglich und wöchentlich Ziele in Angriff, die Ihnen ein Erfolgsgefühl verschaffen und Sie auf die größere Zielsetzung hinarbeiten lassen. Bei dem Beispiel einer beruflichen Veränderung werden kurzfristige Fortschritte deutlich, wenn Sie erreichbare wöchentliche Ziele festlegen, beispielsweise Kontakte zu pflegen und neue aufzubauen, sich entsprechend weiterzubilden oder Ihre Bewerbungsunterlagen zu aktualisieren. Das sorgt für mehr Energie anstelle von Stress.

- *Planen Sie kleine Schritte für den Alltag.* Sie werden Ziele viel besser erreichen, wenn Sie kleine Schritte umsetzen, die sich leicht in Ihren Alltag einbauen lassen. Ein Ziel ist schwerer zu erreichen, wenn es von Ihnen verlangt, wesentliche Aspekte der täglichen Routine komplett umzubauen, wodurch auch die Sicherheit abnimmt, es überhaupt zu erreichen. Das erhöht die Wahrscheinlichkeit, dass das Ziel mit Stress, und nicht mit Freude verbunden ist.
- *Beurteilen Sie fortlaufend Ihre Fortschritte.* Blicken Sie gelegentlich auf Ihre wöchentlichen Ziele zurück. Erreichen Sie diese? Und kommen Sie den größeren Zielen näher, wenn Sie die wöchentlichen Ziele erreichen? Wenn Sie Erfolge beurteilen, können Sie von Teilerfolgen profitieren. Und wenn Sie sich im Kreis drehen, können Sie erneut überlegen, wie Sie Ihr Ziel erreichen möchten.

Die Bindung zu Freunden und Familie

In Kapitel 5 erörterte ich die wichtige Rolle, die Beziehungen dabei spielen, Stress abzubauen. Das Bedürfnis dazuzugehören, ist ein mächtiger und fundamentaler menschlicher Antrieb und starke, dauerhafte Beziehungen aufzubauen, wirkt sich positiv auf die Stimmung aus (Baumeister & Leary, 1995). Individuelle und kulturelle Unterschiede prägen, was genau in einer Beziehung zu Glücksgefühlen beiträgt. Um glücklich zu sein, benötigen Menschen jedoch im Allgemeinen regelmäßige, angenehme Interaktionen mit wenigen anderen Menschen, die an Ihrem Wohlergehen interessiert sind.

Folgende Vorschläge können Glücksgefühle durch Nähe zu anderen steigern:

- *Schenken Sie Freunden und geliebten Menschen Aufmerksamkeit.* Konzentrieren Sie sich darauf, freundlich, einfühlsam und unvoreingenommen zu sein. Hören Sie zu, wenn es anderen schlecht geht.
- *Entwickeln Sie Interesse für die Aktivitäten von Freunden und geliebten Menschen.*
- *Äußern Sie Dankbarkeit.* Dankbarkeit zu äußern verbessert Ihre Beziehungen, weil Sie die positive Haltung anderer Menschen Ihnen gegenüber verbessern. Eine Studie legt nahe, dass das wiederum dazu führt, dass eine Person sich mehr für das lang-

fristige Bestehen der Beziehung zu Ihnen einsetzt. Der andere fühlt sich auch wohler dabei, Belange der Beziehung zur Sprache zu bringen, was maßgeblich zum Wohlergehen einer Beziehung beiträgt (Lambert & Fincham, 2011).

Positiv denken

In Kapitel 2 thematisierte ich den Einfluss des Denkens auf Ihr Stresserleben und die Intensität stressbedingter Emotionen. Ihre Interpretation von Ereignissen (z. B. sie als herausfordernd zu betrachten und Probleme als unüberwindbar zu sehen) löst die Stressreaktion des Körpers aus. Die negativen Aspekte schwieriger Umstände zu ignorieren, kann deren Leugnung und langfristig Leid zur Folge haben. Wenn Sie jedoch häufig nur die schwierigen und negativen Aspekte Ihres Lebens in den Blick nehmen, kann das ähnlich negative emotionale Konsequenzen haben.

Negative Emotionen dauern nur einige Sekunden, doch die Dinge zu überdenken und in den Mittelpunkt zu stellen, die Ihnen Sorgen machen, kann diese Emotionen viel länger wachhalten. Falls Sie sich tendenziell eher auf das Negative konzentrieren, sollten Sie sich bewusst darum bemühen, wieder die positiven Aspekte stressvoller Umstände und die positiven Ereignisse in Ihrem Leben in den Blick zu nehmen.

Im Folgenden lesen Sie einige Vorschläge dazu, positiv zu denken:

- *Erinnern Sie sich an das, was Sie heute oder diese Woche zum Lächeln oder Lachen brachte oder ein Gefühl der Ruhe erzeugte.*
- *Rufen Sie sich die möglichen positiven Folgen Ihrer Umstände wieder ins Bewusstsein.*
- *Denken Sie daran, dass mit Krisen und Veränderungen normalerweise auch Gelegenheiten einhergehen.* Denken Sie darüber nach, inwiefern Ihre gegenwärtigen Umstände eine Möglichkeit für positiven Wandel darstellen könnten.
- *Nehmen Sie sich einige Minuten Zeit und lassen Sie positive Augenblicke in Ihrem Leben wiederaufleben.* Gestatten Sie sich, ein gutes Gespräch gedanklich noch einmal durchzuspielen oder stellen Sie sich vor, was genau geschah, und empfinden Sie die guten Gefühle dabei dann noch einmal.

Sorgen loslassen

Sorgen gehören zu den häufigsten Symptomen von Stress. Sich Sorgen zu machen kann das Stressniveau erhöhen und das Stresserleben aufrechterhalten. Jedes Mal, wenn Sie durch Ihre Sorgen ein künftiges stressvolles Ereignis vorhersehen, lösen Sie die körperliche Stressreaktion aus.

Die Achtsamkeitsübungen, die Sie in Kapitel 6 lernten, sind besonders hilfreich, um Sorgen loszulassen. Sie können mit ihrer Hilfe bewusster wahrnehmen, wann Sie sich Sorgen machen und Kontrolle über Ihr Denken gewinnen, sodass Sie nicht in sorgenvollen Gedanken steckenbleiben.

Folgende Vorschläge helfen Ihnen, Sorgen loszulassen:

- *Falls Sie bemerken, dass Sie sich Sorgen machen, sollten Sie sich die Sorgen zunächst eingestehen.* Dann fordern Sie sich auf, sie loszulassen. Sie könnten in Gedanken formulieren: »Es lohnt nicht, sich Sorgen zu machen.«, oder einfach: »Lass los.«
- *Konzentrieren Sie sich erneut auf die positiven Aspekte in Ihrem Leben und die Ziele, die Sie sich gesetzt haben.*
- *Atmen Sie langsam ein und aus, wann immer Sie feststellen, dass Sie sich Sorgen machen.* Wiederholen Sie das mehrmals, bis sich auch Ihre Gedanken beruhigt haben.
- *Blicken Sie aus dem Fenster, auf ein Bild an der Wand oder auf etwas anderes, das verhältnismäßig unbewegt ist.* Richten Sie die Aufmerksamkeit auf Anteile Ihrer Erfahrung, die Sie normalerweise ignorieren. Achten Sie auf die Zwischenräume Ihrer Finger. Spüren Sie die Füße auf dem Boden und den Rücken an der Stuhllehne. Widmen Sie sich aktiven Achtsamkeitsübungen, die Ihre volle Aufmerksamkeit fordern. Probieren Sie Übungen aus wie die Ballonatmung, Gehen und dabei ein Mantra sprechen oder die Übung »Luft« (alle aus Kap. 3). Vertiefen Sie sich vollkommen in die Aktivität des gegenwärtigen Augenblicks. Was immer Sie tun, tun Sie es mit voller Aufmerksamkeit.

Stress loslassen

Wenn Sie gestresst sind, passiert es leicht, sich in schmerzhaften Emotionen zu verstricken, die durch stressvolle Umstände ausgelöst wurden. Sie könnten sich abgelehnt fühlen und sich in Einsamkeit und Verzweiflung hineinsteigern oder sich beleidigt fühlen und in Gedanken von Wut und Vergeltung feststecken.

Um einem Kreislauf negativer Gefühle zu entkommen, ist es manchmal am wirksamsten, sich einfach darauf zu konzentrieren, diese Emotionen loszulassen. Um stressbedingte Emotionen loszulassen, müssen Sie zunächst zulassen, Sie bewusst anzunehmen.

Übung

Schmerzhafte Emotionen loslassen

Das Ziel dieser Übung besteht darin, unangenehme Gefühle – wie Wut, Angst und Furcht, die häufig ein Teil der Stressreaktion sind – zu würdigen und zuzulassen, dass sie vorbeigehen. Anstatt in einem Kreislauf intensiver Gefühle gefangen zu bleiben, erkennen Sie die innere Erfahrung eines unangenehmen Gefühls an, setzen sich ihm aus und lassen es dann los.

(1) Suchen Sie eine ruhige Phase, in der Sie etwa fünf bis zehn Minuten ungestört sein werden. Bleiben Sie still sitzen und lenken Sie die Aufmerksamkeit auf Ihre Gefühle. Achten Sie darauf, welches Gefühl Sie gerade beherrscht.

(2) Betrachten Sie Ihre Emotion. Es ist nicht notwendig, etwas zu tun. Erleben Sie innerlich sowohl die Gedanken als auch die körperlichen Auswirkungen Ihrer Emotion.

(3) Versuchen Sie nicht, die Emotion wegzuschieben. Begrüßen Sie die Emotion. Sie sollten sie als Reisende betrachten, die an Ihre Tür gekommen ist. Laden Sie die Emotion in Gedanken ein, bei Ihnen zu bleiben.

(4) Es mag kontraproduktiv erscheinen, sich einer Emotion auszusetzen und sie willkommen zu heißen, die Sie eigentlich loswerden möchten. Doch der Akt, sich der Emotion achtsam zuzuwenden, hilft Ihnen, eine gewisse Distanz zu schaffen. Es gestattet Ihnen, bei Ihrer Emotion zu bleiben, ohne auf sie zu reagieren.

(5) Benennen Sie Ihre Emotion. Nehmen Sie die Emotion bewusst wahr, in der Sie feststecken, und benennen Sie diese. Sie könnten sich beispielsweise sagen: »Ich fühle mich wütend

oder aufgebracht oder ängstlich.« Die körperliche und geistige Erfahrung der Emotion anzuerkennen, kann Ihnen dabei helfen, einen Namen für das zu finden, was Sie spüren. Wenn es Ihnen schwer fällt, das Gefühl zu benennen, ist ein Blick auf die Tabelle 1.1 »Zusammenhängende Emotionen« vielleicht hilfreich.

(6) Schätzen Sie die Emotion wert. Betrachten Sie Ihre Emotionen als Helfer, die Sie über die Welt informieren und Sie motivieren, das zu tun, was notwendig ist. Atmen Sie und stellen Sie sich dabei vor, dass Ihre Emotionen Sie dabei unterstützen, die Welt um Sie und Ihre inneren Erfahrungen zu begreifen. Wenden Sie sich der Emotion zu und sagen Sie zu sich: »Ich atme ein und ich bin dankbar für die Wut.« (oder jede andere Emotion, die Sie erleben) und: »Ich atme aus und ich schätze die Hilfe der Wut.«.

(7) Konzentrieren Sie sich darauf, Ihre Gefühle loszulassen. Verändern Sie nun den Satz und sagen Sie sich nicht: »Ich atme aus und ich schätze die Hilfe [des Gefühls].«, sondern: »Ich atme aus und lasse meine Wut [oder ein anderes Gefühl] los.« Wenn Sie sich der Gedanken bewusst werden, die die Emotion in Gang setzen und verstärken – und der physischen Veränderungen in Ihrem Körper, die mit der Erfahrung der Emotion verbunden sind –, sollten Sie die Gedanken anerkennen und sie vorbeiziehen lassen, ohne sich aktiv den Gedanken zu widmen oder auf die physische Erfahrung zu reagieren.

(8) Erlauben Sie der Emotion, vorbeizugehen. Beobachten Sie, wie im Laufe der Zeit eine Emotion vergeht und eine andere auftaucht. Lassen Sie die Gedanken und Handlungen los, die das unangenehme Gefühl erneut anstoßen würden. Erkennen Sie an, dass Sie das Gefühl hatten. Erkennen Sie Gedanken und physische Reaktionen an, die mit dem Gefühl verbunden sind, und lassen Sie diese vergehen. Sie könnten Sich sagen: »Ich erkenne wütende Gedanken an.«, oder: »Die Anspannung in meinem Kiefer ist mit dem Gefühl der Wut

verbunden.« Lassen Sie die Gedanken und Gefühle vorbeiziehen, ohne sich darauf einzulassen.

Dieser letzte Schritt könnte mehrere Wiederholungen erforderlich machen und sich Ihnen erst im Laufe der Zeit erschließen.

Indem Sie Ihre Gefühle anerkennen und bei ihnen bleiben, anstatt sie zu unterdrücken oder wegzuschieben, können Sie beginnen, sie zu verändern. Wenn Sie sie anerkennen und als Teil Ihres Lebens akzeptieren, ohne darauf zu reagieren, werden Sie erleben, dass Sie nicht länger in diesen Gefühlen feststecken oder von ihnen kontrolliert werden. Stattdessen werden Sie in der Lage sein, sie loszulassen.

7.2 Die Anfälligkeit für Stress verringern

Um mehr Freude in Ihr Leben zu bringen und den Einfluss stressvoller Umstände auf Ihre Funktionsfähigkeit abzuschwächen, ist es entscheidend, auf tägliche Gewohnheiten zu achten. Tägliche Aktivitäten und Routineabläufe können das Ausmaß und die Intensität von Stress, den Sie erleben, entweder erhöhen oder verringern. Mit der Zeit können Sie in Muster geraten, die Stress verschlimmern und Sie emotional reagieren lassen. Sie können jedoch auch einen Lebensstil pflegen, der die Fähigkeit verbessert, mit stressvollen Ereignissen umzugehen.

Gewohnheiten und Routinen in Ihrem Alltag können Sie anfälliger für Stress machen. Auf kurze Sicht mag die Tüte Chips oder die späte TV-Serie den Eindruck vermitteln, den Stress zu lindern. Doch auf lange Sicht erzeugen diese Dinge womöglich zusätzlichen Stress. Dieser Abschnitt nimmt spezielle Aktivitäten in den Blick, die der DBT zufolge Teil Ihres Lebens sind, und die Sie besser steuern können, um die Anfälligkeit für intensive Emotionen abzubauen (Linehan, 1993b).

Sorgen Sie für ausreichend Schlaf

Warum schlafen wir? Essen, Atmen und Schlafen sind elementare menschliche Triebe. Trotz unserer Kultur einer Verfügbarkeit rund um die Uhr können wir auf Schlaf nicht verzichten. Schlaf spielt eine Rolle dabei, Erinnerungen zu verschlüsseln und aufzunehmen, neue Informationen einzugliedern, kognitive Funktionen aufrechtzuerhalten und emotionale Erregung anzupassen und zu regulieren. Er bewahrt uns davor, Energie zu verschwenden und sorgt für eine Phase der Wiederherstellung, in der die Abnutzung von Körper und Gehirn behoben wird.

Ein gestörter Schlaf kann die Lebensqualität maßgeblich beeinflussen. Er kann sich negativ auf die körperliche Leistungsfähigkeit auswirken, die Arbeitsleistung beeinträchtigen, soziale Funktionen stören und emotionale Reaktivität, Irrationalität, Reizbarkeit und Lethargie verstärken.

Ausreichend erholsamer Schlaf ist entscheidend für eine gute Gesundheit. Mangelnder erholsamer Schlaf kann zu psychischen und physischen Gesundheitsproblemen führen und die Aktivität des sympathischen Nervensystems erhöhen, das die körperliche Stressreaktion in Gang setzt und die Kampf-oder-Flucht-Reaktion auslösen kann.

Schlafstörungen können auch zu den stresserzeugenden Anforderungen beitragen, die Sie erleben (beispielsweise nach einer schwachen Arbeitsleistung oder während einer Phase größerer Probleme in einer Beziehung). Außerdem erhöhen Schlafprobleme die Intensität stressbedingter schmerzhafter Emotionen.

Schlafstörungen verstärken nicht nur Stress – Stress beeinträchtigt auch den Schlaf. Infolge von außergewöhnlichem, situationsbedingtem Stress weisen Menschen in der Regel mehr Wachphasen und Bewegungen auf, die den Schlaf stören. Insomnie (charakterisiert durch die Wahrnehmung, dass Sie nicht genug Schlaf bekommen und nicht einschlafen, durchschlafen oder erneut einschlafen können, wenn Sie in der Nacht aufgewacht sind) tritt gemeinhin in Stressphasen auf. Typsicherweise tritt Insomnie ein oder zwei Nächte lang auf, sie kann aber auch Wochen, Monate oder Jahre anhalten.

Es folgen einige Hinweise zu Schlafgewohnheiten, die Stress mindern können:

- *Halten Sie regelmäßig ein bestimmtes Schlafpensum ein.* Durchschnittlich benötigt ein Erwachsener 7,5 bis 8,5 Stunden Schlaf pro Nacht. Das ist besonders wichtig für Menschen, die Schicht arbeiten, und deshalb nachts aufbleiben müssen. Die menschliche biologische Uhr sorgt dafür, dass wir uns während der Nachtstunden müde und bei Tageslicht aktiv fühlen. Das macht Menschen, die nachts arbeiten, anfälliger für Schlafstörungen und, in der Folge, für erhöhten Stress.
- *Treiben Sie regelmäßig Sport*, jedoch nicht spät am Tag oder kurz vor dem Schlafengehen.
- *Sorgen Sie dafür, ausreichend Tageslicht abzubekommen.*
- *Schränken Sie den Konsum von Koffein ein*, besonders in den letzten sechs Stunden vor dem Schlafengehen.
- *Vermeiden Sie Nikotin.*
- *Vermeiden Sie Nickerchen*, insbesondere nach 15:00 Uhr.
- *Planen Sie früh am Abend den nächsten Tag und gestehen Sie sich dann vor dem Schlafengehen Zeit zu, Sorgen loszulassen.* Machen Sie sich möglichst keine Sorgen darüber, ob Sie schlafen können oder nicht.
- *Wenn Sie Alkohol trinken, sollten Sie das in Maßen tun.*
- *Entwickeln Sie ein Schlafritual.* Sie könnten beispielsweise lesen, Musik hören, ein heißes Bad nehmen oder Entspannungsübungen machen, bevor Sie das Licht ausschalten. Wenn Sie nach 20 Minuten nicht eingeschlafen sind, sollten Sie einen anderen Raum aufsuchen und einer ruhigen Aktivität nachgehen, bis Sie sich schläfrig fühlen.
- *Essen Sie vor dem Schlafengehen weder zu viel, noch zu wenig.*
- *Schlafen Sie in einer angenehmen Umgebung.* Sorgen Sie für eine angenehme Temperatur im Zimmer, verwenden Sie weiches Bettzeug, reduzieren Sie Geräusche so gut wie möglich und entfernen Sie ablenkende Geräte wie den Fernseher oder Computer.
- *Achten Sie auf Faktoren, die den Schlaf beeinträchtigen können:* Wechseljahre, der Menstruationszyklus, Schwangerschaft und

Geburt, Arbeitsanforderungen, Leiden und Krankheit, körperliche Schmerzen und das Bedürfnis, die Toilette aufzusuchen.

- *Gehen Sie zum Arzt.* Da Insomnie zu einem chronischen Problem werden kann, sollten Sie eine Diagnose einholen und sich behandeln lassen, wenn der Zustand länger als einen Monat andauert. Wenn Sie dauerhaft Schwierigkeiten mit dem Schlafen haben, sollte ein Arzt abklären, ob zugrunde liegende gesundheitliche Faktoren zu dem Problem beitragen könnten.

Sport

Wenn Sie regelmäßig Sport treiben, sind die physischen und psychischen Vorteile für Sie vermutlich klar und ohne weiteres ersichtlich. Sport löst die Ausschüttung von *Endorphinen* aus, körpereigenen Stoffen, die ein Gefühl des Wohlbefindens verursachen. Viele Menschen können jedoch nur schwer eine regelmäßige Routine etablieren, die körperliche Aktivität in ihrem Leben einschließt. So entgeht ihnen diese wichtige Möglichkeit, Stress abzubauen.

Sport verbessert sowohl die psychische wie auch die körperliche Reaktion auf Stress. Er fördert die Fähigkeit, Stress zu bewältigen und sorgt langfristig für Widerstandskraft gegenüber Stressoren (Salmon, 2001). Durch Sport verbessert sich im Allgemeinen die Stimmung. Forschungsergebnisse legen nahe, dass sportliche Betätigung Angstsymptome abschwächt und die Selbstwahrnehmung und die Selbstachtung verbessern kann (Fox, 1999). Sport kann von Stressoren ablenken, ein Gefühl der Kontrolle erzeugen und muskuläre Verspannungen mindern.

Sport setzt einen Teil der Energie einer akuten Stressreaktion frei, insbesondere, wenn Sie psychischen Stress erleben und die Energie nicht durch eine körperliche Reaktion auf den Stressor freisetzen. Aerobes Training schützt vor den schädlichen physischen Folgen von chronischem Stress, da es den Blutdruck und den Ruhepuls verringert und die Lungenkapazität erhöht. Sport wirkt sich positiv auf stressbedingte Erkrankungen wie koronare Herzerkrankungen, Diabetes und Übergewicht aus. Menschen, die ihre Ausdauer trainieren, reagieren weniger auf psychosoziale Stressoren, zum Beispiel das Ende einer Beziehung oder den Druck durch eine Terminvorgabe (Crews & Landers, 1987).

Nachfolgend einige Anregungen, um Stress mithilfe von Sport abzubauen:

- *Überlegen Sie, welche Sportart Ihnen liegt.* Sie widmen sich einer sportlichen Betätigung eher, wenn Sie Ihnen gefällt, und Sport, der Spaß macht, führt mit größerer Wahrscheinlichkeit zu Wohlbefinden, anstatt als erhöhte Belastung oder zusätzlicher Anspruch empfunden zu werden.
- *Training während der Arbeitszeit beeinflusst die Stimmung positiv.* Bauen Sie eine aktive Pause in Ihren Arbeitstag ein, vor allem, wenn Sie eine sitzende Tätigkeit ausüben.
- *Trainieren Sie regelmäßig.* Sie müssen mindestens 20 bis 30 Minuten mehrmals in der Woche trainieren, um die Stressreaktion zu beeinflussen (Sapolsky, 2004).
- *Bauen Sie auch kurze Trainingszeiten in Ihren Tag ein.* Kurzes, intensives aerobes Training kann zu einer mäßigen Abnahme von kurzfristigen Angstzuständen führen, während ein dreißigminütiges Ausdauertraining – z. B. Laufen – die Stimmung verbessern kann.
- *Trainieren Sie nicht zu viel.* Ein Zuviel kann, wie bei allem, auch bei Sport Stress verschlimmern, anstatt ihn zu mindern.

Behandeln Sie Krankheit und Leiden

In Kapitel 1 ging es um die Rolle, die Stress bei der Entstehung körperlicher Gesundheitsprobleme spielt. Stress hat beispielsweise negative Auswirkungen auf Bluthochdruck und koronare Herzerkrankungen und spielt auch eine Rolle bei der Entwicklung einer Vielzahl anderer Gesundheitsprobleme wie Übergewicht und Diabetes.

Sogar eher kurzfristiger, akuter Stress kann die körperliche Gesundheit beeinflussen. In einer Studie, die den Einfluss von täglichem Stress auf die Gesundheit untersuchte, entdeckten Anita DeLongis und ihre Mitarbeiter einen deutlichen Zusammenhang zwischen täglichem Stress und dem Auftreten gesundheitlicher Probleme wie Grippe, Halsschmerzen, Kopfschmerzen und Rückenschmerzen (DeLongis et al., 1988).

Genauso, wie der Stress die Körperfunktionen beeinflusst, wirken sich auch die Körperfunktionen auf das Ausmaß Ihrer Stressbelastung aus. Wenn Sie den Körper als ganzheitliches System betrachten, können Sie erkennen, dass die physische Gesundheit nicht von der psychischen Verfassung getrennt werden kann.

Krankheit, ob in Form von Krebs oder auch einer Grippe, kann Sorge, Furcht und Angst auslösen. Krankheit und Leiden erzeugt eine erhöhte Stressbelastung; dazu können Faktoren wie Arztbesuche beitragen, mangelnde Einflussmöglichkeiten auf Ihren Körper, Härten im Gesundheitssystem, Nebenwirkungen von Medikamenten, Unsicherheit hinsichtlich medizinischer Ergebnisse, körperliche Einschränkungen aufgrund der Krankheit, Ausgaben für die medizinische Versorgung und der Verlust der Arbeit.

Folgende Gesundheitsstrategien können Stress reduzieren:

- *Pflegen Sie aktiv Ihre Gesundheit.* Sich aktiv um die eigene Gesundheit zu bemühen, kann Sie in einem Gefühl der Kontrolle bestärken und Sorgen und Furcht abbauen.
- *Lernen Sie mehr über Ihre Gesundheit und wie sie zu erhalten ist.*
- *Lernen Sie, effektiv mit Ärzten und medizinischem Personal zu kommunizieren.* Stellen Sie sicher, dass Sie verstanden werden, und umgekehrt, dass Sie die Fachkräfte verstehen, die an Ihrer gesundheitlichen Versorgung beteiligt sind.
- *Erkennen Sie an, dass Ihr Körper, Ihre Psyche, Ihre Emotionen und Ausprägungen von Stress zusammenhängen.*
- *Beachten Sie, wie Ihr Lebensstil und andere Umweltfaktoren die Gesundheit beeinflussen.*
- *Achten Sie auf Gedanken und Einstellungen hinsichtlich Ihrer Gesundheit.* Wenn Sie gesundheitliche Probleme als Herausforderung sehen und versuchen, maßgeblich Einfluss auf Ihre Lebensumstände zu nehmen, kann das Ihre Fähigkeit verbessern, durch Krankheit und Leiden verursachten Stress zu bewältigen.
- *Betrachten Sie die Krankheitssymptome oder gesundheitlichen Probleme als Botschaften Ihres Körpers.* Hören Sie auf sie, anstatt Sie sofort loswerden zu wollen, um körperliche Probleme besser verstehen und auf sie reagieren zu können.

Essen und Ernährung

Stress und Essen sind eng und wechselseitig aufeinander bezogen. Die Erfahrung von Stress kann sich auf Ihren Appetit und die Ernährungsgewohnheiten auswirken. Gleichzeitig können Ihre Ernährungsgewohnheiten stressbedingte gesundheitliche Probleme verschärfen.

Bei manchen Menschen geht Stress mit vermehrtem Essen und insbesondere einem erhöhten Konsum von süßen und fettreichen Lebensmitteln einher. Bei anderen ist Stress mit mangelndem Appetit und verringerter Nahrungsaufnahme verbunden.

Warum manche Menschen auf Stress mit vermehrtem Essen reagieren und andere das Essen einschränken, ist ungeklärt. Persönliche Unterschiede in der Lerngeschichte, den Einstellungen und biologischen Faktoren bestimmen wahrscheinlich insgesamt mit, wie Sie unter Stress essen. Emotionale und physische Veränderungen, die als Reaktion auf Stress auftreten, haben jedoch offenbar ebenfalls einen Einfluss auf das Essen. In einer Studie hingen eine negative Stimmung in Verbindung mit Stress und auch die physischen Aspekte der Stressreaktion in Form hoher Cortisolspiegel (*Cortisol* ist ein Hormon, dass während der Stressreaktion ausgeschüttet wird und für viele stressbedingte Veränderungen im Körper verantwortlich ist) signifikant mit einer größeren Nahrungsmenge zusammen (Epal et al., 2001). Tatsächlich gerät unter chronischem Stress wohl das fein abgestimmte System, das die Aufnahme und den Verbrauch von Energie reguliert, aus dem Gleichgewicht, was möglicherweise zu übermäßigem Essen führt (Adam & Epal, 2007).

Mit der Zeit kann stressbedingtes übermäßiges Essen das Gewicht und die Gesundheit beeinflussen. In extremen Fällen kann dieses Essverhalten zu Übergewicht und bulimischen Episoden führen. Die Praxis restriktiven Essens birgt ebenfalls größere gesundheitliche Risiken als nur die instabile Stimmung und die Reizbarkeit, die mit Hunger einhergehen. Die verheerendste Folge von dauerhaft restriktivem Essen ist Anorexia nervosa.

Wie bereits in diesem Buch erörtert, wirkt sich chronischer Stress auf die Gesundheit aus. Er erhöht das Risiko, bestimmte Krankheiten zu entwickeln, wie Herz-Kreislauf-Erkrankungen und Diabetes. Ernährung und Essen können im Umgang mit einigen dieser stressbedingten Gesundheitsprobleme eine wichtige Rolle spielen.

In folgender Weise können Essgewohnheiten dazu beitragen, Stress abzubauen:

Es gibt nicht nur eine einzige »richtige« Art, zu essen. Einige grundlegende Richtlinien sorgen jedoch dafür, dass Sie gesund und ausgewogen essen und so die Anfälligkeit für Stress verringern.

- *Der American Dietetic Association (größte amerikanische Organisation von Diätassistenten und Ernährungsberatern) zufolge spielen Kalorien eine wichtige Rolle bei einer ausgewogenen Ernährung.* Um sich ausgewogen zu ernähren, sollten Sie zunächst täglich die Kalorienmenge erreichen, die entsprechend Ihrem Geschlecht und Gewicht, Ihrer Aktivität und Ihrem Alter empfohlen wird.
- *Essen Sie nährstoffreiche Lebensmittel.* Frisches Obst, Gemüse, Vollkornprodukte und magere Eiweißquellen versorgen Ihren Körper mit essentiellen Nährstoffen, die er benötigt, um zu funktionieren.
- *Essen Sie über den Tag verteilt.* Sie sollten nicht Mahlzeiten auslassen oder bewusst nur wenig essen und später dann alle Kalorien auf einmal verzehren. Über den Tag verteilt zu essen versorgt den Körper stetig, was die Energieversorgung verbessert und Stimmungsschwankungen mindert. Achten Sie bewusster auf Ihren Ernährungsstil.
- *Vermeiden Sie übermäßiges Essen.* Sowohl *restriktive Esser* – Menschen, die bewusst versuchen, die Essensmenge zu begrenzen, die sie bei einer typischen Mahlzeit zu sich nehmen – wie auch *emotionale Esser* – Menschen, die eher aus einem emotionalen statt einem ernährungsbedingten Bedürfnis heraus essen – essen mit größerer Wahrscheinlichkeit übermäßig, wenn sie unter Stress stehen.
- *Befolgen Sie Ernährungsrichtlinien, die Ihre Gesundheit und Stresssymptome positiv beeinflussen, wenn Sie an Gesundheitsproblemen in Zusammenhang mit chronischem Stress leiden.* Nährstoffe wie beispielsweise Omega-3-Fettsäuren in bestimmten Fischarten und Nüssen wirken sich günstig auf Herz-Kreislauf-Erkrankungen aus (Kris-Etherton et al., 2003).
- *Versagen Sie sich nicht alles.* Seelennahrung und Trostessen können eine wichtige Rolle dabei spielen, mit Stress umzugehen.

Bauen Sie kleine Mengen von Nahrungsmitteln in Ihren Speiseplan ein, die vielleicht weniger nährstoffreich sind, aber auf psychischer Ebene Trost spenden.

Vermeiden Sie psychoaktive Substanzen

Alkohol und andere Substanzen einzusetzen, um »alles erträglicher zu machen«, ist nicht untypisch für Menschen, die sich gestresst fühlen.

Alkohol ist die am meisten verbreitete psychoaktive (auf das zentrale Nervensystem einwirkende) Substanz, andere umfassen Stimulantien wie Nikotin und Kokain, Opiate wie Heroin und Oxycodon, Beruhigungsmittel wie Lorazepam und Halluzinogene wie Marihuana. Psychoaktive Substanzen können illegale Drogen, verschreibungspflichtige oder rezeptfreie Medikamente sein.

Die Wechselbeziehung zwischen psychoaktiven Substanzen und Stress. Wie die psychoaktiven Substanzen selbst unterscheiden sich auch die Auswirkungen dieser Substanzen auf den Körper und das Gehirn. Gemeinsam ist ihnen jedoch, dass sie das Gefühl vermitteln, weniger gestresst zu sein, zumindest kurzfristig, und dass sie eine wichtige Rolle bei der Ausschüttung von Dopamin spielen, dem bereits erwähnten Neurotransmitter, der bei der Erfahrung von Wohlbefinden eine Rolle spielt. Die Aktivierung der Nervenbahnen für angenehmes Erleben führt mit größerer Wahrscheinlichkeit dazu, die Substanz immer wieder zu nutzen, um eine Erholung vom Stress zu erreichen. Tatsächlich kann die Erwartung von Wohlbefinden Sie trotz negativer Folgen für Ihr Leben immer wieder auf die Substanz zurückgreifen lassen. Diese Substanzen stoßen nicht nur die Dopaminausschüttung an, sondern machen auch abhängig. Verbunden mit dem Abhängigkeitspotential sind Toleranz und Gewöhnung. Anders als positive Lebenserfahrungen, wie beispielsweise ein Lieblingslied zu hören, die die Nervenbahnen für angenehme Erfahrungen stärken, überfluten psychoaktive Substanzen die Synapsen mit Dopamin. Die Neuronen kompensieren dies, indem sie weniger empfindlich werden. Das bedeutet, dass mit andauerndem Konsum mehr und mehr von der Substanz erforderlich ist, um die gleiche angenehme Erfahrung hervorzurufen (Sapolsky, 2004).

Psychoaktive Substanzen einzusetzen, um Stress in den Griff zu bekommen, birgt das Risiko, dass nicht mehr einfach nur ein Wunsch nach der positiven Erfahrung besteht, sondern die Substanz unbedingt gebraucht wird. Mit abnehmender Empfindlichkeit für Dopamin kann die Fähigkeit nachlassen, Wohlbefinden zu erleben, wenn die Substanz fehlt. Sie brauchen die Substanz, um negativen Emotionen zu entkommen, und in der Folge entsteht ein Kreislauf aus emotionalen Hochs und Tiefs mit kaum einer Möglichkeit des Ausgleichs.

Alkohol und Stress. Menschen fühlen sich unter dem Einfluss von Alkohol meist weniger gestresst. Er kann das Ausmaß der physischen Stressreaktion dämpfen und Angst mindern. Er kann auch verändern, wie Sie über Stressoren denken. Wenn Sie betrunken sind, vergessen Sie leichter die Anforderungen im Leben, die Ihnen Stress bereiten.

Wenn der Alkohol jedoch abgebaut ist, trifft das auch für die stressreduzierenden Effekte zu. Alkohol bleibt sogar weniger lange in Ihrem System und mindert die Stressreaktion, als der Abbau und damit einhergehend der Anstieg Ihrer Stressbelastung andauert.

Wenn Sie von einer Alkoholabhängigkeit genesen, erhöht Stress die Gefahr eines Rückfalls und dauerhafter Stress verstärkt das Ausmaß des Alkoholmissbrauchs (Sapolsky, 2004). Menschen, die empfindlicher für Stress sind und stärker darauf reagieren – diejenigen, die für Stress anfällig sind – haben ein erhöhtes Risiko, eine Alkoholabhängigkeit zu entwickeln.

Zusammenfassung

Die Techniken in diesem Kapitel sollen Ihnen helfen, die Lebensfreude zu erhöhen, schmerzhafte stressbedingte Emotionen loszulassen und Ihren Lebensstil anzupassen, um den Einfluss stressvoller Lebensumstände zu verringern. Das Kapitel untersuchte die Wechselbeziehung zwischen Stress und täglichen Lebensgewohnheiten und empfahl Strategien, um jene Gewohnheiten im täglichen Leben zu verändern, die Stress fördern bzw. dazu beitragen können.

8 Bewusst angehen, und nicht vermeiden

Die Beziehung zwischen Lebensstressoren und Emotionen funktioniert in zwei Richtungen. Lebensstressoren verstärken in der Regel das Erleben schmerzhafter Emotionen; gleichzeitig beeinflusst die Art und Weise, wie Sie auf die schmerzhaften Emotionen reagieren und mit ihnen umgehen, maßgeblich, ob Ihr Verhalten zu weiteren stressvollen Lebensereignissen führt.

Bestimmte emotionale Reaktionen auf Lebensstressoren können zu dem Wunsch führen, diese Stressoren zu vermeiden. Furcht, Angst und Scham sind intensive stressbedingte Emotionen, die Ihr Denken einschränken und Ihnen das Gefühl geben, isoliert und außer Kontrolle zu sein, was den Drang zur Flucht hervorruft.

Ein gewisses Maß an Vermeidung ist normal. Die meisten Menschen erleben als Reaktion auf stressvolle Lebensereignisse Episoden von Vermeidungsverhalten. Kapitel 4 vermittelt sogar Strategien, um Krisen zu überstehen, die darauf abzielen, sich von unmittelbaren schmerzhaften Emotionen und Gedanken abzulenken und zu distanzieren.

Vermeidung ist jedoch ein Bewältigungsstil, der zusätzliche Lebensstressoren nach sich ziehen kann, wenn es langfristig zur Gewohnheit wird, Dinge zu vermeiden, die Sie aufwühlen. Wenn Sie stressvollen Umständen ausweichen, anstatt sie bewusst anzugehen, nehmen Sie sich selbst die Möglichkeit, stressvolle Ereignisse, die Ihr Leben beeinflussen, zu verarbeiten und zu verstehen.

Vermeidung beeinträchtigt nicht nur die Fähigkeit, stressbedingte Situationen zu verarbeiten, sondern auch die Fähigkeit, die tatsächlichen Probleme zu lösen, die zu den stressvollen Lebensumständen beitragen. Durch Vermeidung wachsen Probleme. Finanzielle und gesundheitliche Probleme beispielsweise können sich verschlimmern, wenn sie vermieden und nicht in Angriff genommen werden, und zwischenmenschliche Beziehungen können sich durch die Belastung verschlechtern, die entsteht, wenn Menschen Konflikte und

Auseinandersetzungen vermeiden. Diese Probleme, die Stress fördern, wachsen, wenn sie ungelöst bleiben.

Klinische Krankheitsbilder, wie die *Agoraphobie* – bei der Menschen alle Situationen meiden, in denen sie sich nicht sicher fühlen, den Kontakt mit der Außenwelt eingeschlossen – schränken Lebenserfahrungen ernsthaft ein. Und *soziale Phobien* – bei der Menschen soziale Kontakte meiden – sind ein anderes Beispiel einer Störung in Verbindung mit Verhaltensweisen, die sich entwickelten, um Furcht und Angst zu vermeiden. Das Vermeidungsverhalten, das diesen zwei Krankheitsbildern zugrunde liegt, hat maßgeblichen Einfluss auf die Lebensqualität.

Vermeidungsverhalten einzusetzen, um Situationen zu bewältigen, löst keine Probleme, sondern führt zu mehr Problemen und schränkt die Lebenserfahrung ein.

8.1 Vermeidung kann kontraproduktiv sein

Die Vermeidung einer physischen Bedrohung entspricht einer Anpassungsreaktion. Wenn Furcht unmittelbar aus einer physischen Bedrohung folgt – z. B. durch ein außer Kontrolle geratenes Fahrzeug oder das plötzliche Absacken eines Fahrstuhls – dann entspricht der Drang »hier rauszukommen« und sowohl dem Gefühl der Angst als auch der Situation auszuweichen, einem anpassungsfähigen Verhalten. Die Gefühle und Verhaltensdränge im Zusammenhang mit unmittelbaren physischen Bedrohungen gelten als *richtiger Alarm*.

Wenn Sie jedoch auf eine psychische Bedrohung reagieren oder Ihre Wahrnehmung der Gefahr vor Ihnen fehlerhaft ist, so kann der *Vermeidungsdrang* (die Neigung, bestimmten Situationen, Menschen, Gefühlen oder Objekten fernzubleiben) kontraproduktiv sein. Schmerzhafte Emotionen wie Angst und Scham tauchen auch auf, wenn kaum eine oder gar keine Bedrohung im Umfeld vorhanden ist. Sorgenvolle Gedanken in Verbindung mit fehlerhaften Wahrnehmungen von Gefahr und Risiken wie »Ich werde damit nicht fertig« oder »Diese Probleme könnten wieder kommen« tragen zum Ausmaß der Angst und des Drangs bei, Probleme und Umstände zu vermeiden, die mit dem Gefühl der Angst zusammenhängen.

- **Falscher Alarm.** Gefühle der Beklommenheit oder eines drohenden Unheils oder belastende physische Empfindungen (z. B. Herzklopfen oder Schwitzen) können Sie dazu bringen, Situationen ohne Risiko einer körperlichen Verletzung zu vermeiden.
- **Psychische Bedrohungen.** Furcht davor, an wichtigen Zielen zu scheitern, wie einer Beziehung oder einer Arbeitsstelle, kann dazu führen, bedeutende Probleme nicht anzugehen.
- **Erlernte Angst.** Erinnerungen an vergangene Angstzustände, die leicht abrufbar sind, können so lebendig und intensiv sein, dass Sie jegliche Gedanken an Situationen vermeiden, die diese frühere Angst heraufbeschwören. Stress kann die Erfahrung einer Emotion verstärken sowie den Drang, jeden Kontakt mit schmerzhaften stressbedingten emotionalen Auslösereizen zu meiden.

Obwohl diese Wahrnehmungen unangenehm sind, sollten Sie daran denken, dass die Vermeidung emotionalen Erlebens mit Sicherheit zur Folge hat, dass manche Erfahrungen weiterhin schmerzhafte Emotionen auslösen. Situationen durch Vermeiden auf der Verhaltensebene zu bewältigen, führt nicht dazu, dass eine Depression oder Ängste sich verändern. Wenn Sie Ihre Probleme nicht verschlimmern möchten, müssen Sie aufhören, die Erfahrungen zu vermeiden, die mit einem falschen Alarm, psychischer Bedrohung oder erlernter Angst zusammenhängen.

8.2 Die Aufgabe des bewussten Angehens verstehen

Die Komfortzone zu verlassen und Furcht, Beklommenheit, Wut und Schuld zu erleben, ist eine der wichtigsten Methoden, um unnötige Angst im Hinblick auf eine Erfahrung abzubauen. Im Fall von erlernter Angst lernen Sie, dass die frühere Bedrohung nicht mehr vorhanden ist, wenn Sie sich der stressvollen Situation oder der stressbedingten Emotion ohne negative Folgen aussetzen. Eine gefürchtete psychische Bedrohung anzugehen – beispielsweise finanzielle Probleme in Angriff nehmen, die Sie zuvor vermieden hatten – kann Ihnen zeigen, dass die Umstände Sie nicht umbringen, auch wenn sie unangenehm sind. In diesem Fall, wenn Sie die Auseinandersetzung mit der finanziellen Situation vermeiden, werden sich falsche Überzeugungen wie »Ich bekomme die Finanzen nicht in den Griff« oder »Meine Schulden sind bestimmt katastrophal« nicht ändern, solange Sie die finanzielle Situation nicht bewusst angehen und lernen, dass Sie mit ihr umgehen können und sie nicht katastrophal ist.

Vermeidung als langfristiger Bewältigungsstil kann eine erlernte Reaktion sein. Frühere Erfahrungen prägen, ob Sie stressbedingte Emotionen eher vermeiden. Beispielsweise führen eine Vorgeschichte von Strafen der Eltern, dem Herunterspielen von Problemen und Spannungen mit den Eltern, wenn Sie negative Emotionen äußerten, häufig zu der Verhaltensweise, stressbedingte Emotionen zu vermeiden (Krause et al., 2003). Mit der Zeit geraten Sie dahin, bestimmte Arten stressvoller Situationen generell zu meiden, zum Beispiel gesellige Anlässe, vor Arbeitskollegen zu sprechen, Rechnungen oder gesundheitliche Probleme anzugehen oder den Zahnarzt aufzusuchen.

Bei der DBT kommen modifizierte Versionen von *Konfrontationsverfahren* (bzw. Expositionsverfahren) zum Einsatz, um schmerzhafte Emotionen zu mindern, die Sie davon abhalten, sich mit belastenden Umständen auseinanderzusetzen. Bei diesen Verfahren erleben Sie gezielt ein gefürchtetes Ereignis oder eine Situation in einer Umgebung ohne tatsächliche Gefahr. Solche Verfahren schließen ein, sich Ereignissen auszusetzen, die diese Emotionen hervorrufen, dies jedoch in einer Situation, mit der Sie umgehen können. Dieses sich Aussetzen (d. h. die Exposition) beinhaltet *Blockieren* und sogar, *automatisches Vermeiden* umzukehren (Linehan, 1993a). Die Aufgabe – bewusst angehen, anstatt weiterhin zu vermeiden – besteht darin, sich Informationen und Ereignissen zu stellen, von denen Sie sich zuvor ferngehalten haben. Wenn Sie eine Situation bewusst angehen, begeben Sie sich selbst in die stressbesetzte Situation und ermöglichen sich, über belastende Themen, wie beispielsweise befürchtete Folgen, Konflikte und schmerzhafte Erinnerungen, nachzudenken. Die Aufgabe bedeutet, sich auf die stressvolle Situation einzulassen und im Handeln wie auch im Denken dort zu bleiben.

Manche Menschen bewältigen stressvolle Ereignisse auf schädigende und zerstörerische Weise. Konfrontationsverfahren sollten Sie nur einsetzen, wenn Sie auf emotionale Unruhe reagieren können, ohne in destruktive Verhaltensweisen zu geraten. Gesunde Strategien im Umgang mit Stress und Emotion in Ihrem Leben zu lernen und Kontrolle über jegliche hochriskante Verhaltensweisen, wie selbstverletzendes Verhalten oder Suizidversuche, zu erlangen, sind wichtige erste Schritte, *bevor* Sie überlegen, neue Situationen bewusst anzugehen, die zeitweise das Erleben schmerzhafter Emotionen verstärken könnten.

Es ist empfehlenswert, abzuwarten, bis Sie Bewältigungsstrategien entwickelt haben und nicht länger aktiv hochriskante Verhaltensweisen einsetzen, bevor Sie die Strategien aus dem vorliegenden Kapitel ausprobieren. Wenn Sie gegenwärtig mit hochriskanten Verhaltensweisen zu kämpfen haben, sollten Sie diese Strategien nur unter fachlicher Anleitung anwenden.

Korrigierende Erfahrungen

Wenn Sie Umstände als bedrohlich deuten, Ihre Deutung jedoch fehlerhaft ist, oder wenn Sie Bedrohungen annehmen, die wahrscheinlich nicht eintreten, verbringen Sie viel Zeit unter Stress, aber nicht in tatsächlicher Gefahr. Die Furcht, wichtige Ziele nicht zu erreichen, führt subjektiv zu Stress. Wenn Sie jedoch nichts dagegen tun, hält die Furcht unvermindert an und das Problem bleibt bestehen.

Sich stressvollen Umständen auszusetzen hat zum Ziel, korrigierende Erfahrungen zu machen. Eine *korrigierende Erfahrung* lässt Sie erneut Situationen erleben, die in der Vergangenheit Stress auslösten. Das passiert jedoch in einem Rahmen, in dem befürchtete Folgen – beispielsweise ein traumatisches Ereignis oder der finanzielle Ruin – ausbleiben. Dahinter steht die Vorstellung, dass Sie gelernt haben, auf bestimmte Situationen mit Stress zu reagieren und dass Vermeidung diesen Stress bestehen lässt. Bei dem Beispiel, finanziellen Problemen auszuweichen, haben Sie möglicherweise festgestellt, dass es zeitweilig das Stressausmaß verringert, Rechnungen ungeöffnet ganz hinten in eine Schublade zu legen. Mit der Zeit jedoch löst alles in Zusammenhang mit Rechnungen eine Stressreaktion aus. Die Post holen, der Anblick des Briefträgers, E-Mails von Ihrer Bank und Anrufe können alle mit den Rechnungen zu tun haben und daher eine Stressreaktion in Gang setzen. Bei Traumata zum Beispiel aktivieren Schlüsselreize in Verbindung mit dem Trauma – wie das Geräusch eines Staubsaugers, eine Sirene oder der Geruch eines Shampoos – die Stressreaktion, bevor Sie bewusst wahrnehmen, was sie ausgelöst hat (Sapolsky, 2004).

Eine korrigierende Erfahrung setzt Sie den Schlüsselreizen aus, die die Stressreaktion auslösen; wenn die befürchtete Folge nicht eintritt, lernen Sie, dass die Situation nicht so belastend und bedrohlich ist, wie Sie sich vorstellten, und folglich nicht vermieden werden muss. Wenn Sie beispielsweise vermieden, Ihre Rechnungen durchzusehen, könnte es erschreckend sein, sich anzusehen, wie viel Geld Sie besitzen, aber körperlich sind Sie sicher. Ihre Emotion wird Ihnen keinen Schaden zufügen.

Neue Informationen sammeln

Sie müssen sich in stressvolle Umstände begeben und die Stressreaktion anstoßen, um neue Informationen darüber zu bekommen, wie bedrohlich (oder eben nicht) die Situation ist. Das könnte bedeuten, sich einer stressvollen Situation zu stellen – wenn Sie beispielsweise Angst davor haben, vor Publikum zu sprechen, würden Sie an einer Besprechung teilnehmen, bei der von Ihnen erwartet wird, dass Sie sich vorstellen. Sie können sich stressvollen Umständen auch aussetzen, wenn Sie darüber lesen, sie im Fernsehen betrachten oder sie sich vorstellen.

Die »richtigen« Umstände finden

Nachdem Sie entschieden haben, dass Sie Situationen bewusst angehen möchten, bei denen stressbedingte Emotionen unberechtigt oder übertrieben sind oder zu Problemen in Ihrem Leben beitragen, müssen Sie festlegen, wann und wie Sie beginnen möchten.

Wenn Sie sich in eine stressvolle Situation begeben, ist es dann besser, sich langsam zu nähern, erst eine Zehe in das flache Ende eines Schwimmbeckens zu halten und sich daran zu gewöhnen, bevor Sie langsam die Knöchel folgen lassen und so weiter machen, bis Sie vollständig in die stressvolle Umgebung eintauchen? Oder sollten Sie besser gleich ins tiefe Becken springen?

Es hat sich gezeigt, dass beide Methoden mit einer Abnahme von Furcht und Angst in stressvollen Umständen einhergehen. Gefühle der Furcht und Angst können schwächer werden, wenn Ihre Emotionen durch Situationen mit stetig steigendem Stresspotential über eine gewisse Zeit ausgelöst werden oder nachdem Sie auf einen Schlag von intensiver Furcht überflutet werden. Für die meisten Menschen ist *Flooding* (das bedeutet, gleich ins tiefe Becken zu springen) viel schmerzhafter, als schrittweise stressvolle Situationen anzugehen. Wenn Sie sich beispielsweise davor fürchten, vor Publikum zu sprechen, wäre es vermutlich mit mehr Stress verbunden, gleich einen Fernsehauftritt live vor Zuschauern zu absolvieren, als mit einer Rede bei einem Familienessen zu beginnen und sich dann langsam anspruchsvolleren Situationen zu nähern.

Übung

Eine Hierarchie stressvoller Ereignisse entwickeln

Um ein besseres Gefühl dafür zu bekommen, welche Situationen Ihnen äußersten Stress bereiten und welche nur eine leichte Stressreaktion auslösen, ist es hilfreich, stressvolle Umstände zu identifizieren und einzustufen. So erzeugen Sie eine Hierarchie von Situationen, die wenig belastende bis äußerst stressvolle Ereignisse umfasst.

(1) Suchen Sie einen ruhigen Moment im Tagesablauf und legen Sie Ihr Tagebuch oder ein leeres Blatt Papier bereit.

(2) Erstellen Sie eine Tabelle mit zwei Spalten und beschriften Sie eine Spalte mit der Überschrift »Stressvolles Ereignis« und die andere mit der Überschrift »Stressintensität«

(3) Schreiben Sie in der ersten Spalte alles auf, was Sie vermeiden, weil es Stressgefühle verursacht.

(4) Bewerten Sie in der zweiten Spalte das Stressausmaß, das Sie Ihrer Vorstellung nach in der Situation erleben würden, auf einer Skala von 1 bis 5. Glauben Sie, dass es so schlimm wird wie nur vorstellbar? Das ist eine 5. Wären Sie ängstlich und

nervös und in negativen Gedanken gefangen, würden aber immer noch funktionieren? Dann vergeben Sie eine 3. Oder spürten Sie nur eine leichte Nervosität, die zwar stört, aber zu bewältigen ist? Das entspricht einer 1.

(5) Ordnen Sie Ihre Liste so, dass die niedrigsten Werte oben stehen und die höchsten Werte am Ende. Sie sollten anhand dieser Hierarchie entscheiden, welche stressvollen Situationen Sie zuerst bewusst angehen. Die meisten Menschen beginnen lieber mit niedrig bewerteten Situationen und nähern sich dann langsam den ausgeprägt stressvollen Situationen.

Bestimmte Eigenschaften einer gegebenen Situation können bestimmen, wie viel Stress sie Ihnen bereitet; wenn Sie es beispielsweise meist vermeiden, sich mit Ihren Finanzen zu befassen, können unerwartete Rechnungen eine stärkere Stressreaktion auslösen als erwartete Zahlungsaufforderungen. Wenn das Problem darin besteht, finanziellen Umständen auszuweichen, könnte die Tabelle folgendermaßen aussehen.

Hierarchie stressvoller finanzieller Umstände

Stressvolles Ereignis	**Stressintensität**
zusammenzählen, was ich besitze	5
ungeöffnete Rechnungen auf den Tisch legen	3
notwendige monatliche Zahlungen ausrechnen, um Schulden abzubauen	5
mein Konto anschauen	3
einen Finanzberater anrufen	2
den Lebensstil verändern, um Schulden abzubauen	5

Bewusstes Angehen üben

Sogar durch kurze Konfrontationen können Sie sich an stressvolle Umstände gewöhnen. Während der Konfrontation lernen Sie, dass die befürchteten Folgen – z. B. Kritik, Verlassenwerden oder Tod – nicht eintreten und dass das, was passiert, nicht so schrecklich ist, wie gedacht. In einer stressvollen Situation steigt die Stressreaktion anfangs steil an, bleibt dann auf einem Niveau und fällt schließlich langsam ab. Wenn Sie lange genug in einer stressvollen Situation bleiben, bis die stressbedingten Emotionen und physischen Reaktionen abnehmen, vermindert sich das Ausmaß künftiger Stressreaktionen für diese Art von Situationen. Die Konfrontation muss jedoch nicht so lange dauern: Sogar kurze Konfrontationen oder eine Situation, die Sie verlassen, bevor die Stressreaktion abnimmt, kann sich positiv auf die Stressbelastung auswirken.

Vorgestellte Stresssituationen

Der Gedanke, sich einer stressvollen Situation auszusetzen, kann beängstigend sein. Wenn Sie sich diese Situation vorstellen, kann das ein erster Schritt dabei sein, sie bewusst anzugehen. Menschen reagieren unterschiedlich auf vorgestellte stressvolle Umstände; manche müssen nie wirklich mit einer Situation konfrontiert sein, um den mit ihr verbundenen Stress abzubauen.

Sie können sich auf ganz verschiedene Art und Weise in Ihrer Vorstellung in Stresssituationen begeben. Sie können Filme oder Theaterstücke ansehen, in denen die Figuren die stressvollen Umstände erleben, die Sie vermeiden. Sie können eine Situation aufschreiben oder Sie einem Freund oder einer nahestehenden Person erzählen. Oder Sie können darüber nachdenken, sich in dieser Situation zu befinden. Die Vorstellung einer stressvollen Situation muss bei Ihnen eine Stressreaktion auslösen, damit eine Wirkung eintritt. Falls die Stressbelastung nicht wenigstens in gewissem Maße ansteigt, wenn Sie sich eine Situation vorstellen, werden Sie in der realen Situation nicht erleben, dass der Stress abnimmt.

Die Kontrolle behalten

Stress wird durch das Gefühl verstärkt, dass Sie die Kontrolle verloren haben. Wenn Sie davon ausgehen, dass ein Ereignis Stress bereitet, wird der Eindruck, dass Sie wenig oder keine Kontrolle über das Ergebnis haben oder darüber, wie lange die Situation anhält, die Gefühle von Stress nur verstärken. Es ist unmöglich, einen Aspekt des Lebens vollständig zu kontrollieren. Dennoch ist es entscheidend, sich stressvollen Umständen willentlich zu nähern und ein Gefühl der Kontrolle über das eigene Verhalten zu haben – wie lange Sie sich den Umständen aussetzen und wann Sie sich entziehen.

Wichtige Aspekte der Kontrolle betreffen, dass Sie entschieden haben, die Situation bewusst anzugehen, und dass Sie beeinflussen können, wann die Erfahrung endet. Wenn es bei Ihnen beispielsweise um das Vermeiden finanzieller Angelegenheiten geht, könnten Sie festlegen, eine Stunde lang Rechnungen zu sammeln, zu öffnen und zu bearbeiten. Nach dieser Stunde könnten Sie dann etwas anderes tun oder sich bewusst ablenken und dann planen, sich später am Tag oder in der Woche erneut für einen bestimmten Zeitraum Ihren Finanzen zu widmen.

Ein anderer wichtiger Aspekt der Kontrolle ist die Fähigkeit, auf emotionale Unruhe zu reagieren, ohne destruktive Verhaltensweisen anzuwenden. Wie bereits erwähnt, sollten Sie abwarten, bis Sie Bewältigungsstrategien entwickelt haben und nicht länger aktiv hochriskante Verhaltensweisen einsetzen, bevor Sie die Strategien aus diesem Kapitel ausprobieren.

Vermeidung blockieren

Wenn Sie stressvolle Umstände bewusst angehen und dabei weniger Stress empfinden möchten, müssen Sie den eigenen Vermeidungsdrang blockieren. Damit das funktioniert, müssen Sie sich der Situation sowohl geistig wie auch körperlich stellen. Wenn Sie Rechnungen öffnen und dabei die ganze Zeit denken »Das ist fürchterlich« und »Ich halte das nicht aus«, dann gehen Sie die Situation nur körperlich an. Um sie sowohl körperlich als auch geistig in Angriff zu nehmen, müssen Sie sich den Rechnungen zuwenden und denken »Ich schaffe das« und »Ich fühle mich unsicher, aber ich kann das hier regeln«.

Weil es so wichtig ist, dass Sie das Vermeiden auf geistiger Ebene blockieren, müssen Sie fest entschlossen sein, bevor Sie stressvolle Umstände aktiv angehen, anstatt sie zu vermeiden. Wenn Sie unsicher sind oder die Methode Ihnen nicht liegt, werden Sie wahrscheinlich nur halbherzig vorgehen. Sie fühlen sich dann immer noch gestresst und gelangen schlussendlich zu der Überzeugung, dass Sie die Situation nicht in den Griff bekommen.

Übung

Handeln Sie entgegengesetzt

Mithilfe dieser Übung verändern Sie Ihre Handlungsweise in Situationen, die Sie gegenwärtig aufgrund von Stress vermeiden.

(1) Wählen Sie eine der Situationen aus der Liste, die Sie oben bei der Übung »Eine Hierarchie stressvoller Ereignisse entwickeln« erstellten. Wenn Sie vorhaben, sich an diese Situation zu gewöhnen, indem Sie sich schrittweise Bedingungen aussetzen, die immer stärkeren Stress erzeugen, sollten Sie mit einer Situation beginnen, die einen geringeren Intensitätswert hat.

(2) Identifizieren Sie, was Sie tun müssen, um die Situation bewusst anzugehen. Wenn Sie vermeiden, sich mit Schulden zu befassen, sollten Sie Rechnungen öffnen und sie sich ansehen. Denken Sie daran, dass das Gefühl, die Kontrolle über die Umstände zu haben, Ihnen hilft. Wählen Sie also eine Situation, die Ihnen ermöglicht, zu bestimmen, wie lange Sie den stressvollen Umständen ausgesetzt sind. Sie sollten sich möglicherweise zunächst die Situation vorstellen, anstatt Sie gleich aktiv umzusetzen.

(3) Gehen Sie die Situation sowohl auf der Handlungsebene als auch in Gedanken bewusst an. Das beinhaltet, sich auf die Situation einzulassen, bewusst das Stressausmaß wahrzunehmen und in der Situation zu bleiben.

(4) Wenn Sie, besonders hinsichtlich Ihrer Gedanken, einen Vermeidungsdrang bemerken, sollten Sie diesem möglichst nicht nachgeben. Seien Sie in der Situation wachsam gegen-

über ängstlichen Gedanken wie »Ich schaffe das nicht« oder »Ich muss hier weg«. Üben Sie, eher zuversichtliche Gedanken zu formulieren, beispielsweise: »Das ist zwar schwer, aber ich kann damit umgehen.«, »Ich habe das Gefühl, keine Kontrolle zu haben, aber ich kann das durchstehen.« oder: »Ich komme schon irgendwie durch.«

(5) Wiederholen Sie diesen Prozess immer wieder, bis er zu einer natürlichen Reaktion wird und Ihr Stressniveau sinkt.

(6) Wiederholen Sie den Prozess mit stressvolleren Ereignissen Ihrer Hierarchieliste.

Auf entgegengesetzte Weise zu handeln ist schwer. Es ist in Ordnung, wenn Sie in Situationen ängstlich oder beklommen sind, die Sie zuvor gemieden haben. Ein bewusstes Angehen ermöglicht Ihnen, Probleme zu lösen und Aspekte in Ihrem Leben auf sinnvollere Art und Weise zu behandeln.

Zusammenfassung

Vermeidung ist ein Bewältigungsstil, der Lebensstressoren fördern bzw. zu ihnen beitragen kann. Wenn Sie Probleme vermeiden, bleiben sie ungelöst und können wachsen. In diesem Kapitel lernten Sie, welche Faktoren zu bedenken sind, wenn Sie Situationen bewusst angehen, die Sie zuvor mieden, und wie Sie anders handeln können. Diese Strategien werden Ihre Fähigkeit stärken, Probleme zu lösen und sich ganz auf eine Reihe verschiedener Lebenserfahrungen einzulassen, denen Sie zuvor auswichen. Mit der Zeit wird sich Ihre Stressbelastung verringern, wenn Sie neue Situationen bewusst in Angriff nehmen.

9 Vertrauen in die eigene Person entwickeln

Jede Veränderung, die Sie in Ihrem Leben vornehmen, erzeugt Stress. Sogar gesündere Bewältigungsstrategien zu übernehmen, kann kurzfristig mehr Stress auslösen. Die Fähigkeit zu entwickeln, sich selbst Vertrauen, Mitgefühl und Unterstützung entgegen zu bringen, hilft dabei, die emotionale Intensität auszugleichen, die der Veränderungsprozess auslöst. Ein wichtiger Aspekt der Stressreduktion besteht darin, den eigenen Reaktionen zu vertrauen und für diese Reaktionen Verständnis und Unterstützung aufzubringen.

Misstrauen in die eigene Person ist an sich eine Quelle für äußersten Stress. Sich selbst zu misstrauen kann eine Folge von täglichem Stress sein – wie beispielsweise Kritik, nicht respektiert werden, etwas tun, das Sie nicht gut beherrschen, oder missverstanden werden – oder von einem Lebensereignis, das Ihre Überzeugungen über die Welt infrage stellt, wie der Verlust des Arbeitsplatzes, ein Trauma oder ein Todesfall.

Unsicherheit und nicht zu wissen, wem Sie glauben sollen – sich oder anderen – erzeugt ebenfalls Stress und Angst und beeinträchtigt Ihre Fähigkeit, die zu lösenden Probleme und die Strategien, die Ihren Stärken und Ihrer Persönlichkeit am besten entsprechen, zu identifizieren. Unter Stress zweifeln Sie möglicherweise zuvor vertretene Überzeugungen an, weil Sie für die aktuellen Umstände scheinbar nicht mehr relevant sind. Unsicherheit und Misstrauen sich selbst gegenüber treten auch auf, wenn andere Personen Ihr Erleben herunterspielen, Ihr Verhalten kritisieren oder Ihre Emotionen nicht dulden.

Der DBT zufolge spielt es bei Veränderungsprozessen eine maßgebliche Rolle, die eigene Person und das eigene Erleben zu verstehen und anzunehmen. Verfahren der DBT beinhalten Strategien, um emotionale, kognitive und verhaltensbezogene Reaktionen auf Lebensereignisse zu verstehen (Linehan, 1993a). In diesem Kapitel liegt der Fokus darauf, stressbedingte Gedanken und Gefühle auszudrücken, Verhaltensweisen unter Stress zu verstehen, und zu lernen, Ihren Gedanken gegenüber mitfühlend und verständnisvoll zu sein. Sie üben, stressbedingte Reaktionen im Kontext Ihres Lebens und des gegenwärtigen Augenblicks als verständlich zu betrachten.

9.1 Validierung und Vertrauen in die eigene Person

In unserer Kindheit lernen wir uns selbst kennen, indem unsere Eltern unseren Verhaltensänderungen Aufmerksamkeit schenken und benennen, was das jeweilige Verhalten bedeutet. Wenn ein Kind beispielsweise gereizt ist, könnte ein Elternteil berechtigt oder fälschlicherweise ganz verschiedene Gründe dafür bestimmen, darunter Müdigkeit, Hunger, Schwierigkeiten beim Erlernen einer neuen Fertigkeit oder Mobbing in der Schule.

Auch als Erwachsene können wir ein besseres Verständnis unseres inneren Erlebens gewinnen, wenn wir die Ursachen von Stress richtig erkennen. Ein Partner, der berechtigt auf ein unvollendetes Projekt in der Arbeit als Quelle Ihres anhaltend hohen Stressniveaus hinweist, hilft Ihnen, die gegenwärtigen Frustrationen und Ängste zu begreifen.

Wenn die Menschen in Ihrer Umgebung Ihnen jedoch mitteilen, dass Ihre Emotionen überzogen oder Sie grundlos gestresst sind, versuchen Sie mit größerer Wahrscheinlichkeit, Emotionen nicht zu zeigen, und zweifeln das eigene Erleben an. Im Rahmen der DBT gilt das Abtun, das Herunterspielen oder die Bestrafung einer Emotionsäußerung als *invalidierend* bzw. entwertend; das heißt, diese Verhaltensweisen untergraben das Vertrauen in die eigenen Emotionen und die Beurteilung des eigenen Erlebens (Linehan, 1993a).

Validierung und Selbstvalidierung vermitteln Verständnis und mindern die Intensität stressbedingter Emotionen. *Validierung* – die Botschaft von anderen, dass Ihre Emotionen, Gedanken und Gefühle bedeutsam, verständlich und authentisch sind – kann Sie dabei unterstützen, stressbedingte Emotionen, physische Stressreaktionen und Gedanken zu bestimmen. Mithilfe der Validierung durch andere können Sie Ihr persönliches Stresserleben verstehen und begreifen, wie die Wechselbeziehung zwischen Ihnen und der gegenwärtigen Situation Ihr Stressniveau bestimmt.

Selbstvalidierung – die Fähigkeit, den eigenen Erfahrungen, Emotionen, Gedanken und Gefühlen Aufmerksamkeit zu schenken und sie anzunehmen – ist gleichermaßen wichtig, um Vertrauen in die eigenen Reaktionen auf stressvolle Lebensereignisse zu entwickeln. Selbstvalidierung lenkt das Licht der Erkenntnis auf Sie selbst und darauf, in Anbetracht Ihrer Geschichte und der gegenwärtigen Lebenssituation die eigenen Reaktionen als authentisch zu begreifen. Sogar eine Stressreaktion, die angesichts des auslösenden stressvollen Ereignisses unverhältnismäßig ist, kann Sinn ergeben, wenn Sie Ihre emotionalen Reaktionen, Gedanken und früheren Erfahrungen bezogen auf dieses Ereignis verstehen. Selbstvalidierung kann wie die Validierung durch andere Menschen intensive stressbedingte Emotionen abschwächen. Mit ihrer Hilfe können Sie Probleme identifizieren, die zu Ihrem persönlichen Stressniveau beitragen, und Bewältigungsstrategien wählen, die zu Ihnen passen.

9.2 Stressbedingte Gedanken und Gefühle äußern

Stressoren können Ihre grundlegenden – und häufig optimistischen – Überzeugungen über sich selbst und die Welt angreifen. Eine Trennung, ein ernsthaftes gesundheitliches Problem, ein Fehler, der schwerwiegende Auswirkungen auf Ihre Stellung im Arbeitsumfeld hat, oder andere maßgebliche Veränderungen in Ihrem Leben können das Gefühl der Hoffnung stören, dass schon alles gutgehen wird. Auch die grundlegende Annahme, dass die Welt im Allgemeinen sicher und vorhersagbar ist, kann ins Wanken geraten.

Traumatische Ereignisse und wesentliche Lebensveränderungen und auch tägliche Ärgernisse, wie enge Terminvorgaben in der Arbeit, Kritik, Missverständnisse oder Dinge tun, die Sie nicht gut beherrschen, kann Selbstzweifel hervorrufen, welche die Stresssymptome verschlimmern. Wenn Sie eine stressvolle Erfahrung nicht in Ihre Sicht von sich und der Welt eingliedern können, halten die mit dieser Erfahrung verbundenen Stresssymptome – beispielsweise aufdringliche Gedanken – an.

Gewinnen Sie den Eindruck, dass andere Ihre Reaktion auf Stressoren im Leben als unberechtigt beurteilen, dann halten Sie Äußerungen über stressbedingte Gedanken und Gefühle vielleicht zurück. Der Druck, Gefühle, Gedanken und Erfahrungen nicht zu äußern, beeinträchtigt die Fähigkeit, einen Stressor zu verarbeiten und sich ihm anzupassen. Stressbesetzte Gedanken und Gefühle nicht oder nur beschränkt zu äußern, kann aufdringliche Gedanken verstärken und gedankliche und körperliche Reaktionen auf Stress verlängern. Stressvolle Erfahrungen zu äußern kann hingegen die physische und psychische Gesundheit verbessern, stressbedingte Krankheiten lindern und positive Emotionen steigern (Lepore, 1997; Pennebaker et al., 1990).

Wenn Sie Gefühle über stressvolle Umstände kommunizieren, können Sie diese Situationen auf bedeutsame Weise interpretieren und verwirrende Aspekte Ihrer Erfahrung besser verstehen. Das vermindert schlussendlich die Häufigkeit und die Intensität von Stresssymptomen (Lepore et al., 2000).

Den eigenen emotionalen Reaktionen mit Selbstakzeptanz zu begegnen, unterstützt Sie dabei, Gefühle der Unsicherheit, des Misstrauens in die eigene Person und der Frustration auszugleichen.

Wenn Sie stressbedingte Emotionen äußern, können Sie leichter eine Erklärung für Ihr Erleben finden, die Ihnen sinnvoll erscheint. Diese Erklärung kann Ihre Perspektive erweitern und dabei helfen, die Erfahrung in Ihr Verständnis von sich und der Welt einzugliedern.

Übung

Multiple-Choice-Fragen zu Emotionen

Wenn es Ihnen schwer fällt, emotionales Erleben auszudrücken, können Multiple-Choice-Fragen anfangs hilfreich sein (Linehan, 1993a). Die folgenden Multiple-Choice-Fragen sollen Sie dabei unterstützen, Ihre Erklärung über die Wechselbeziehung zwischen innerem Erleben und jenen Umständen zu formulieren, die Ihr Stressniveau bestimmen. Bei jeder Frage können mehrere Antworten zutreffen oder auch keine Antwort passend erscheinen. Es gibt keine richtigen oder falschen Antworten auf die Fragen.

Schreiben Sie in ein Tagebuch oder ein Notizbuch Ihre Antworten auf diese Fragen auf. Falls alle Antworten unter einer Frage zutreffen, schreiben Sie alle auf. Falls keine zutrifft, überspringen Sie die Frage oder formulieren Sie eine eigene Antwort, die besser passt.

(1) Welche Arten von Situationen lösen bei Ihnen eine Stressreaktion aus?
   a) *einschneidende Veränderungen im Leben* (z. B. ein Todesfall oder eine Scheidung)
   b) *ein Trauma* (z. B. Opfer von Misshandlung oder eines Verbrechens zu sein)
   c) *tägliche Ärgernisse* (z. B. körperliches Unwohlsein, schlechtes Wetter oder ständige Unterbrechungen)
   d) *Unsicherheit im Hinblick auf die Zukunft* (z. B. nicht zu wissen, ob Sie eine Arbeitsstelle bekommen oder ob Ihnen ein guter Freund verzeiht)

(2) Inwiefern bedroht Sie die Situation?
   a) Ich bin körperlich bedroht.
   b) Es handelt sich um eine psychische Bedrohung; wichtige Lebensziele stehen auf dem Spiel.
   c) Sie erinnert mich an frühere negative Erfahrungen.
   d) Sie trägt zu den Anforderungen und Belastungen in meinem Leben bei.

(3) Welche Gedanken haben Sie über die Situation?
   a) *Selbsturteile* (z. B.: Ich glaube, dass ich schuld bin; ich bin kritisch mir selbst gegenüber; ich sehe nur meine Unzulänglichkeiten.)
   b) *Urteile über andere* (z. B.: Ich glaube, dass andere Menschen schuld sind; ich bin kritisch anderen gegenüber; ich sehe nur die Unzulänglichkeiten anderer Menschen.)
   c) *ins Zentrum stellen, wie die Dinge sein sollten, oder was anders sein sollte* (z. B.: Ich glaube, das hätte nicht passieren sollen; eigentlich sollte es leichter oder anders für mich

sein; ich habe den Eindruck, dass diese Situation nicht richtig ist.)

d) *dialektische Denkmuster* (z. B.: Ich kann viele Standpunkte sehen und akzeptiere Widersprüche; ich denke nicht in Extremen und kann die Situation im Zusammenhang betrachten.)

(4) Auf welchen Zeitrahmen konzentrieren sich Ihre Gedanken in der Regel?

a) *die Vergangenheit* (z. B. analysieren, was geschehen ist, und was anders hätte sein können)

b) *die Zukunft* (z. B. planen, die Situation zu bewältigen oder negative Folgen voraussehen)

(5) Welche physischen Aspekte Ihrer Stressreaktion nehmen Sie am deutlichsten wahr?

a) *akute physische Reaktionen* (z. B. Herzklopfen, Schreckhaftigkeit und Schwindel)

b) *langfristige oder chronische physische Reaktionen* (z. B. Müdigkeit, Konzentrationsschwierigkeiten und erhöhte Anfälligkeit für Erkältungen und Krankheiten)

(6) Welche Emotionen löst die stressvolle Situation aus?

a) Furcht und Angst

b) Wut und Frustration

c) Schuld und Scham

d) Aufregung

e) Traurigkeit und Enttäuschung

f) eine Mischung dieser Emotionen

(7) Welche Verhaltensdränge nehmen Sie wahr?

a) Situationen vermeiden oder vor Ihnen davonlaufen

b) mich verstecken

c) angreifen, Dinge sagen, die ich später bereuen könnte oder andere physisch oder emotional verletzen

d) mich zurückziehen, im Bett bleiben, mich isolieren

e) Kontakt mit anderen und Unterstützung suchen

f) Probleme angehen und lösen

g) Fertigkeiten zur Bewältigung, Krisenstrategien einsetzen

(8) Wie habe ich gehandelt oder mich verhalten?
   a) die Situation vermieden oder vor ihr davongelaufen
   b) mich versteckt
   c) angegriffen, Dinge gesagt, die ich später bereute oder andere entweder physisch oder emotional verletzt
   d) mich zurückgezogen, im Bett geblieben und mich isoliert
   e) Kontakt mit anderen und Unterstützung gesucht
   f) die Probleme angegangen und gelöst
   g) Fertigkeiten zur Bewältigung und Krisenstrategien eingesetzt

Anhand dieses Fragebogens sollen Sie Worte finden, um Ihre Situation zu beschreiben. In der nächsten Übung nutzen Sie die Antworten auf diesen Fragebogen, um eine Erklärung für Ihre stressvollen Umstände zu erarbeiten. Ihre emotionalen Reaktionen in aller Komplexität auszudrücken hilft Ihnen, die stressvollen Erfahrungen zu begreifen und sie in Ihr Verständnis von sich und der Welt einzugliedern.

Übung

Eine Erklärung erarbeiten

Das Äußern von stressbedingten Gedanken und Gefühlen wirkt sich auf die Stresssymptome aus. Eine Erklärung für Ihre stressvolle Erfahrung zu erarbeiten, mindert nicht nur die aufdringlichen Gedanken über die Erfahrung, sondern auch den emotionalen Einfluss jener Gedanken. Das Ziel dieser Übung ist nicht, ein Problem zu lösen, sondern einfach, die eigene Erfahrung zu verstehen. Wenn Ihnen bei der Arbeit an dieser Übung auffällt, dass Sie mit Zukunftsplanungen beginnen, nehmen Sie das zur Kenntnis und wenden sich wieder der Beschreibung Ihrer Erfahrung zu.

Mit den folgenden Schritten erstellen Sie eine Beschreibung der stressvollen Erfahrung und der inneren Reaktion darauf. Sie können die Beschreibung entweder in Ihr Tagebuch schreiben oder auf ein leeres Blatt Papier oder sie in Gedanken formulieren.

(1) Suchen Sie einen ruhigen Moment, bei dem Sie zehn bis fünfzehn Minuten ungestört sind. Legen Sie Ihr Tagebuch oder Papier und einen Stift bereit.
(2) Beschreiben Sie zunächst die Erfahrung, die Ihr Stressniveau ansteigen lässt. Es ist möglicherweise hilfreich, mit Ihrer Antwort auf die erste Frage im obigen Multiple-Choice-Fragebogen zu beginnen und dieses Beispiel dann mit Einzelheiten in Bezug auf Sie zu erweitern.
(3) Beschreiben Sie nun die Gedanken, die Sie über diese Erfahrung haben. Greifen Sie wieder auf die Antworten zu dem Fragebogen zurück, um zu beginnen. Formulieren Sie möglichst konkret.
(4) Fahren Sie mit der Beschreibung fort und stellen Sie die physische Stressreaktion dar. Benennen Sie dabei die emotionalen Reaktionen und achten Sie auf Ihre Verhaltensdränge und die tatsächlichen Handlungen.
(5) Gehen Sie Ihre Beschreibung noch einmal durch und ergänzen Sie Einzelheiten, die Ihnen einfallen. Lesen oder überprüfen Sie die Beschreibung im Laufe der nächsten Tage oder Wochen immer wieder. Mit der Zeit werden Sie Muster, Fehlinterpretationen und Sinn erkennen. Sie könnten Emotionen entdecken, die Ihnen zuvor nicht bewusst waren. Anhand einer Beschreibung des Stressors und Ihres inneren Erlebens können Sie sehen, wie Stressoren Gefühle und Gedanken beeinflussen und auch umgekehrt – wie Gefühle und Gedanken stressvolle Umstände in Ihrem Leben mitbestimmen.

Indem Sie Ihrer Erfahrung Sinn zuschreiben, gewinnen Sie Vertrauen in die eigene Sichtweise und können Ihre emotionalen Reaktionen besser als berechtigt annehmen.

Sie können diese Übung einen Schritt weiterführen, wenn Sie mit einem Therapeuten, einem nahestehenden Menschen oder einem interessierten Freund über Ihre Erfahrung sprechen. Die Vorteile davon, Gedanken und Gefühle anderen gegenüber zu äußern, werden geschmälert, wenn eine Invalidierung stattfindet. Sie sollten also jemanden aussuchen, der gut zuhören kann und fähig ist, Ihre Erklärung anzuhören, ohne Probleme lösen oder Reaktionen bewerten zu müssen (Lepore et al., 2000). Emotionale Unterstützung durch Freunde und Familie, eine Gesprächstherapie und Selbsthilfegruppen können jeweils den Prozess erleichtern, eigene stressvolle Erfahrungen zu verstehen.

9.3 Die eigenen Verhaltensweisen verstehen

Menschen verhalten sich unter Stress ganz unterschiedlich. Vielleicht handeln Sie so, dass Sie den Stress erfolgreich in den Griff bekommen, oder Sie sagen oder tun Dinge, die Sie später bereuen oder nicht gesagt oder getan hätten, wenn Sie nicht unter Stress gestanden hätten. Auch wenn Sie Ihr Verhalten nicht gutheißen, haben unangebrachte oder überzogene Handlungsweisen ihren Ursprung häufig in berechtigten Reaktionen.

Die Validierung einer Stressreaktion muss nicht heißen, dass die Reaktion die Ereignisse in Ihrem Umfeld zutreffend widerspiegelte oder dass die Reaktionen auf den Stressor in Ordnung waren. Vielleicht schrien Sie beispielsweise aus Frustration Ihre Kinder an, weil Sie für die Arbeit spät dran waren und Ihr Mobiltelefon verlegt hatten. Sie haben sich dann möglicherweise überlegt, dass es nicht in Ordnung war, als Reaktion auf den Stress Ihre Kinder anzuschreien, gleichzeitig haben Sie jedoch verstanden, dass angesichts der gegenwärtigen Belastung in der Arbeit Ihr Stressniveau und Ihre Frustration nachvollziehbar waren.

Mit anderen Worten: Sie können den Stress und Ihr Verhalten im Zusammenhang sehen und beides verstehen, während Sie gleichzeitig die Überzeugung vertreten, dass Sie Ihre Reaktionsweise auf Stress verändern müssen. Der bewusste Akt, Stress im Kontext zu sehen und die eigenen Reaktionen zu verstehen – Freundlichkeit und Mitgefühl auch sich selbst entgegenzubringen – kann sogar die Intensität stressbedingter Emotionen verringern und Ihre Reaktionen ändern.

Urteile und Annahmen über Verhalten

Unter Stress haben Sie sich vielleicht auf eine Weise verhalten, wie Sie das ohne Stress nicht getan hätten. Genau in diesen Phasen fällen wir oft Urteile und treffen Annahmen über unser Verhalten. *Urteile* (z. B.: »Ich hätte mich besser im Griff haben müssen.«) und *Annahmen* (wie: »Jemand anderes hätte nicht die Kontrolle verloren«, oder: »Ich bin das falsch angegangen«) unterstützen Sie nicht bei der Problemlösung und vergrößern nur das Misstrauen in die eigene Person.

Wenn Sie sich auf eine Weise verhalten haben, die Ihren Werten nicht entspricht, spüren Sie vielleicht Wut, Schuld oder Enttäuschung über das eigene Verhalten. Vielleicht sagen Sie sich – und andere womöglich auch – dass Sie sich anders hätten verhalten »sollen«. Fragen wie: »Warum habe ich das getan?«, oder: »Wie konnte mir das nur passieren?«, invalidieren (entwerten) die Realität Ihres eigenen Erlebens. Die folgende Übung gründet auf einer Validierungstechnik, die Marsha Linehan in ihrem Buch »Trainingsmanual zur Dialektisch-Behavioralen Therapie der Borderline-Persönlichkeitsstörung« (Linehan, 1996) beschrieb.

Übung

Das eigene Verhalten annehmen

(1) Rufen Sie sich eine stressvolle Erfahrung ins Gedächtnis, die Sie sich anders gewünscht hätten. Sie können beispielsweise Dinge gesagt haben, die Sie jetzt bereuen, die Fassung verloren oder eine unüberlegte Entscheidung getroffen haben. Sie sollten am besten eine Situation wählen, bei der Sie Ihre Handlungsweise scharf verurteilen. Wörter wie »sollte«, »falsch«, »dumm«, »faul« und »schrecklich« weisen auf ein bewertendes Denken hin. Auch Fragen wie »Was stimmt mit mir nicht?« oder »Warum verhalte ich mich so?« sind Signale dafür, dass Sie sich wünschen, Sie hätten anders gehandelt.

(2) Wenn Sie über die Art und Weise nachdenken, wie Sie sich verhielten, sollten Sie zwischen dem Verständnis dafür, wie und warum Sie so handelten, und der Billigung Ihres Verhaltens trennen. Überlegen Sie sich, welche Umstände zu

Ihrem Verhalten beitrugen. Bringen Sie möglichst auch sich selbst Freundlichkeit und Mitgefühl entgegen, wenn Sie Ihr Handeln betrachten.

(3) Versuchen Sie, unter Berücksichtigung der Umstände, Ihrer Wahrnehmungen und der stressbedingten Emotionen Ihre Handlungsweise zu verstehen. Können Sie Ihre Handlungen als nachvollziehbar betrachten, auch wenn Sie diese nicht gut finden und glauben, dass Sie etwas verändern müssen? Eine annehmende Haltung zu zeigen und gleichzeitig die Notwendigkeit einer Veränderung zu verstehen und diese umzusetzen, gilt in der DBT als entscheidend.

(4) Erkennen Sie das Unbehagen darüber an, wie Sie auf die Situation reagierten. Emotionen wie Frustration, Ärger, Verlegenheit und Enttäuschung sind nachvollziehbar, wenn Sie Fehler machen und nicht so handeln, wie Sie gerne würden. Gestatten Sie sich diese Gefühle und lassen Sie diese dann hinter sich.

Sich zu sagen, dass Sie nicht so handeln »sollten«, wie Sie es getan haben, invalidiert nur das eigene Erleben. Wir alle verhalten uns unter Stress anders als sonst. Die Stressreaktion und intensive stressbedingte Emotionen wirken sich auf das Verhalten aus. An unrealistischen Maßstäben für sich festzuhalten, erhält lediglich schmerzhafte Emotionen und die Stressreaktion aufrecht und beeinträchtigt die Fähigkeit, den eigenen Reaktionen zu vertrauen. Die eigenen Handlungsweisen anzunehmen und zu verstehen, wie Sie im Kontext entstanden, erhöht das Verständnis für und das Vertrauen in die eigene Person, auch wenn Sie lieber anders gehandelt hätten.

9.4 Selbstvalidierung der eigenen Gedanken

So, wie Sie unter Stress auf bestimmte Art und Weise handeln, entstehen dann auch Gedanken, die in ruhiger Verfassung nicht aufkommen würden. Typische Gedankenprozesse in Stressphasen beinhalten: übermächtige Sorgen; Grübeln; Schwierigkeiten, die Gedanken zu kontrollieren; frühere Ereignisse, Gespräche und Handlungen immer wieder überdenken; an unangenehmen Gedanken hängen bleiben, die Sie nicht loswerden können; negative Selbsturteile; Schwierigkeiten, Entscheidungen zu treffen und aufdringliche Gedanken.

Stressvolle Gedankenmuster können stressvolle Umstände verschlimmern. Wenn Sie beispielsweise an unvernünftig hohen Erwartungen festhalten oder sich selbst niedermachen, weil Sie Ziele nicht erreichen oder sich zu sehr auf negative Ergebnisse konzentrieren, bleiben Sie im Stress gefangen, anstatt einen Stressor hinter sich lassen zu können.

Um stressbedingte Gedanken verstehen zu können, ist das Bewusstsein wichtig, dass wir bei jedem auftretenden Ereignis beinahe unmittelbar Urteile darüber fällen, ob es uns schaden oder nützen wird, ob jemand Tadel oder Anerkennung verdient und ob wir in der Lage sind, mit dem Stressor umzugehen. Fehler in Ihrem Urteil – die Umstände schlechter interpretieren, als sie sind, oder glauben, dass Sie die Situation nicht bewältigen können – beeinflussen, welche Emotionen Sie erleben und wie intensiv und lange die Stressreaktion ausfällt.

Auch wenn Sie wütend und frustriert über die Gedanken sind, die Sie in einem Kreislauf von Stress gefangen halten, können Sie Verständnis für genau jene Gedanken aufbringen, die Ihnen Probleme bereiten.

Übung

Verständnis für die eigenen Gedanken aufbringen

Es ist hilfreich, Ihre Interpretationen der stressvollen Ereignisse genau unter die Lupe zu nehmen, besonders, wenn Sie auf Stressoren zwanghaft mit rigidem oder verzerrtem Denken reagieren, das übertrieben ist oder Ihrer Situation nicht entspricht. Bei dieser Übung achten Sie bewusst auf Gedanken in stressvollen Zeiten, wie Sie das in Kapitel 1 schon taten. Nun sollten Sie versuchen, für die eigenen Gedankenmuster bewusst Verständnis aufzubringen, anstatt Sie nur wahrzunehmen.

(1) Suchen Sie zunächst einen Moment aus, in dem Sie sich gestresst fühlen und lenken Sie die Aufmerksamkeit auf Ihre Gedanken während dieser Zeit. Versuchen Sie nicht, zu ändern, was Sie denken. Beobachten Sie nur, wie Ihre Gedanken vorbeiziehen.

(2) Achten Sie genau auf den Inhalt der Gedanken und reflektieren Sie diesen Inhalt für sich. Sie könnten sich beispielsweise sagen: »Ich mache mir wieder Sorgen wegen des Geldes« oder »Das ist wieder ein aufdringlicher Gedanke über den Streit mit meiner Schwester«. Den Inhalt Ihrer Gedanken zu reflektieren könnte die Gedankenkette unterbrechen. Das ist in Ordnung. Wenn das geschieht, können Sie die Übung fortsetzen, wenn Sie das nächste Mal gestresst sind.

(3) Bemühen Sie sich nun um Verständnis für die eigenen Gedanken. Bedenken Sie frühere Erfahrungen, Ihre Anfälligkeit für Stress und die gegenwärtige Situation. Wenn Sie bewusst Gedanken in Stressphasen wahrnehmen, sollten Sie aktiv darüber nachdenken, inwiefern sogar verzerrte Gedanken oder unverhältnismäßige Sorgen Sinn ergeben könnten. Sie könnten sich beispielsweise überlegen: »Meine Familie hat Fehler immer kritisiert, also ergibt es Sinn, dass ich in kritischen Gedanken feststecke« oder »Mein Arbeitsplatz ist mir so wichtig, dass es nachvollziehbar ist, wenn mir der Gedanke Sorgen macht, dass er bedroht sein könnte«. Falls jemand in Ihrem Umfeld gegenwärtig Stresssymptome erlebt, sollten Sie auch folgende Gedanken in Erwägung ziehen: »Unter Stress sind psychische Symptome normal« oder »Jeder bleibt in traurigen Gedanken gefangen, wenn ein Freund unerwartet stirbt«. Wie auch Ihren Verhaltensweisen können Sie Ihren Gedanken Sinn zuschreiben – unter Berücksichtigung der Umstände, Ihrer Wahrnehmungen und der stressbedingten Emotionen – und Sie als verständlich betrachten, auch wenn Sie diese ändern möchten.

(4) Üben Sie mehrere Tage lang, den Inhalt Ihrer Gedanken in Stressphasen zu reflektieren und zu verstehen, warum Sie problematische Denkmuster haben.

Verständnis für sich selbst verändert nicht notwendigerweise Ihre Gedankenmuster. Den Inhalt der Gedanken anzunehmen und anzuerkennen kann jedoch die Reaktivität für Stresssymptome reduzieren.

Zusammenfassung

Dieses Kapitel fokussierte darauf, Ihre Emotionen, Verhaltensweisen und Gedanken in Stressphasen anzuerkennen und anzunehmen. Sich selbst und die innere Reaktion auf Stressoren als berechtigt und authentisch anzunehmen, vermindert Unsicherheit und baut Stresssymptome ab. Wenn Sie dem Erleben stressbedingter Emotionen sowie den verhaltensbezogenen Reaktionen auf Stress und den Gedanken, die zu Stress beitragen, achtsame Aufmerksamkeit entgegenbringen, können Sie den Zusammenhang zwischen externen Stressoren und innerem Erleben besser verstehen. Das innere Erleben als berechtigt zu begreifen und zu akzeptieren, kann die Unsicherheit verringern, die zu anhaltendem Stress beiträgt und Problemlösen und produktives Handeln stört.

10 Problematisches Copingverhalten ändern

Wenn Menschen gestresst und unglücklich sind, hat das normalerweise einen guten Grund. Wiederholte stressvolle Ereignisse und die Unfähigkeit, sich vollständig von einem Ereignis zu erholen, bevor das nächste auftritt, führen bei vielen Menschen zu impulsivem, stimmungsabhängigem Verhalten und behindern die Fähigkeit, auf Probleme durchdacht und wirkungsvoll zu reagieren (Linehan, 1993a).

Wenn Sie gestresst sind, erscheint es Ihnen möglicherweise so, dass Sie nicht die Zeit oder die Willenskraft haben, Coping (d. h. Bewältigung) auf gesunde Art und Weise zu betreiben, beispielsweise durch Sport, gesunde Mahlzeiten, ausreichend Schlaf und angenehme und beruhigende Aktivitäten. In diesen stressvollen Phasen verschaffen ungesunde und destruktive Verhaltensweisen häufig unmittelbare Erleichterung von schmerzhaften stressbedingten Emotionen. Spielen, rauchen, essen, einkaufen, Alkohol trinken und nichts tun sind problematische Coping- bzw. Bewältigungsstrategien, die Menschen einsetzen, um mit Stress umzugehen.

Ein problematischer Stil beim Coping – übermäßig essen, um blankliegende Nerven zu besänftigen, Geld ausgeben, das Sie nicht haben, impulsiv einen Abgabetermin platzen lassen, Rechnungen oder Darlehenszahlungen ignorieren oder Gesundheitsprobleme vernachlässigen – kann sich zu einer Krise aufschaukeln. Schädliche Copingstrategien vermindern das Stressniveau nicht; stattdessen erzeugen Sie zusätzlich Stress in Ihrem Leben. Ein problematischer Copingstil kann mit der Zeit sogar zur hauptsächlichen Quelle von Stress werden: Eine versäumte Darlehenszahlung kann zur Zwangsvollstreckung führen, Alkohol zu trinken, um alles erträglicher zu machen, kann zur Abhängigkeit werden, und so weiter.

Wenn Sie feststellen, dass Sie Stress auf ungesunde und zerstörerische Weise bewältigen, sagen Sie sich vielleicht einfach, dass Sie sich ändern wollen. Häufig lässt sich jedoch nur schwer ändern, wie Sie mit Stress umgehen. Womöglich unterlaufen Ihnen typische Fehler, wenn Sie mit wiederkehrenden Stressoren konfrontiert sind, und Sie glauben beispielsweise, dass Sie hilflos sind, gehen Probleme passiv an, hoffen, dass andere Ihre Probleme lösen, vertrauen der Meinung anderer hinsichtlich des Problems mehr als Ihrer eigenen. Sie vereinfachen vielleicht das Problem und geben auf, wenn es nicht sofort gelöst ist, versuchen, das Problem allein und ohne Hilfe in einem Bereich zu lösen, für den Ihnen die Fähigkeit oder das Fachwissen fehlt, oder Sie reagieren impulsiv aus einer Emotion heraus, anstatt wirkungsvoll aufgrund Ihrer Prioritäten.

Sich lediglich zu einer Veränderung aufzufordern funktioniert vermutlich nicht, solange Sie nicht verstehen, was Ihre Handlungsweise beeinflusst. Die Strategien in diesem Kapitel sollen Ihnen helfen, problematisches Copingverhalten zu ändern. Das kann bedeuten, die Gedanken und Gefühle zu verändern, die den problematischen Handlungen vorausgehen, den Lebensstil zu verändern oder neue Fertigkeiten zu erlernen. Mithilfe dieser Strategien können Sie die problematischen Verhaltensweisen klären, Faktoren untersuchen, die schädliche Handlungen beeinflussen, und wirksamere Lösungen entwickeln.

In der DBT gelten ungesunde und zerstörerische Verhaltensweisen als Probleme, die zu beheben sind. Strategien, um das Problem dieser schädlichen und zerstörerischen Verhaltensweisen zu lösen, bilden das Herzstück der DBT. In gewisser Weise haben zerstörerische Verhaltensweisen Ihnen geholfen, mit überwältigendem Stress zurechtzukommen (Linehan, 1993a). Nun ist es an der Zeit, ein besseres Verständnis dafür zu entwickeln, was Sie tun und warum, sodass Sie Änderungen vornehmen können.

10.1 Akzeptanz

Problematische Reaktionsmuster auf Ereignisse zu verändern und Ihr Stressniveau in den Griff zu bekommen, erfordert Skills der Selbstakzeptanz. Wenn Sie bei sich feststellen, wie Sie darüber klagen, dass Sie bestimmte Probleme in Ihrem Leben nicht haben sollten oder mit sich und vergangenen Handlungen hart ins Gericht gehen, dann müssen Sie Selbstakzeptanz in den Mittelpunkt stellen, wenn Sie Ihre Verhaltensweisen besser verstehen möchten.

Durch das gesamte Kapitel hindurch sollten Sie wie ein investigativer Journalist denken und das Hauptaugenmerk darauf richten, Fakten zu entdecken und zu bestätigen. Die Fakten könnten sich auf Ihre gegenwärtige Situation beziehen, darauf, wie Sie handeln, wie Sie fühlen oder was Sie denken.

Sich zu verurteilen oder Schuld zuweisen zu wollen verstärkt Ihre Emotionen und erhöht die Wahrscheinlichkeit, dass Sie wichtige Fakten übersehen. Ihre inneren Erfahrungen in Verbindung mit problematischem Coping zu betrachten, kann Selbstkritik auslösen, die Ihre Analysefähigkeit stilllegt. Hier ist es empfehlenswert, die Achtsamkeitsübungen aus Kapitel 6 durchzuführen. Insbesondere sollten Sie bewertende Gedanken loslassen, etwa: »Wieso war ich nur so dumm?« oder »Ich bin ein Versager« und »Ich kriege überhaupt nichts hin«. Selbstkritik löst Scham und Verlegenheit aus. Dadurch wird es schwieriger zu verstehen, wie Ihre eigenen Gefühle, Gedanken und Verhaltensweisen zu Ihren aktuellen Problemen beitragen.

Wie bei den Strategien in Kapitel 8 erfordern auch die Strategien hier ein gewisses Maß an Verhaltenskontrolle. Durch die intensive Beschäftigung mit bestimmten Aspekten in Verbindung mit zerstörerischen und riskanten Verhaltensweisen, wie selbstverletzendes Verhalten oder Suizidversuche, kann zeitweise das Erleben schmerzhafter Emotionen zunehmen. Es ist ratsam, diese Strategien nur mit der Unterstützung einer Fachkraft einzusetzen, wenn Sie derzeit mit hochriskanten Verhaltensweisen zu kämpfen haben.

10.2 Das Problem klären

Manchmal ist ein Problem offensichtlich: Wenn Sie morgens regelmäßig zu spät zur Arbeit kommen, stehen Sie nicht früh genug auf.

Zu anderen Zeiten liegt das Problem nicht so klar auf der Hand. Betrachten Sie noch einmal das Beispiel, ständig zu spät zur Arbeit zu kommen. Was wäre, wenn das ein Ausschnitt eines größeren Musters ist? Was wäre, wenn Sie den ganzen Tag über zu spät kommen, sogar wenn Sie glauben, ausreichend Zeit zu haben, um an Ihr Ziel zu gelangen? Was wäre, wenn Zuspätkommen zusätzlich Stress für Ihre Kinder verursacht oder Spannungen in der Arbeit erzeugt, Sie aber trotz aller Bemühungen weiterhin zu spät kommen? In diesem Fall betrifft die Ursache Ihres Zuspätkommens mehr als den Zeitpunkt, zu dem Sie aufstehen.

Beispiel

Die Geschichte von Leah

Leah ist Bürokauffrau und Mutter von drei kleinen Kindern. Bevor sie Kinder bekam, hielt sie ein gesundes Gewicht mithilfe von Sport, obwohl sie eine Menge zuckerreicher Lebensmittel verzehrte. Seitdem die Kinder da sind, hat sie 30 Kilogramm zugenommen. Auch früher aß sie schon zu viel zuckerreiche Lebensmittel, nun jedoch setzt sie auf Zucker und Koffein, um den Tag über zu funktionieren. Die Kinder schlafen alle nicht durch, daher ist sie ständig müde. Aufgrund von Entlassungen hat sie in der Arbeit zusätzliche Pflichten übernommen und sieht sich häufig mit zahlreichen Arbeitsaufträgen konfrontiert – und alle müssen sofort erledigt werden. Erschöpft verzehrt sie im Laufe eines Vormittags mehrere Donuts und sagt sich, dass sie den Zucker braucht, um ihre Energiereserven aufrechtzuerhalten. Sie isst regelmäßig hochkalorisches und fettiges Essen zum Mitnehmen und Fastfood. Abends liegt sie nur noch auf dem Sofa, sieht fern und isst Süßigkeiten und Nachspeisen, die sie als Belohnung dafür rechtfertigt, wieder einen stressigen Tag überstanden zu haben.

Übung

Das eigene Problem klären

(1) Suchen Sie sich einen ruhigen Moment im Laufe des Tages, legen Sie Ihr Tagebuch oder ein leeres Blatt Papier bereit und

beantworten Sie folgende Fragen: Was lässt Sie glauben, dass es ein Problem gibt? *Wo* passiert es? *Wie* passiert es? *Wann* passiert es? Wer ist beteiligt?

(2) Beschreiben Sie nun das Problem klar in drei bis fünf Sätzen. Achten Sie darauf, alles aufzuschreiben, während Sie Fragen dazu beantworten und Informationen sammeln. Etwas Schriftliches zu haben, auf das Sie sich beziehen können, unterstützt Sie später, wenn Sie anhand dieser Informationen nach möglichen Lösungen suchen.

(3) Wenn Sie mehrere Probleme identifiziert haben, müssen Sie diese nun priorisieren und entscheiden, welches Problem Sie zuerst bearbeiten. Setzen Sie das wichtigste Problem an die Spitze. Das wichtigste Problem ist dasjenige, das Ihnen in Ihrem Leben am meisten schadet. Wenn ein Problem ein Risiko für Ihr Leben birgt, hat es Priorität für Sie. Wenn es kein solches Problem gibt, sollten Sie sich auf Probleme konzentrieren, die Ihre Lebensqualität bedrohen – beispielsweise übermäßige Ausgaben, die Ihre Zahlungsfähigkeit im Hinblick auf Darlehen gefährden, oder Verhaltensweisen, die die Sicherheit Ihres Arbeitsplatzes bedrohen. Bei den Übungen in diesem Kapitel sollten Sie sich auf das Problem mit höchster Priorität konzentrieren. Nachdem Sie die Übungen anhand dieses Problems durchgeführt haben, können Sie den Prozess mit weniger dringlichen Problemen wiederholen.

Leah bestimmte ihr Essverhalten als Problem mit höchster Priorität. Bei einem kürzlich erfolgten Arztbesuch erfuhr sie, dass ihr Gewicht und ihr Essproblem sie der Gefahr einer Herzerkrankung aussetzen. Leahs Beschreibung ihres Problems sah so aus: »Ich esse den ganzen Tag über zuckerhaltige und fettige Lebensmittel und gelte bei meinem derzeitigen Gewicht als adipös. Ich beginne den Tag mit einem süßen Frühstück und esse dann zu Hause und in der Arbeit weiter ungesunde Lebensmittel. Wenn ich keine Energie mehr habe oder eine Pause brauche, esse ich ungesunde, hochkalorische Snacks. Diese Lebensmittel und meine Portionen übersteigen die empfohlene Kalorienmenge für eine Frau in meinem Alter. Ich neige dazu, allein zu essen, im Stehen in der Küche, wenn die Kinder fernsehen, oder in der Arbeit am Schreibtisch oder im Auto.«

Denken Sie daran, dass Sie bis zu diesem Punkt Ihr Bestes gegeben haben. Achten Sie auf Gefühle, die Ihre Motivation beeinträchtigen, dieses Problem zu lösen, und lassen Sie sie vorübergehen. Informationen zu sammeln ist entscheidend, um zu verändern, wie Sie Stress bewältigen.

10.3 Faktoren untersuchen, die schädliche Handlungsweisen beeinflussen

Sie müssen Ihr inneres Erleben erforschen, einschließlich Ihrer Gefühle, der physischen Reaktionen in Ihrem Körper und Ihrer Gedanken, um die Wechselbeziehung zwischen externen Stressoren und schädlichen Handlungsweisen besser zu verstehen. Diese Selbstanalyse kann den schwierigsten und kompliziertesten Aspekt dabei darstellen, problematische Verhaltensweisen zu verändern. Sie beinhaltet, Ihre Gedanken und Gefühle zu betrachten und auch Ihre individuellen Verletzlichkeiten und die spezielle Situation zu untersuchen, die eine problematische Handlungskette in Gang setzt.

Aufdecken, was schädlichen Handlungen vorausgeht

Probleme kommen nicht einfach aus dem Nichts. Etwas geschieht, das eine Stressreaktion auslöst. Die Wechselbeziehung zwischen dieser stressvollen Situation und Ihrem inneren Erleben von Stress führen zu schädlichen Handlungen. Der DBT zufolge müssen Sie Informationen über die stressbedingten Gefühle, Gedanken und physischen Reaktionen sammeln, die vor einer schädlichen Handlung passieren. Wie das Stresstagebuch, das Sie in Kapitel 1 erstellten, verlangen die folgenden beiden Übungen von Ihnen, Ereignisse, die eine Stressreaktion auslösen, genau zu erforschen. Auch sollten Sie die Gefühle, Gedanken und Verhaltensweisen unter die Lupe nehmen, die Sie als Reaktion auf dieses Ereignis haben. Diese Übungen führen diese Erkundung noch einen Schritt weiter. Sie fordern Sie auf, ein anfängliches Ereignis zu untersuchen, das zu schädlichen oder zerstörerischen Handlungen führt. Ebenso sollten Sie die gesamte Abfolge von Gedanken und Gefühlen untersuchen, die durch dieses Ereignis angestoßen werden.

Übung

Wann begann das Problem?

Um Änderungen vorzunehmen, müssen Sie herausfinden, welche äußere stressvolle Situation eine Folge von Ereignissen und inneren Erfahrungen auslöste, die schließlich in eine ungesunde oder schädliche Handlung mündeten. Den Anfangspunkt problematischer Handlungen zu identifizieren, bestimmt den Fokus für die übrige Selbstuntersuchung.

(1) Suchen Sie sich eine ruhige Phase im Laufe des Tages und legen Sie Ihr Tagebuch oder ein leeres Blatt Papier bereit. Lesen Sie Ihre Beschreibung der Problemhandlungen durch. Wählen Sie einen bestimmten Zeitpunkt, als das Problem auftrat. Leah entschied beispielsweise, einen Vormittag in den Blick zu nehmen, als sie an ihrem Schreibtisch in der Arbeit übermäßig aß.

(2) Denken Sie darüber nach und schreiben Sie auf, was geschah und Sie auf den Weg brachte, der bei problematischen Handlungsweisen endete. Folgende Fragen zu überdenken und zu beantworten kann dabei helfen: »Was setzte das Problem in Gang?«, »Mit welchen Stressoren befasste ich mich, als das Problem begann?«, »Was habe ich getan, das mich auf den Weg problematischer Bewältigungsversuche brachte?«, »Warum trat das Problem zu diesem speziellen Zeitpunkt auf, anstatt zu einer anderen Zeit oder an einem anderen Tag?«

(3) Wenn es Ihnen schwer fällt, darauf zu kommen, was das Problem in Gang setzte, schätzen Sie grob ab, welche Situation die schädliche Handlung ausgelöst haben könnte. Das Ziel ist herauszufinden, welcher externe Stressor die Folge innerer Erfahrungen in Gang setzte, die zu problematischen Handlungsweisen führten. Womöglich müssen Sie mehrere

Vorfälle des Problemverhaltens untersuchen, bevor Sie eindeutig die stressvolle Situation bestimmen können, die es in Gang setzte.

Ein stressvolles Ereignis passiert. Der Fokus Ihrer Untersuchung liegt auf der Wechselbeziehung zwischen diesem anfänglichen stressvollen Ereignis, Ihrer individuellen inneren Erfahrung und allen darauffolgenden Umständen. Durch ein besseres Verständnis dafür, welche Stressoren schädlichen Copingverhaltensweisen vorausgehen, können Sie das eigene Verhalten begreifen und es ergibt sich ein Ansatzpunkt, um Änderungen vorzunehmen.

Übung

Innere Erfahrungen, die schädlichen Handlungsweisen vorausgehen

Diese Übung dient weiterhin der Erforschung der Abfolge von Ereignissen und Erfahrungen, die ungesunden oder zerstörerischen Verhaltensweisen vorausgehen. Es handelt sich um die individuellen Erfahrungen, die zwischen dem stressvollen Ereignis, das die Dinge in Gang setzte, und der schädlichen Handlung stattfinden.

(1) Konzentrieren Sie sich auf die gleiche Begebenheit einer schädlichen Handlungsweise, die Sie in der vorhergehenden Übung identifizierten. Schreiben Sie in Ihrem Tagebuch oder auf ein leeres Blatt Papier alle Gefühle auf, an die Sie sich nach dem Auftreten des Stressors erinnern, der das problematische Bewältigungsverhalten ins Rollen brachte. Während Sie darüber nachdenken, wie Sie sich während und nach der stressvollen Situation fühlten, schreiben Sie alle Emotionen ab dem Eintreten des Stressors bis unmittelbar vor der ungesunden oder zerstörerischen Handlungsweise auf, an die Sie sich erinnern können.

(2) Beschreiben Sie für den gleichen Zeitraum physische Empfindungen. Überlegen Sie, wie sich Ihr Körper anfühlte.

Fühlten Sie sich beispielsweise angespannt, überdreht oder völlig ohne Energie? Versuchen Sie, die Emotion in Verbindung mit der körperlichen Empfindung zu benennen. Wenn Sie eine Emotion nicht bestimmen können, raten Sie einfach. Denken Sie über andere physische Empfindungen nach, die Sie gespürt haben könnten, wie starke Hungergefühle im Bauch, Kopfschmerzen oder Benommenheit.

Leahs Untersuchung ihrer Empfindungen sah so aus: »Unmittelbar vor dem Essen fühlte ich mich vollkommen ausgelaugt und körperlich müde. Ich war träge, meine Arme waren schwer. Ich hatte den Eindruck, mich nicht konzentrieren zu können. Ich bin mir bei den Emotionen nicht ganz sicher, aber ich schätze, ich war ängstlich, überfordert und verlassen.«

(3) Werfen Sie nun einen Blick auf Ihre Gedanken im Zusammenhang mit dem Problemhandeln. Betrachten Sie die Gedanken, die auftreten, kurz bevor Sie auf problematische Art und Weise handeln. Fragen Sie sich, was Sie sich selbst sagen, das zu den weiter oben identifizierten Gefühlen beiträgt. Was geht Ihnen durch den Kopf, kurz bevor Sie handeln? Überlegen Sie sich, ob Ihnen die Gedanken zu diesem Zeitpunkt bewusst sind.

Leahs Gedanken, die zu übermäßigem Essen und der Entscheidung für ungesunde Lebensmittel führten, waren: »Ich brauche das«, »Ich bin müde und brauche die Energie«, »Das sind unzumutbare Erwartungen und ich kann das auf keinen Fall schaffen«, »Ich habe zu viel zu tun und verdiene etwas Besonderes«, »Ich bekomme keine Hilfe« und »Ich kann damit nicht umgehen«.

(4) Richten Sie die Aufmerksamkeit nun darauf, wie Sie handeln, wenn Sie sich so fühlen und so denken, wie Sie es oben beschrieben haben. Wonach ist Ihnen zumute? Was tun Sie tatsächlich?

Leah wollte am liebsten aufgeben. Stattdessen aß sie.

(5) Bringen Sie alles in eine Reihenfolge. Auch wenn sich nur schwer eine geradlinige Folge von Erfahrungen erstellen lässt, die von einem Stressor zu einer Handlung führen, sollten Sie Ihr Bestes versuchen. Zu wissen, wie Ihre Gefühle und Gedanken mit Ereignissen zusammenspielen, die in problematischen Verhaltensweisen enden, wird Ihnen helfen, die Handlungen zu verstehen und Wege für eine Veränderung zu finden. Legen Sie in Ihrem Tagebuch oder auf einem Blatt Papier eine Tabelle mit zwei Spalten an, um die Abfolge Ihrer Erfahrungen zu ordnen. Beschriften Sie die erste Spalte mit der Überschrift »Stressvolle Situation«. Schreiben Sie in jeweils neue Zeilen darunter »Gefühl im Körper« und dann »Gedanken«, »Emotion«, »Verhaltensdrang« und »Handlung«. Wiederholen Sie diese Kategorien bezogen auf eine stressvolle Situation zwei oder dreimal (oder so oft, wie nötig), bis Sie am Ende bei der schädlichen Handlung ankommen, auf die Ihre Untersuchung abzielt.

Leahs Liste begann so:

Stressvolle Situation	Während ich bereits an mehreren Projekten arbeitete, bei denen ich mir ohnehin schon Sorgen machte, sie nicht rechtzeitig abschließen zu können, bat mich mein Chef, sofort eine Besprechung zu verschieben, die sehr schwer zu organisieren war. Die Besprechung zu verlegen würde viel Zeit kosten, die anderen Projekte verzögern und bedeuten, dass ich mich mit verschiedenen anderen Leuten auseinandersetzen müsste, die verärgert sein würden und schon in der Vergangenheit sehr unfreundlich zu mir waren.
Gefühl im Körper	Ich fühlte mich träge, erschöpft.

Gedanken	Er hat keine Ahnung, wie viel Arbeit das ist.
Emotion	nicht wertgeschätzt
Verhaltensdrang	weinen
Handlung	telefoniert und Nachrichten hinterlassen
Stressvolle Situation	bekam ersten wütenden Rückruf
Gefühl im Körper	angespanntes Gesicht
Gedanken	Das verdiene ich nicht.
Emotion	Wut
Verhaltensdrang	meinem Chef sagen, er soll es doch selbst machen
Handlung	Machte und erhielt weitere Anrufe. Hörte mehr frustrierten Leuten zu.
Stressvolle Situation	Bekam einen Anruf und wurde zusammengestaucht, weil die Projekte nicht fertig waren, an denen ich gerade gearbeitet hatte.
Gefühl im Körper	verspannte Muskeln, verkrampfter Magen
Gedanken	Ich brauche eine Pause. Das ist nicht fair.
Emotion	Angst
Verhaltensdrang	Flucht
Handlung	Ging in den Pausenraum und aß drei Donuts, holte einen Kaffee mit Sahne und nahm einen Bagel mit Frischkäse mit an den Schreibtisch, um ihn während der Arbeit zu essen.

Leahs anfängliche Liste zeigt mehrere Dinge. Externe Stressoren traten weiterhin auf und wirkten sich auf ihre innere Erfahrung aus. Zudem enthält ihre Liste zahlreiche Informationen über ihr inneres Erleben und wenn sie mehr Zeit dafür aufwenden würde, fiele ihr sicherlich noch mehr ein. Innere Reaktionen auf Stressoren laufen sehr schnell ab. Das und die anhaltenden externen Stressoren können bedeuten, dass es viele Informationen für Ihre Liste gibt. Tun Sie Ihr Bestes, um sie auszuarbeiten und holen Sie sich alle wichtigen Informationen – über das, was geschehen ist, und Ihre innere Reaktion darauf. Mithilfe der Informationen, die Sie hier sammeln, können Sie erkennen, mit welchen Mustern Sie reagieren.

Muster erkennen

Wenn Sie verändern möchten, wie Sie handeln, ist es hilfreich, Muster in der Abfolge der Erfahrungen aufzuspüren, die zwischen einem Stressor und einer schädlichen Handlung auftreten. Üblicherweise sorgen unsere Reaktionsmuster dafür, dass wir mit größerer Wahrscheinlichkeit ein Problemverhalten immer wieder wiederholen. Wenn Sie eines dieser Muster ändern können, haben Sie vielleicht nicht länger den Drang nach solchen Dingen wie zu viel Alkohol zu trinken, um alles erträglicher zu machen, oder zu viel Geld auszugeben.

Um Muster zu entdecken, müssen Sie die beiden letzten Übungen mehrere Male wiederholen. Immer, wenn Sie auf schädliche Art und Weise handeln, sich selbst oder anderen gegenüber, können Sie die Analyse wiederholen und identifizieren, was das Problemhandeln veranlasste sowie die Verbindungen zwischen Ihren Gefühlen, Gedanken und äußeren Ereignissen erkennen. Die Muster werden für Sie sichtbar, indem Sie Ihre innere Erfahrung wieder und wieder beschreiben. Sie könnten beispielsweise herausfinden, dass Sie sich immer einsam fühlen, bevor Sie eine Essattacke haben, dass Sie die Annahme treffen, Sie könnten Ihre Ausgaben nicht kontrollieren, bevor Sie zu viel Geld ausgeben, oder dass Sie Hilfe von Ihren Kollegen verweigern, bevor Sie aufgeladene Konflikte mit Ihrem Partner austragen.

Übung

Muster innerhalb von Faktoren, die schädliches Coping beeinflussen

(1) Nehmen Sie die Übungen zur Hand, mittels derer Sie die inneren Erfahrungen identifizierten, die zu dem Problem führten, und auch, wann Ihr problematisches Verhalten begann. Lesen Sie sie durch und suchen Sie nach Mustern.

(2) Halten Sie Ausschau nach *automatischen Reaktionen*. Beispiele für automatische Reaktionen sind: in unbekannten Situationen immer Stress empfinden; immer, wenn das Verhalten auftritt, übertrieben emotional und impulsiv werden; beständig Konflikte vermeiden; das Problem ignorieren oder beschönigen; Hilfe verweigern und vor dem Problem davonlaufen.

(3) Suchen Sie nach *Lücken bei Ihren Fähigkeiten*. Vielleicht gehen Sie mit anderen aus und merken, dass Sie zu viel Alkohol trinken, weil Sie unsicher sind, wie man sich ohne Alkohol mit anderen unterhält; Sie wissen vielleicht nicht, wie man gesunde Mengen isst und dabei satt wird, was zu übermäßigem Essen führen kann; oder Sie wissen nichts von Programmen, die Ihnen helfen würden, Geld zu sparen, und so Ihre übermäßigen Ausgaben drosseln können.

(4) Suchen Sie nach *problematischen Überzeugungen und Befürchtungen*. Beispiele für solche Überzeugungen und Befürchtungen sind: glauben, dass Sie es nicht aushalten, wenn andere Sie kritisieren oder zurückweisen; davon ausgehen, dass Sie nicht die Hilfe bekommen, die Sie brauchen; und annehmen, dass Sie hilflos sind und keine Einflussmöglichkeiten haben.

(5) Halten Sie Ausschau nach *Schwachstellen*. Das betrifft Faktoren, die vielleicht nicht direkt zu dem Problem beigetragen haben, die das Auftreten jedoch wahrscheinlicher machten. Schwachstellen schließen Ihren Lebensstil ein sowie gegenwärtige Emotionen und Stressoren, die nicht direkt mit dem Problem verbunden sind. Beispiele für Schwachstellen sind:

zu wenig schlafen; unausgewogen essen; und kürzlich ein Trauma oder andere stressvolle einschneidende Ereignisse erlebt haben.

(6) Versuchen Sie, mindestens zwei bis drei dieser Muster zu bestimmen. Raten Sie auch hier, wenn Sie sich nicht sicher sind. Im Augenblick ist es nicht notwendig, sicher zu sein. Das Ziel besteht darin, in einer aufgeschlossenen Haltung nach möglichen Mustern zu suchen und sie zu überdenken. Diese Aufgeschlossenheit wird Ihnen schließlich ermöglichen, jene Muster zu finden, die Ihre schädlichen Handlungen beeinflussen.

Muster in Ihren Reaktionen auf Stressoren zu finden, die schädlichen Verhaltensweisen vorausgehen, gibt Ihnen eine klare Zielrichtung vor, um wirkungsvolle Lösungen zu entwickeln. Wenn Sie ein Reaktionsmuster verändern können, können Sie auch die Abfolge von Ereignissen modifizieren, die zu den schädlichen Handlungen führt.

10.4 Wirkungsvolle Lösungen entwickeln

Nachdem Sie nun zahlreiche Informationen gesammelt haben, ist es an der Zeit, sich neu auszurichten und zu ermitteln, wie Sie Ihre Handlungen verändern können. Diesen Teil des Prozesses sollten Sie in einer Haltung der Aufgeschlossenheit angehen und ihn als Gelegenheit betrachten. An diesem Punkt der Problemlösung müssen Sie an jedem Wendepunkt Ihre Optionen erkunden. Verwerfen Sie keine einzige Möglichkeit.

Auch wenn Sie offen gegenüber allen Möglichkeiten für eine Veränderung sind, sollten Sie dabei vor allem sich selbst im Blick haben. Damit ist gemeint, dass Sie sich insbesondere auf Veränderungen konzentrieren sollten, die *Sie* machen, und nicht auf Veränderungen in der Umwelt. Leah möchte beispielsweise mehr Kontrolle über ihre Arbeitsaufträge erreichen. Anstatt das Problem dadurch lösen zu wollen, ihren Vorgesetzten zu ändern, was nicht unbedingt eine für sie durchsetzbare Lösung ist, sollte sie sich auf bestimmte Veränderungen in der Umwelt und ihrem Verhalten konzentrieren, die sie tatsächlich beeinflussen kann. Leah kann sich beispielsweise vornehmen, mit dem Vorgesetzten über ihre Arbeitsanforderungen und ihre Arbeitseinteilung zu sprechen. Sie könnte mit ihm ein Gespräch darüber beginnen, wie sie ihren Arbeitsaufgaben am besten entsprechen kann und dennoch seinen Aufträgen nachkommen kann. Leah kann ihren Vorgesetzten nicht verändern, aber sie kann die Art und Weise verändern, wie sie mit ihm kommuniziert, was womöglich bedeutet, dass sie ihre eigenen Bedürfnisse durchsetzen kann. Wenn das nicht funktioniert, sollte sie nach anderen Lösungen suchen, die sie bewirken kann.

Übung

Brainstorming, um Stressreaktionen zu verändern

(1) Nehmen Sie die vorhergehenden Übungen aus diesem Kapitel zur Hand und fragen Sie sich zunächst: »Was müsste ich ändern, um mein Leben zu verbessern?« oder »Was müsste sich ändern, damit die Situation besser wird?«. Erstellen Sie eine Liste mit Ihren Antworten. Nehmen Sie sowohl Veränderungen von Gedanken und Gefühlen in den Blick, als auch von äußeren Ereignissen.

(2) Betrachten Sie alle Informationen, die Sie in den früheren Übungen zusammengestellt haben, als Gelegenheit, sich anders zu verhalten. Leah bestimmte zum Beispiel den Gedanken »Das verdiene ich nicht« und ihr Gefühl der Wut als Möglichkeiten, anders zu reagieren. Sie könnte Strategien aus Kapitel 2 anwenden, um ihr Denken zu verändern, und auch Strategien der Achtsamkeit aus Kapitel 6, um ihre Gefühle wahrzunehmen, ohne darauf zu reagieren.

(3) Suchen Sie fünf Ansatzpunkte für eine Veränderung in der Abfolge von Ereignissen und inneren Erfahrungen aus, die einem Problemverhalten vorausgehen, und versuchen Sie, jeweils zwei bis drei Lösungen zu erarbeiten. Sie könnten beispielsweise beschließen, Lösungen für den Schlafmangel

und die Gesundheitsprobleme zu finden, die Sie anfällig für impulsives Handeln machen. Sie können auch entscheiden, Gedanken zu verändern, die zu ängstlichen Gefühlen beitragen, und stressvolle Ereignisse häufiger zu vermeiden, die das Problem anstoßen.

(4) Beschränken Sie Ihre Liste von Lösungen nicht. Gemäß der DBT lautet die Devise: »Quantität führt zu Qualität« (Linehan, 1993a). Sie können die Liste später ausdünnen und die besten Lösungen für Sie aussuchen. Im Augenblick sollten Sie so viele Optionen wie möglich heranziehen. Sehen Sie sich um und beobachten Sie, wie andere ähnliche Problem gelöst haben. Gehen Sie frühere Kapitel in diesem Buch durch und suchen Sie nach möglichen Strategien, die Ihnen helfen könnten, anders zu reagieren. Widerstehen Sie dem Drang, Ideen zurückzuweisen oder sich zu überlegen, dass Ihnen nicht gelingen kann, was ein anderer getan hat.

(5) Betrachten Sie erneut Muster in Ihren Reaktionen auf stressvolle Ereignisse und bestimmen Sie Strategien aus früheren Kapiteln in diesem Buch, die alternative Reaktionsweisen sein könnten.

(6) Fragen Sie gute Freunde und Ihre Familie nach Ideen.

Leahs fünf Ansatzpunkte für eine Veränderung der Abfolge von Ereignissen, die übermäßigem Essen vorausgingen, waren Folgende:

- eine automatische Reaktion, Konflikte dadurch zu vermeiden, ihre Bedürfnisse nicht zu äußern
- ungesunde Lebensmittel schnell verfügbar zu haben
- die Schwachstelle, zu wenig zu schlafen
- die Lücke bei ihren Fähigkeiten, gesunde Mahlzeiten zuzubereiten, weil sie ihre Ernährungsbedürfnisse nicht verstand
- ihre andauernde Selbstkritik und wertendes Denken

Für jeden dieser fünf Problempunkte erstellte sie eine Liste von möglichen Veränderungen, die sie vornehmen könnte. Sie listete beispielsweise auf, wann sie sich nicht durchsetzte, wie sie ihre Bedürfnisse bei anderen Menschen anbringen könnte, und welche gesünderen Lebensmittel sie bereithalten könnte. Sie recherchierte gesündere Alternativen bei den Fastfood-Restaurants, die sie häufiger besuchte, und erstellte eine Liste von möglichen Maßnahmen, um Informationen über gesündere Essgewohnheiten zu erhalten. Sie wusste, dass die ständige Übermüdung sie anfälliger dafür machte, ungesund zu essen, war sich aber nicht sicher, wie sie das ändern könnte. Sie schrieb auf, wo sie sich Ideen dazu holen könnte, mehr Schlaf zu bekommen – zum Beispiel bei anderen berufstätigen Müttern, die damit zu tun hatten, dass ihre Kinder nachts wach wurden. Schließlich identifizierte sie Übungen, vor allem in Kapitel 6 (Achtsamkeit pflegen) und Kapitel 2 (Den eigenen Geist entwirren), um mit der Selbstkritik und dem wertenden Denken umzugehen.

An diesem Punkt sollten Sie so viele Lösungen wie möglich entwickeln. Am Ende stehen Ihnen mindestens 15 verschiedene mögliche Veränderungen zur Verfügung, die Sie vornehmen können. Vielleicht setzen Sie nur wenige davon um, vielleicht aber auch viele. Jedenfalls können Sie die Vorgehensweise auswählen, die für Sie am besten geeignet ist, wenn Sie sich zahlreiche Optionen überlegt haben.

Strategien für wirksames Coping bewerten

Es gibt viele mögliche Strategien, um die Reaktionsmuster auf stressvolle Situationen zu verändern. Manchmal, wenn wir Zeit für uns haben, verändern wir unsere Handlungsweise. Normalerweise müssen wir jedoch eine aktivere Rolle übernehmen, um problematische Reaktionen auf Stressoren anzugehen, wenn wir schädliches und zerstörerisches Verhalten ändern möchten. Die problematischen Reaktionen einfach zu ignorieren oder darauf zu warten, dass sich die Dinge von selbst ändern, macht die Situation typischerweise schlimmer.

Die Herausforderung besteht darin, die Strategien zu bestimmen, die für Sie am besten funktionieren. Sie sollten Strategien wählen, die sowohl Ihren Stärken und Fertigkeiten entsprechen als auch am meisten Erfolg versprechen. Obwohl Sie sich bei den vorzunehmenden Veränderungen an Ihren Stärken und Fertigkeiten orientieren, wird die Bearbeitung schädlicher und zerstörerischer Verhaltensweisen von Ihnen verlangen, Dinge auszuprobieren, die außerhalb

Ihrer Komfortzone liegen. Wenn es allerdings leicht wäre, mit Stress auf gesunde Art und Weise umzugehen, würden Sie das schon längst tun.

Übung

Veränderungsstrategien bewerten

(1) Nehmen Sie die Liste potentieller Veränderungen Ihrer Reaktionen auf Stress zur Hand, die Sie in der letzten Übung erstellt haben, und gehen Sie die Veränderungen und Strategien erneut durch.

(2) Fragen Sie sich hinsichtlich jeder potentiellen Veränderung oder neuen Strategie, was Ihrer Erwartung nach geschehen wird. Betrachten Sie sowohl kurzfristige als auch langfristige Erwartungen bezüglich jeder möglichen Lösung. Leah sah beispielsweise eine mögliche Lösung darin, ihre Bedürfnisse zu vertreten und mit anderen zu verhandeln, um besser mit den an sie gestellten Ansprüchen zurechtzukommen. Ihre Erwartung war, dass einige Menschen auf ihre Bitte eingehen würden und dass sie motiviert wäre, sich bei diesen Menschen durchzusetzen. Gleichzeitig erwartete sie, dass andere es ihr nicht leicht machen würden, sich durchzusetzen, und dass sie kämpfen müsste, um sich diesen Menschen gegenüber zu äußern.

Kurzfristig erwartete sie, dass es zusätzlichen Stress und Spannung erzeugen würde, für sich einzutreten, weil die Menschen in ihrem Umfeld es gewohnt waren, dass sie in der Regel einsprang und die Dinge erledigte. Langfristig erwartete sie jedoch, dass mit einem Verringern der Ansprüche an ihre Zeit und Energie ihr Stressausmaß abnehmen würde und auch die Gefühle, nicht wertgeschätzt und verlassen zu sein, die immer einem übermäßigen Essen vorausgingen.

(3) Fragen Sie sich nun, wie realistisch Ihre Erwartungen sind. Versuchen Sie, von den Emotionen in Verbindung mit Ihren Erwartungen Abstand zu nehmen und den Zustand der »inneren Weisheit« zu aktivieren. Dann, wenn Sie ausge-

glichen und nicht in einer Verteidigungshaltung sind, sollten Sie sich fragen, ob Sie übermäßig optimistisch sind oder eher immer das Schlimmste annehmen. Überprüfen Sie Ihre Erwartungen, um festzulegen, ob sie Ihrem Eindruck nach eher positiv oder negativ verzerrt sind. Hilfreich ist dabei möglicherweise, eine vertraute Person um Unterstützung zu bitten.

(4) Merken Sie sich negative Erwartungen oder Probleme, während Sie verschiedene Strategien beurteilen. Sie sollten sich nicht in negativen Erwartungen verstricken, aber gleichzeitig sollten Sie sie auch nicht ignorieren. Fragen Sie sich stattdessen, wie Sie die Hindernisse überwinden könnten, die eventuell auf Sie zukommen, wenn Sie eine Veränderung umsetzen.

Vielleicht sind Sie frustriert oder möchten aufgeben, wenn eine oder zwei Strategien keine klaren Möglichkeiten ergeben. Gestatten Sie sich ein wenig Frustration und wenden Sie sich dann wieder dem Prozess zu. Hartnäckige Probleme brauchen Zeit. Denken Sie daran, dass Sie möglicherweise neue Skills lernen müssen oder Hilfe benötigen, um Reaktionen auf Stress zu verändern.

Entscheiden Sie sich bewusst für Veränderung

Sie kommen bei diesem Prozess an einen Punkt, an dem Sie sich bewusst dafür entscheiden müssen, etwas zu verändern. Wenn Sie Glück haben, klärt sich durch Ihre Analyse eindeutig, welche Strategien Sie nutzen werden. Vermutlich werden Sie jedoch verschiedene mögliche Strategien aussuchen müssen.

Vielleicht scheint es so, als gäbe es keine guten Alternativen. Wenn das zutrifft, haben Sie zwei Möglichkeiten. Sie können erneut Ihr schädliches oder zerstörerisches Verhalten mit dem Ziel klären und beurteilen, mehr mögliche Strategien zu entwickeln. Wenn Sie allerdings den Eindruck haben, bereits eine gründliche Beurteilung durchgeführt zu haben, können Sie die Strategien wählen, die Sie als das geringste Übel betrachten.

Eine Veränderung umzusetzen, fordert von Ihnen gelegentlich, ein wenig Leid und Anstrengung auszuhalten. Leah hatte ein großes Verlangen danach, es anderen Menschen recht zu machen und sie hatte schon immer Probleme damit, ihre Bedürfnisse durchzusetzen, Menschen zu enttäuschen oder bei anderen Frustration auszulösen. Sie wusste, dass eine bewusste Willensanstrengung nötig war, um sich zu behaupten, und dass es ihr abverlangen würde, den Kummer zu ertragen, dass sie anderen Menschen Unannehmlichkeiten bereitete. Für Leah stellte das eine der härtesten Veränderungen in den Bereichen dar, die sie aufgelistet hatte, doch sie glaubte auch, dass es diejenige war, die langfristig die größte Wirkung zeigen würde. Wie Leah müssen Sie vielleicht manche Dinge aufgeben, die Ihnen wichtig sind, und neue Verhaltensweisen ausprobieren, die unbequem sind, um Ihr schädliches Verhalten zu verändern.

Hindernisse voraussehen. Wenn Sie erst einmal begonnen haben, möchten Sie nicht aus der Bahn geworfen werden. Um auf Ihr Ziel konzentriert zu bleiben, müssen Sie mögliche Hindernisse voraussehen. Auf ein Problem zu stoßen, kann starke Emotionen wie Furcht, Angst und Wut auslösen. Wenn Sie einen schwierigen Weg beschreiten und auf eine Sperre stoßen, ist es normal, verärgert und aufgebracht zu sein. Auch sind Sorgen darüber zu erwarten, dass Ihre Bemühungen wieder nicht zu einem gesünderen Coping führen.

Auch wenn es unmöglich ist, alle Hemmnisse vorauszusehen, können Sie manche einplanen. Das Bewusstsein, dass Probleme auftreten können, sorgt für Flexibilität und die Bereitschaft, sich bei Bedarf anzupassen. Sie sollten konzentriert das angehen, was funktioniert, anstatt sich durch Emotionen und negative Gedanken ablenken zu lassen.

Werden Sie konkret, sammeln Sie Erfahrung und legen Sie los. Um Veränderungen vorzunehmen, brauchen Sie einen konkreten Plan. Wenn Leah sich lediglich dazu entscheiden würde, besser zu essen, würde das der Komplexität der Umstände, die bei ihr zu übermäßigem Essen führen, nicht gerecht werden. Sie muss konkret beschreiben, wie sie besser essen möchte. Sie werden mit größerer Wahrscheinlichkeit Veränderungen tatsächlich umsetzen und durchhalten, wenn Sie geplant haben, wie Sie es machen werden.

Übung

Veränderungen planen

(1) Schreiben Sie die zwei oder drei wichtigsten Veränderungen auf, die Sie vornehmen möchten. Wählen Sie diejenigen, die Ihnen Ihrer Meinung nach am meisten liegen und zu denen Sie sich verpflichten können. Stellen Sie sicher, dass Sie selbst glauben, dass diese Veränderungen tatsächlich einen Einfluss auf die schädlichen Handlungen haben werden, die Sie ändern möchten. Leah wusste, dass gesunde Lebensmittel im Haus ihr den Eindruck vermitteln würden, dass sie an dem Problem übermäßigen Essens arbeitete. Sie glaubte jedoch nicht, dass gesunde Lebensmittel allein ihre Essgewohnheiten verändern würden. Sie wählte als einen Lösungsweg, gesunde Lebensmittel bereit zu halten, doch sie wusste, dass sie ihn mit anderen Lösungen kombinieren musste, um Erfolg zu haben. Falls Ihnen keine Strategie als geeignet erscheint, wählen Sie jene, die Sie noch am besten finden.

(2) Betrachten Sie die Veränderungen, die Sie identifiziert haben, und schreiben Sie alle Hindernisse auf, die Ihnen einfallen. Wie können Sie sich anpassen, wenn Sie auf ein Problem stoßen? Wie könnten Sie aufkommende Probleme umschiffen? Sie müssen nicht alle Hindernisse voraussehen, doch einige Strategien im Hinterkopf bereit zu halten, hilft Ihnen, flexibel zu bleiben und bewahrt Sie davor, bei einem Rückschlag aufzugeben.

(3) Schreiben Sie konkrete Handlungsschritte auf. Wo fangen Sie an? Wann? Was speziell müssen Sie tun? Wie werden Sie mit der Angst entlang des Weges umgehen?

(4) Gliedern Sie die Schritte und führen Sie aus, was Sie an jedem Tag und in jeder Woche tun müssen. Gehen Sie in allen Einzelheiten durch, was Sie tun müssen. Leah legte fest, wann sie einkaufen würde, was sie kaufen würde und wann sie gesunde Gerichte vorbereiten würde, die ihr dann zur Verfügung stünden. Sie übte auch, mit ihrem Vorgesetzten zu reden, bevor sie ihn im Hinblick darauf ansprach, ihre

Arbeitsbelastung in den Griff zu bekommen. Sie wählte für die Diskussion dann einen Zeitpunkt, zu dem sie nicht unterbrochen würden, sodass sie Gelegenheit haben würde, ihre Bedürfnisse umfassend vorzubringen und Optionen zu diskutieren.

Veränderung mag sich zu Beginn wie eine Überforderung anfühlen. Doch wenn Sie die Veränderungen in kleine, machbare Schritte einteilen, erleben Sie jede Aufgabe vielleicht als schwierig, jedoch nicht als unmöglich.

10.5 Der Einfluss von Emotion

Wenn Sie die Übungen in diesem Kapitel durchgearbeitet haben und feststellten, dass Sie keine umsetzungsfähigen Veränderungen identifizieren können, liegt es vermutlich nicht daran, dass Veränderung unmöglich ist. Negative Emotionen wie Furcht, Traurigkeit, Wut und Scham könnten Ihre Fähigkeit beeinträchtigen, die Dinge klar zu sehen, Entscheidungen zu treffen und verschiedene Vorsätze anzugehen (Linehan, 1993a).

Wenn Sie sich gut fühlen, haben Sie in der Regel mehr Ideen und können die Veränderung auf flexible Art und Weise angehen. Flexibles Denken betrifft zum Teil die Fähigkeit, aktiv Strategien zu wählen, die Ihren Zielen entsprechen und die anpassungsfähig, einfallsreich und zweckdienlich sind. Flexibilität ermöglicht Ihnen, automatische und gewohnheitsmäßige Sichtweisen auf die Welt hinter sich zu lassen und neuen Denkweisen gegenüber aufgeschlossen zu sein. Sie können selbst auferlegte starre Regeln und unnötige Einschränkungen loslassen und neue wirkungsvolle Lösungen entwickeln. Wenn Sie sich gut fühlen, können Sie die Welt besser so sehen, wie sie ist, und nicht so, wie sie Ihrer Meinung nach sein sollte.

Andererseits sehen Sie mit größerer Wahrscheinlichkeit eingeschränkte Möglichkeiten, wenn Ihr Stressniveau hoch ist und Sie stressbedingte Emotionen wie Traurigkeit, Wut oder Angst erleben.

Sie können damit rechnen, dass unter dem Eindruck starker Emotionen Problemlösung langsamer abläuft und schwieriger ist.

Die Übungen in Kapitel 3, die eine körperliche Bereitschaft zu mehr Akzeptanz erreichen sollen, können Ihnen auch helfen, stressbedingte Emotionen in den Griff zu bekommen. Eine ruhigere Gemütsverfassung ermöglicht Ihnen, die Situation zu klären und neue Lösungen zu sehen.

10.6 Widerstandskraft aufbauen

Wenn Sie gewohnheitsmäßig Probleme vermieden haben oder an früheren Änderungsversuchen scheiterten, haben Sie vielleicht den Eindruck, dass es einfach keine Strategien gibt, die Ihnen helfen. Schlechte Ergebnisse gleich am Anfang können ein mangelndes Vertrauen in die Fähigkeit, überhaupt Lösungen zu finden, nach sich ziehen (Linehan, 1993a).

Menschen, die gute Ergebnisse erzielten, betrachten sich in der Regel als erfolgreich und fähig. Mit jedem guten Ergebnis bauen sie Vertrauen in sich auf. Erleben sie einen Misserfolg, so motiviert sie das Vertrauen in ihre Fähigkeiten, weiterzumachen, bis sie Erfolg haben. Nach mehreren Versuchen, Veränderungen vorzunehmen, haben sie dann sehr häufig tatsächlich Erfolg.

Wenn Sie andererseits früh kämpfen mussten, kann durch Ihr Zweifeln an sich selbst die Wahrscheinlichkeit steigen, dass Sie aufgeben, wenn die ersten Änderungsbemühungen nicht gelingen. Menschen, die sich selbst als kompetent und fähig betrachten, erleben anfangs oft auch Fehlschläge. Der Unterschied liegt darin, dass sie an der Verpflichtung festhalten, ihr Problem zu lösen, auch angesichts von Hindernissen. Wenn Sie den ersten Rückschlag jedoch so interpretieren, dass Sie niemals erfolgreich Veränderungen umsetzen werden, geben Sie wahrscheinlich eher auf, als es erneut zu versuchen.

Den einen »richtigen« Weg, auf die Schwierigkeiten des Lebens zu reagieren, gibt es nicht. Welchen Weg Sie auch wählen, die Fähigkeit, in der Reaktion auf stressvolle Umstände flexibel zu bleiben und trotz Schwierigkeiten durchzuhalten, ist entscheidend, um Lebensziele zu erreichen. *Widerstandskraft* – die Bereitschaft, wieder aufzustehen, wenn Sie gestürzt sind, und es erneut zu versuchen – kann man lernen. Häufig macht sie den Unterschied zwischen Erfolg und Niederlage aus.

Zusammenfassung

Wenn Sie gestresst sind, haben Sie Ihrem Eindruck nach vielleicht nicht die Zeit oder die Willenskraft, Situationen auf gesunde Art und Weise zu bewältigen. In stressvollen Zeiten verschaffen ungesunde und zerstörerische Copingstrategien häufig unmittelbar Erleichterung von stressbedingten Emotionen. Schädliche Copingstrategien einzusetzen, um sich von Stress abzulenken, kann jedoch mehr Probleme erzeugen und sich zu einer Krise zuspitzen. Dieses Kapitel hatte zum Ziel, problematisches Copingverhalten zu verändern (beispielsweise zu viel zu essen oder zu viel Geld auszugeben), Sie bei der Suche nach Faktoren zu unterstützen, die zu Problemverhalten führen, und alternative Reaktionen auf Lebensumstände zu identifizieren, die Ihr Verhalten beeinflussen können.

In der DBT werden schädliche Verhaltensweisen untersucht, um sie besser zu verstehen und um Ihre Entscheidungen darüber, wie Sie auf stressvolle Umstände reagieren möchten, zu größerem Erfolg zu führen. Die Strategien in diesem Kapitel sollen Ihnen helfen, schädliche Handlungen zu klären, die Beziehung zwischen externen Stressoren und inneren Erfahrungen zu untersuchen und gesunde Methoden zu entwickeln, um Stressoren zu bewältigen.

Veränderung kann schwer fallen und gelegentlich entmutigen. Probleme mit der Bereitschaft anzugehen, Hindernisse und Rückschläge zu überwinden, kann ausschlaggebend dafür sein, Ihre Ziele zu erreichen. In Kapitel 11 lernen Sie Strategien kennen, um während des Veränderungsprozesses hoffnungsvoll und motiviert zu bleiben.

11 Motiviert, hoffnungsvoll und auf dem richtigen Weg bleiben

Ein Großteil dieses Buches konzentriert sich darauf, Veränderungen vorzunehmen. Vielleicht haben Sie geübt, Veränderungen hinsichtlich verschiedener Aspekte Ihres Lebens umzusetzen: wie Sie über stressvolle Lebensereignisse denken, wie Sie essen, wie viel Sport Sie machen, tägliche Routinen, Interaktionen mit anderen, wie Sie sich während einer Krise beruhigen oder wo der Fokus Ihrer Aufmerksamkeit liegt. Alle diese Veränderungen können Sie dabei unterstützen, den Stress in Ihrem Leben auf gesunde Weise zu bewältigen, die Intensität und Dauer der Stressreaktion insgesamt abzubauen und das Ausmaß an chronischem Stress in Ihrem Leben zu verringern.

Veränderung vorzunehmen und beizubehalten, ist jedoch schwer. Ziel dieses letzten Kapitels ist es nun, Verfahren zu vermitteln, um Motivation, Hoffnung und Konsequenz aufrechtzuerhalten, wenn Sie neue Strategien üben.

Um in Zeiten von Veränderung motiviert zu bleiben, müssen Sie lernen, Ihr Umfeld zu gestalten, anstatt sich ihm passiv zu unterwerfen. Ein Leben mit weniger Stress zu schaffen und beizubehalten, erfordert, dass Ihr Umfeld für positive Veränderung förderlich ist. Anhand dieses Kapitels können Sie Faktoren in Ihrer Umgebung abklären, die sich auf Ihre Veränderungsmotivation auswirken.

Es enthält auch Strategien, um die Kräfte zu verstehen, die Ihr Verhalten im Hinblick darauf kontrollieren, sich Ziele zu setzen, Fortschritte zu verfolgen und für Belohnungen Ihrer Erfolge zu sorgen. Sie lernen, wie Sie die eigenen Grenzen im Blick behalten können, was die Wahrscheinlichkeit verringert, dass Sie aufgrund stark überhöhter Anforderungen einen Zusammenbruch erleben.

In der Psychologie ist der Prozess, die Veränderung von Verhalten zu erlernen, ein viel bearbeitetes Thema. Ganze Bücher und Psychologie-Kurse widmen sich dem Anliegen, die externen Kräfte zu verstehen, die unser Verhalten beeinflussen (s. bspw. Lieberman, 1990). Die externen Faktoren zu verstehen, die Verhaltensweisen bestimmen, gilt in der DBT als wesentlich, um positive Veränderungen vorzunehmen und beizubehalten (Linehan, 1993a).

11.1 Die Kräfte verstehen, die das eigene Verhalten beeinflussen

Wenn Sie verändern möchten, wie Sie mit Stress umgehen, sollten Sie wissen, welche Kräfte Ihr Handeln beeinflussen. Das, was passiert, gleich nachdem Sie sich auf eine bestimmte Weise verhalten haben, Ihre Motivation und Ihre Einsicht in diese Kräfte wirken darauf ein, ob Sie Veränderungen vornehmen und aufrechterhalten, durch die Sie mit Ihrem Stressniveau besser umgehen können.

Positive Verstärkung

Wenn wir Verhalten verändern möchten, vernachlässigen wir häufig Kontingenzen (Abhängigkeiten), die bereits in unserem Leben wirken. *Kontingenzen* – zwei Ereignisse, die in der Regel zusammen auftreten – können maßgeblich prägen, wie Sie handeln und wie schwer Ihnen Veränderungen fallen. Das Fehlverhalten eines Kindes beispielsweise könnte die Aufmerksamkeit des Lehrers auf sich ziehen. Fehlverhalten und Aufmerksamkeit des Lehrers stellen dann also Kontingenzen dar, die in den Augen des Kindes miteinander verbunden sind. Andere Beispiele sind, dass es die Kritik eines Vorgesetzten nach sich zieht, wenn Sie sich behaupten, oder dass Ihr Partner sich immer unterstützend äußert, wenn Sie Achtsamkeit praktizieren. Paare wie diese – Fehlverhalten und Aufmerksamkeit, Durchsetzungsfähigkeit und Kritik, Achtsamkeitspraxis und Unterstützung – beeinflussen, ob Sie eine Handlung wiederholen. Was während oder kurz nach einer Handlung passiert, wirkt sich in jedem Fall darauf aus, ob Sie das Verhalten in dieser bestimmten Weise fortsetzen.

Positive Verstärkung ist eine sehr wirksame Methode, um Verhalten zu verändern. Sogar ein Verhalten, das nur unregelmäßig auftritt, kann durch positive Verstärkung gefördert werden. Ein *Ver-*

stärker bezeichnet eine Kontingenz, die die Wahrscheinlichkeit erhöht, dass Sie eine Handlung wiederholen, positive Verstärkung ist also etwas, das Sie anstreben. Einen Bonus für die Fertigstellung eines Projektes zu erhalten, ist eine positive Verstärkung. Lob, Essen (im guten wie im schlechten Sinne), eine Umarmung, Validierung, ein Schaumbad oder ein Lächeln können positive Verstärker sein.

Negative Verstärker haben ebenfalls eine Wirkung auf Ihr Verhalten. Bei der negativen Verstärkung verhalten Sie sich auf bestimmte Art und Weise, um etwas zu vermeiden, das Ihnen nicht gefällt. Sie erscheinen beispielsweise pünktlich in der Arbeit und stellen ein Projekt fertig, um die Missbilligung eines Vorgesetzten zu vermeiden. Eine Sirene, Kritik und intensive negative Emotionen können negative Verstärker sein.

Sowohl positive als auch negative Verstärker wirken bereits bei uns allen im Leben, die meisten von uns sind sich jedoch nicht bewusst, wie sie unsere Motivation beeinflussen, Veränderungen vorzunehmen und am Ball zu bleiben. Ein äußerst wirksamer Verstärker ist beispielsweise die Art und Weise, wie Menschen in unserem Umfeld auf uns reagieren. Kritik, Missbilligung und Abscheu der anderen sind mächtige negative Verstärker, die wir vermeiden möchten und uns dafür sehr anstrengen. Aufmerksamkeit, Lob, Validierung, Fürsorge, Interesse und Unterstützung von anderen sind in der Regel positive Verstärker, die bestimmte Verhaltensweisen fördern können.

Diese Verstärker entgehen nicht nur häufig unserer Aufmerksamkeit, sondern wir bemühen uns auch selten bewusst, Vorkehrungen zu treffen, sodass sie die von uns gewünschten positiven Veränderungen unterstützen. Zu häufig setzen wir auf den Zufall oder Selbstbestrafung (in Form von Selbstkritik), um Veränderung anzustoßen.

Sich den Kontingenzen zu widmen, die in Ihrem Leben wirken, und von Selbstkritik aufgrund nicht erreichter Ziele zu positiver Verstärkung zu wechseln, kann schon ausreichen, um die angestrebten Veränderungen zu bewirken und aufrechtzuerhalten. Anstatt sich selbst dafür zu kritisieren, keine Veränderungen zu erreichen, oder sich nicht schnell genug zu verändern, sollten Sie gezielt dafür sorgen, dass positive Verstärker – wie Selbstermutigung, sich eine Pause von einer unangenehmen Aufgabe gönnen, ein Gespräch mit einem guten Freund oder einige ruhige Momente allein – mit oder in der Folge jeder Veränderung auftreten.

Übung

Sich für positive Veränderungen belohnen

Positive Verstärkung kann viele Formen annehmen, aber sie sollte für Sie unbedingt positiv besetzt sein und vergleichsweise zeitnah zu dem Verhalten eintreten, das Sie verstärken möchten. Um die positive Verstärkung zu steigern, die mit Veränderungen gepaart wird, ist es hilfreich, wenn Sie solche Verstärker identifizieren, die Sie in gewisser Weise beeinflussen können.

(1) Schreiben Sie mögliche positive Verstärker in Ihr Tagebuch oder auf ein leeres Blatt Papier. Innere Selbstgespräche und die Reaktionen der Menschen in Ihrem Umfeld, häufig in Form von Lob oder Aufmerksamkeit, sind sehr wirksame positive Verstärker. Andere Verstärker beziehen sich auf Gegenstände und Aktivitäten, wie ein Lieblingsessen, ein besonderes Parfum, ein Spaziergang oder Zeit für ein Hobby.

(2) Konzentrieren Sie sich nun auf einige der Veränderungen, die Sie vornehmen möchten, um Ihr Stressniveau positiv zu beeinflussen. Wie paaren Sie den Verstärker mit der gewünschten Veränderung, beispielsweise sich zu behaupten, mehr Achtsamkeit zu üben oder ausgewogen zu essen? Was müssen Sie tun, um sicherzustellen, dass die Verstärkung verfügbar ist und zeitnah zu dem Verhalten auftritt?

Mit Veränderungen sind häufig langfristige positive Aspekte verbunden, wie ein reduziertes Stressniveau, mehr Energie, eine bessere Stimmung und verbesserte Beziehungen. Es ist jedoch wichtig, die kurzfristige Verstärkung in den Blick zu nehmen. Auf kürzere Sicht können Kontingenzen Veränderung erschweren. Vor dem Fernseher zu sitzen ist beispielsweise viel angenehmer, als Achtsamkeitsübungen zu praktizieren. Motivation durch langfristige positive Effekte regelmäßiger Achtsamkeitspraxis zu erreichen ist schwer, wenn kurzfristig das Fernsehprogramm, das Sie gerade sehen, für Sie angenehm und interessant ist.

Motivation

Ob Sie sich auf eine bestimmte Weise verhalten – ob Sie etwa morgens aufstehen und Sport machen – hängt von Ihrer Motivation ab, ein bestimmtes Ergebnis zu erreichen. Welches das im Besonderen ist, spielt keine Rolle, solange Sie es als positiv wahrnehmen; zum Sport können Sie zum Beispiel durch das Bedürfnis motiviert sein, Muskeln aufzubauen, Gewicht zu verlieren, Stress zu reduzieren oder sich wohl zu fühlen.

Der Grad Ihrer Motivation hängt von der Attraktivität und der Unmittelbarkeit des Ergebnisses ab. Für ein attraktiveres Ergebnis werden Sie sich mehr anstrengen. Und obwohl wir dazu fähig sind, eine Belohnung aufzuschieben, motiviert ein unmittelbares Ergebnis stärker. Betrachten Sie erneut das Beispiel Sport. Wenn Ihr Stressniveau sehr hoch ist und Sport den Stress deutlich vermindert, sind Sie motiviert, Sport zu machen, um die Stressreduktion zu erreichen. Im Fall von Sport tritt ein besseres Befinden häufig auf, wenn Sie mit dem Training fertig sind, während sich Veränderungen von Gewicht und Körper erst nach Wochen oder Monaten einstellen. Trotz der langfristigen positiven Effekte des Sports können Sie sich nur schwer motivieren, anzufangen und konsequent zu trainieren, weil die Ergebnisse nicht unmittelbar auftreten.

Bewusstheit und Einsicht

Bewusstheit ist der erste Schritt, um Ihre Motivation zu verändern. Wenn Sie beispielsweise regelmäßig Wutausbrüche haben, sind Sie sich der Kontingenzen bewusst, die eine wütende Reaktion unterstützen? Sicher fühlen Sie sich später schuldig oder bereuen einen Wutanfall, aber was geschieht direkt danach? Denken Sie daran, dass Kontingenzen mit einem Verhalten gepaart sind oder unmittelbar darauf folgen. Im Hinblick auf das Beispiel, die Geduld zu verlieren, ziehen sich die Menschen in diesem Moment vor Ihnen zurück? Werden Sie in Ruhe gelassen oder beugen sich die Menschen in der Regel dann Ihrem Willen? Jedes Verhalten, das regelmäßig auftritt, ob Sie damit glücklich sind oder es verändern wollen, tritt wahrscheinlich gemeinsam mit einem anderen Aspekt auf, der Ihr Verhalten bestärkt. Bewusstheit über und Einsicht in die Kräfte, die ein bestimmtes Verhalten wahrscheinlicher machen als ein anderes, ermöglichen Ihnen, sich selbst und Ihre Umgebung zu verändern, um die Handlungen und Verhaltensweisen zu unterstützen, die Sie möchten. Auch wenn Sie nicht alle Faktoren ändern können, die Ihr Verhalten beeinflussen – Sie können zum Beispiel nicht unbedingt verändern, wie andere auf Sie reagieren –, können Sie durch Einsicht in die kurzfristigen Konsequenzen, die eine unerwünschte Handlung unterstützen, die Motivation für positive, aber langfristige Ergebnisse aufrechterhalten.

Es gibt zahlreiche Methoden, um Ihre Motivation, anders zu reagieren, zu verändern. Betrachten Sie das Beispiel, dass Menschen sich meist Ihrem Willen beugen, wenn Sie die Geduld verlieren. Sie können Veränderungen besser umsetzen, wenn Sie sich erst einmal bewusst sind, dass das Problem mit Ihrer Geduld teilweise anhält, weil andere Ihnen nachgeben. Es folgen einige Beispiele, wie Sie dann Veränderungen bewirken könnten:

- *Um sich zu motivieren, bei Auseinandersetzungen ruhig zu bleiben*, rufen Sie sich langfristige positive Aspekte ruhigerer Interaktionen ins Bewusstsein, wie größere Vertrautheit oder verbesserte Beziehungen. (Sie sollten diese langfristigen positiven Aspekte aufschreiben oder sie in Gedanken formulieren, bevor Sie einen möglichen Konflikt angehen.)
- *Um ruhige Reaktionen gegenüber anderen zu fördern*, können Sie jedes Mal kurzfristige Verstärker für sich selbst schaffen, wenn Sie Meinungsverschiedenheiten diskutieren, ohne auszurasten.
- *Um die Wahrscheinlichkeit zu verringern, dass Menschen Ihnen nachgeben*, können Sie Differenzen auf andere Art und Weise angehen; Sie könnten Ihre Bedenken beispielsweise aufschreiben, wenn Sie ruhig sind und sie als E-Mail verschicken, bevor Sie jemanden um ein Gespräch bitten.
- *Um weniger Gelegenheiten zu schaffen, die Geduld zu verlieren*, können Sie den Kontext verändern, in dem Sie Meinungsverschiedenheiten angehen – wählen Sie für Gespräche beispielsweise Situationen, in denen Sie selten schreien (nehmen wir an, in

einem Restaurant, in einer Bücherei oder während eines Spaziergangs).

- *Um den Einfluss der Menschen abzuschwächen, die Ihnen nachgeben*, können Sie Ihre Ziele verändern. Gehen Sie Differenzen einzig mit dem Ziel an, den Standpunkt der anderen Person besser zu verstehen, anstatt zu versuchen, sich durchzusetzen.

Diese Bewusstheit und gezielt Veränderungen vorzunehmen, um das angestrebte positive Verhalten zu stärken und zu unterstützen, macht es viel wahrscheinlicher, dass Sie gesunde Copingstrategien beibehalten.

Übung

Kontingenzen bewusst wahrnehmen

(1) Wählen Sie ein Verhalten, das Sie ändern möchten, um Ihr Stressniveau zu verringern. Beispielsweise könnten Sie eine bestimmte Strategie zum Stressabbau aus diesem Buch häufiger einsetzen wollen – früher schlafen gehen, mehr Sport treiben, öfter Achtsamkeit praktizieren oder mehr angenehme Erlebnisse in Ihrem Leben stattfinden lassen.

(2) Achten Sie im Laufe der nächsten Woche darauf, wann Sie das Verhalten ändern möchten und es nicht tun, aber auch darauf, wann Sie Veränderungen umsetzen.

(3) Merken Sie sich die Kontingenzen, die auftraten, wenn Sie eine Veränderung beabsichtigten, sie aber nicht gelang. Machte ein Freund beispielsweise eine abfällige Bemerkung, als Sie erzählten, dass Sie sich Zeit für das Praktizieren von Achtsamkeit nehmen möchten? Oder kam eine lustige Sendung im Fernsehen, als Sie früher ins Bett gehen wollten? Es kann hilfreich sein, abends Ihr Tagebuch oder ein Blatt Papier zur Hand zu nehmen und aufzuschreiben, was Sie feststellten.

(4) Merken Sie sich die Kontingenzen, die vorkamen, wenn Sie das veränderte Verhalten zeigten. Achten Sie sowohl auf die positiven, als auch auf die negativen Verstärker, die mit oder unmittelbar nach einer vorgenommenen Veränderung auf-

traten. Wiederum kann es sinnvoll sein, abends aufzuschreiben, was Ihnen auffiel.

(5) Gehen Sie am Ende der Woche noch einmal durch, was Sie hinsichtlich der Kontingenzen bemerkten, die in Ihrem Leben rund um die angestrebten Veränderung wirken. Welchen Einfluss haben diese Kontingenzen Ihrer Meinung nach auf die Motivation? Welche machen eine Veränderung weniger wahrscheinlich und welche unterstützen sie?

Sich bewusst zu werden, wann Sie etwas Positives bekommen, das Sie möchten, und wann etwas eintritt, das Sie vermeiden möchten, lässt Sie besser erkennen, warum Veränderungen so schwer sein können. Mithilfe von Bewusstheit können Sie Ihr Leben entsprechend einrichten, um positive Veränderung zu unterstützen.

11.2 Ziele setzen und erreichen

Um Veränderungen in Ihrem Leben zu erreichen, müssen Sie zunächst Ziele festlegen. Für das notwendige Durchhaltevermögen muss ein Ziel im Allgemeinen ein Problem lösen. Ihre Ziele können sich auf alle Strategien in diesem Buch beziehen; Sie könnten beispielsweise ändern wollen, wie Sie in stressvollen Situation reagieren oder wie Sie über ein stressvolles Lebensereignis denken. Vielleicht möchten Sie sich auf eine bestimmte Strategie konzentrieren, beispielsweise die Fähigkeit verbessern, schmerzhafte Emotionen loszulassen, positive Lebenserfahrungen fördern oder problematische Verhaltensmuster verändern. Sobald Sie ein Ziel gewählt haben, können Sie es in machbare Schritte gliedern.

Shaping – Maßnahmen in Richtung einer Veränderung ergreifen

Wenn Sie Veränderungen in Ihrem Leben bewirken möchten, kann das eine Überforderung darstellen. Besonders schwer kann es fallen, wenn Sie in mehreren Bereichen etwas verändern möchten oder die Veränderung erheblich ist. *Shaping* bezeichnet den Prozess, Veränderungen in machbare, einzelne Schritte zu unterteilen. Dieser

Prozess beinhaltet, kleine Zwischenziele festzusetzen, die Sie Ihrem endgültigen Ziel immer näher bringen.

Verhalten wahrnehmen, das bereits präsent ist. Shaping beginnt damit, Situationen zu identifizieren und zu verstärken, bei denen ein Verhalten im Einklang mit Ihren Zielen bereits präsent ist. Wenn Sie sich beispielsweise ständig besorgt und überwältigt von intensivem Stress und zahlreichen Anforderungen fühlen, könnten Sie das Ziel festlegen, Achtsamkeit in Ihrem Alltag zu fördern. Auch wenn Sie noch nicht gezielt Achtsamkeit praktizieren, gibt es Phasen, in denen Sie sich achtsam verhalten – und wertendes Denken loslassen oder sich ganz auf eine Aktivität einlassen. Bei diesem Beispiel würden Sie für den Prozess des Shapings zunächst diese Zeiten der Achtsamkeit wahrnehmen – auch wenn sie nur kurz sind – und sie verstärken. Zur Verstärkung eignet sich alles, was ihr Auftreten voraussichtlich fördert. Das könnte ermutigende Gedanken umfassen, sich selbst zu loben oder eine andere Art der Belohnung.

Veränderung als Kontinuum betrachten. Achten Sie auf kleine Schritte und belohnen Sie sich dafür, während Sie den Prozess der Veränderung durch Shaping fortsetzen. Umfassende oder unmittelbare Veränderung zu erwarten, sorgt dafür, dass Sie jene kleinen Schritte übersehen, durch die beachtliche Lebensveränderungen entstehen. Um Motivation und Fortschritt aufrechtzuerhalten, verspricht es am meisten Erfolg, kleine Bewegungen in Richtung auf ein Ziel wahrzunehmen.

In der DBT wird der Prozess, Veränderungen umzusetzen, nicht als entweder schwarz oder weiß, als Erfolg oder Versagen betrachtet. Stattdessen wird er als Kontinuum aufgefasst. An einem Ende des Kontinuums steht die Aussage »Überhaupt keine Veränderung« und an dem anderen Ende steht die Aussage »Ihr Ziel erreichen«. In der Mitte befinden sich jene kleinen Zwischenschritte, die zu Ihrem Ziel führen. Diese kleinen Veränderungen bauen aufeinander auf und bieten Verstärkung bei jedem Schritt, den Sie erreicht haben. Sobald Sie sich mit einer Veränderung sicher fühlen, gehen Sie zu einem nächsten Veränderungsschritt auf dem Kontinuum über. Wenn Ihre Motivation sinkt oder Sie das Ziel aus den Augen verlieren, kehren Sie zu einem früheren Schritt auf dem Kontinuum zurück.

Bei Veränderungen geht es häufig mehr um Hartnäckigkeit als um einen Aha-Effekt. Positive Verstärkung ist entscheidend, um die Motivation für die Veränderungen, die Sie für Ihr Leben möchten, aufrechtzuerhalten.

Übung

Eine Veränderung umsetzen

(1) Legen Sie Ihr Tagebuch oder ein leeres Blatt Papier bereit und stellen Sie sich die Frage: »Was müsste sich verändern, damit mein Stressniveau sinkt?«, oder: »Welche Strategien möchte ich versuchen, um meine Stressbelastung zu reduzieren?«. Falls Sie ein bestimmtes Problem haben, das Stress in Ihrem Leben verursacht, können Sie sich fragen: »Was müsste sich verändern, um dieses Problem zu lösen oder die Situation zu verbessern?« Schreiben Sie Ihre Antworten auf diese Fragen auf.

(2) Fragen Sie sich, welche Kontingenzen helfen, gegenwärtige Handlungen aufrechtzuerhalten. Gibt es Kontingenzen, die eine Veränderung verstärken? Wie können Sie die Kontingenzen im Umfeld dieser Veränderung beeinflussen, um die Handlungen zu unterstützen, die Sie anstreben? Können Sie Ihre Ziele beispielsweise mit Personen besprechen, die Sie eher unterstützen, anstatt mit denjenigen, die Ihre Fähigkeit zu Veränderungen pessimistisch einschätzen? Können Sie eine halbe Stunde früher zu Bett gehen damit verbinden, fünf Minuten ein gutes Buch zu lesen?

(3) Erkennen und verstärken Sie Gelegenheiten, bei denen Sie bereits ein wünschenswertes Verhalten zeigen. Wenn Ihr Ziel beispielsweise darin besteht, Achtsamkeit in Ihrem Leben zu fördern, achten Sie darauf, wann Sie einer Aktivität vollkommen zugewandt sind oder wann Sie sich nach einer Ablenkung wieder gut konzentrieren können. Sogar darüber zu reden oder nachzudenken, Achtsamkeit zu praktizieren, ist ein Schritt hin zu mehr Achtsamkeit. Wie können Sie (eigenständig für sich) positiv verstärken, was Sie bereits

tun? Hilfreich könnte ein Blick auf die Verstärker sein, die Sie in der Übung »Sich für positive Veränderungen belohnen« bestimmten und festzulegen, wie Sie jene positiven Verstärker mit den von Ihnen gewünschten Veränderungen koppeln können.

(4) Verfassen Sie ein Kontinuum der Veränderung. Schreiben Sie am oberen Ende eines leeren Blattes Papier oder einer Seite in Ihrem Tagebuch auf, wie es aussehen würde, überhaupt keine Veränderungen umzusetzen. Beschreiben Sie am unteren Ende der Seite, wie es aussehen würde, Ihr Ziel zu erreichen. Setzen Sie nun in den Bereich dazwischen kleine Veränderungen und flexible Mini-Ziele ein, die das große Ziel unterstützen.
Bei dem obigen Beispiel der Achtsamkeit könnten Sie mit dem Ziel beginnen, die Achtsamkeit für Ihr Stressausmaß zu erhöhen. Oben auf die Seite könnten Sie schreiben: »Abgelenkt sein, Multitasking, im Autopilot-Modus handeln und Stress erleben, ohne es zu bemerken, bis er intensiv wird.«
Unten auf der Seite könnten Sie schreiben: »Konzentriert sein, nur eine Sache auf einmal machen, mir meiner Stressbelastung bewusst sein, wenn sie auftritt.«
Auf dem Kontinuum zwischen diesen beiden Polen könnten Sie folgende Punkte einfügen:
- »Wahrnehmen, wann ich im Laufe des Tages bereits achtsam bin.«
- »Einmal wöchentlich gezielt Achtsamkeit praktizieren.«
- »Atemübungen machen.«
- »Stressbedingte Veränderungen in meinem Körper wahrnehmen, z. B. wenn sich meine Muskeln verspannen.«
- »Atemübungen machen, wenn ich von Emotionen überwältigt werde.«
- »Üben, meine stressvollen Erfahrungen in Worte zu fassen.«

Fahren Sie auf diese Weise fort, bis die kleinen Schritte zu dem großen Ziel führen, Achtsamkeit gegenüber Emotionen zu erhöhen.

(5) Setzen Sie die Veränderungen nun um, die Sie festgelegt haben. Beginnen Sie damit, Verhaltensweisen wahrzunehmen und zu verstärken, die schon präsent sind, und gehen Sie dann zu den kleinsten Schritten auf Ihrem Kontinuum über. Denken Sie daran, dass Veränderungen Zeit, Hartnäckigkeit und Verstärkung erfordern. Sie bewegen sich in diesem Prozess auf Ihrem Kontinuum sowohl vorwärts als auch rückwärts. Das ist zu erwarten und normal.

Aktiv die Kontingenzen zu steuern, die Ihr Verhalten beeinflussen, kann Ihnen helfen, die Motivation für Veränderungen beizubehalten. Eine Bewusstheit für und Konzentration auf die kleinen Schritte, die zusammen genommen zu einer wesentlichen Veränderung führen, können Hoffnung wach halten. Was unmittelbar nach gesunden und ungesunden Copingversuchen geschieht, hat einen maßgeblichen Einfluss darauf, ob und wie oft Sie eine Verhaltensweise wiederholen. Sie besitzen die Fähigkeit, diese Faktoren zu beeinflussen.

11.3 Die eigenen Grenzen im Blick behalten

Inmitten konkurrierender Anforderungen bei Verstand zu bleiben, erfordert die Fähigkeit, die eigenen Grenzen und die anderer Menschen im Blick zu behalten. Bei der DBT wird angenommen, dass Menschen, zu Recht oder aus anderen Gründen, etwas von Ihnen möchten oder brauchen, das Sie nicht geben können oder wollen (Linehan, 1993a). Der DBT zufolge ist die Fähigkeit, übermäßige Ansprüche an andere zu begrenzen, und auch die Fähigkeit, die eigenen Grenzen zu kennen und im Blick zu behalten, in jeder Beziehung notwendig.

Ständig überstrapazierte Grenzen verursachen extremen Stress. Extremer Stress führt zu Reaktivität und beeinträchtigt die Fähigkeit, klar zu durchdenken, wie ein Problem zu lösen ist. Sie können überstrapazierte Grenzen als ein Problem in der Passung zwischen dem betrachten, was jemand von Ihnen möchte, und dem, was Sie geben wollen oder können. Es gibt kein »richtiges« Gleichgewicht zwischen dem, was Sie brauchen, und dem, was andere von Ihnen brauchen. Überstrapazierte Grenzen als ein lösbares Problem zu betrachten, kann die Angst vermindern und Ihnen helfen, aktiver eine Lösung zu suchen.

Folgende Bausteine gehören dazu, Ihre Grenzen im Blick zu behalten:

- **Selbsterkenntnis.** Jeder hat persönliche Grenzen. Denken Sie darüber nach, was Sie zu tun bereit sind und welche Erwartungen Sie in Situationen ertragen können, die Ihre Grenzen ausreizen. Erinnern Sie sich daran, dass Grenzen sich mit der Zeit verändern. Eine nicht abgeschlossene Arbeit, Missverständnisse, Krankheit und Unwohlsein können Ihre persönlichen Grenzen an einem bestimmten Tag beeinflussen. Was früher gut zu ertragen war, kann es nun nicht mehr sein.
- **Anderen die eigenen Grenzen rechtzeitig mitteilen.** Sie können viele Probleme vermeiden, wenn Sie die Menschen in Ihrem Umfeld rechtzeitig über Ihre Grenzen in Kenntnis setzen. Einen Vorgesetzten weit im Vorhinein zu informieren, dass Sie im Dezember zwei Wochen Urlaub für die Hochzeit Ihrer Schwester nehmen müssen, oder dass Sie am Dienstag früher gehen müssen, um Ihre Tochter von der Schule abzuholen, macht eine gute Zusammenarbeit wahrscheinlicher. Ihren Partner früh wissen zu lassen, dass mehr Arbeit auf Sie zukommt, erlaubt ihm, sich geistig darauf einzustellen und Ihnen zu helfen, die umfangreicheren Pflichten während dieser Zeit zu steuern.
- **Ihre Grenzen zeitweise strapazieren.** Manchmal wachsen die Erwartungen in der Arbeit, im sozialen Umfeld oder der Familie zeitweilig. Wenn Sie sich bewusst sind, wann Sie zeitweilig überstrapaziert werden und wie lange Sie die Veränderung verkraften können, lässt sich besser planen, wie Sie diese überstehen werden.
- **Ihre Grenzen auf lange Sicht kennen.** Was ist für Sie über längere Zeit in Ordnung? Können Sie damit leben, arbeitsbezogene E-Mails zu Hause zu bearbeiten, sodass Sie früher nach Hause

gehen können? Möchten Sie den Erwartungen in der Arbeit gerecht werden, sich jedoch von Überstunden verabschieden, die nötig wären, um ein »Superstar« zu sein?

- **Vorkehrungen für bestimmte Probleme treffen, die Ihnen Stress bereiten.** Uns alle setzen bestimmte Dinge unter Stress, beispielsweise etwas, das Sie immer wieder ärgert, zu spät zu kommen oder etwas zu verlegen. Ihre »Favoriten« zu kennen und dafür Sorge zu tragen, dass genau diese Grenzen nicht ausgereizt werden, mindert Ihren Stress.
- **Ansprechen, wenn Grenzen überschritten werden.** Ignorieren Sie nicht Zeiten, zu denen Sie sich überfordern oder in unangenehme Umstände gedrängt werden. Sagen Sie den Menschen, wenn Ihre Grenzen überstrapaziert werden und übernehmen Sie eine lösungsorientierte Haltung.

Sie können unmöglich alle Anforderungen in Ihrem Leben gleichmäßig berücksichtigen. Ihren Grenzen Beachtung zu schenken erleichtert Ihnen, Stress zu reduzieren und das Leben besser zu steuern.

Zusammenfassung

Die Reaktion auf Stressoren in Ihrem Leben hat einen Einfluss auf die Intensität der Stressreaktion und das Ausmaß an chronischem Stress. Die Strategien in diesem Kapitel sollen Ihnen helfen, nachhaltige Veränderungen zu erreichen und Ihre Lebensqualität zu verbessern.

Das Stressniveau zu verringern erfordert, dass Sie Ihr Leben aktiv steuern. Veränderungen können zunächst schwer fallen, doch Situationen auf eine andere Art und Weise zu bewältigen und so Ihre Stressbelastung zu mäßigen, ist möglich, sogar inmitten schwieriger Umstände.

Mit Übung und Aufmerksamkeit können Sie langfristige Veränderungen erreichen. Die potentiellen langfristigen Gewinne, einschließlich der Verbesserung des psychischen und physischen Wohlbefindens, sind es wert.

Literatur

Adam, T. C. & Epal, E. (2007). Stress, eating and the reward system. Physiology and Behavior, 91, 449–458.

Alberti, R. E. & Emmons, M. L. (1978). Your Perfect Right: A Guide to Assertive Behavior. Atascadero, CA: Impact Publishers.

Barker, L. L. (1971). Listening Behavior. Upper Saddle River, NJ: Prentice Hall.

Baumeister, R. F. & Leary, M. R. (1995). The need to belong: Desire for interpersonal attachments as fundamental human motivation. Psychological bulletin, 117 (3), 497–529.

Beck, A. & Emery, G. (2005). Anxiety Disorders and Phobias: A Cognitive Perspective. New York: Basic Books.

Beck, A., Rush, A. J., Shaw, B. F. & Emery, G. (1979). Cognitive Therapy of Depression. New York: Guilford Press.

Carmody, J. & Baer, R. A. (2007). Relationships between mindfulness practice and levels of mindfulness, medical and psychological symptoms and well-being in a mindfulness-based stress reduction program. Journal of Behavioral Medicine, 31, 23–33.

Creswell, J. D., Baldwin, M., Eisenberger, N. I. & Liebermann, M. D. (2007). Neural correlates of dispositional mindfulness during affect labeling. Psychosomatic Medicine, 69, 560–565.

Crews, D. J. & Landers, D. M. (1987). Metaanalytic review of aerobic fitness and reactivity to psychosocial stressors. Medicine and Science in Sports and Exercise, 19 (5), 114–120.

Davidson, R. J., Kabat-Zinn, J., Schumacher, J., Rosenkranz, M., Muller, D. et al. (2003). Alterations in brain and immune function produced by mindfulness meditation. Psychosomatic Medicine, 65, 564–570.

DeLingis, A., Lazarus, R. & Folkman, S. (1988). The impact of daily stress on health and mood: Psychological and social resources as mediators. Journal of Personality and Social Psychology, 54 (3), 486–495.

Dias-Ferreira, E., Sousa, J. C., Melo, I. et al. (2009). Chronic stress causes frontostriatal reorganization and affects decision-making. Science, 325, 621–625.

Ellis, A. & Harper, R. A. (1975). A New Guide to Rational Living. Englewood Cliffs, NJ: Prentice Hall.

Epal, E., Lapidus, R., McEwen, B. & Brownell, K. (2001). Stress may add bite to appetite in women: A laboratory study of stress-induced cortisol and eating behavior. Psychoneuroendocrinology, 26 (1), 37–49.

Fox, K. (1999). The influence of physical activity on mental well-being. Public Health Nutrition, 2, 411–418.

Gilovich, T., Pronin, E. & Ross, L. (2004). Objectivity in the eye of the beholder: Divergent perceptions of bias in self versus others. Psychological Review, 111 (3), 781–799.

Goleman, D. (1977). The Meditative Mind: The Varieties of Meditative Experience. New York: Dutton.

Greenberg, J., Pyszczynski, T. & Solomon, S. (1982). The self-serving attributional bias: Beyond self-presentation. Journal of Experimental Social Psychology, 18 (1), 56–67.

Grossman, P., Niemann, L., Schmidt, S. & Walach, H. (2004). Mindfulness-based stress reduction and health benefits: A meta-analysis. Journal of Psychosomatic Research, 57, 35–43.

Holmes, T. & Rahe, R. (1967). The Holmes-Rahe life stress inventory. Journal of Psychosomatic Research, 11, 216, Tab. 3.

Kabat-Zinn, J. (2003). Mindfulness-based interventions in context: Past, present and future. Clinical Psychology: Science and Practice, 10 (2), 144–156.

Kleinke, C. L., Peterson, T. R. & Rutledge, T. R. (1998). Effects of self-generated facial expressions on mood. Journal of Personality and Social Psychology, 74, 272–279.

Krause, E. D., Mendelson, T. & Lynch, T. R. (2003). Childhood emotional invalidation and adult psychological distress: The mediating role of emotional inhibition. Child Abuse & Neglect, 27 (2), 199–213.

Kris-Etherton, P. M., Harris, W. S. & Appel, L. J. (for the AHA Nutrition Committee) (2003). Omega-3 fatty acids and cardiovascular disease: New recommendations from the American Heart Association. Arteriosclerosis, Thrombosis, and Vascular Biology, 23, 151–152.

Lambert, N. M. & Fincham, F. D. (2011). Expressing gratitude to a partner leads to more relationship maintenance behavior. Emotion, 11 (1), 52–60.

Lazarus, R. S. (1999). Stress and Emotion: A New Synthesis. New York: Springer.

Lepore, S. J. (1997). Expressive writing moderates the relation between intrusive thoughts and depressive symptoms. Journal of Personality and Social Psychology, 73 (5), 1030–1037.

Lepore, S. J., Ragan, D. & Jones, S. (2000). Talking facilitates cognitive-emotional processes of adaptation to an acute stressor. Journal of Personality and Social Psychology, 78 (3), 499–508.

Lieberman, D. A. (1990). Learning: Behavior and Cognition. Belmont, CA: Wadsworth.

Linehan, M. M. (1993a). Cognitive Behavioral Treatment of Borderline Personality Disorder. New York: Guilford Press.

Linehan, M. M. (1993b). Skills Training Manual for Treating Borderline Personality Disorder. New York: Guilford Press.

Linehan, M. M. (1996). Trainingsmanual zur Dialektisch-Behavioralen Therapie der Borderline-Persönlichkeitsstörung. München: CIP-Medien.

McEwen, B. S. (2007). Physiology and neurobiology of stress and adaptation: Central role of the brain. Physiological Reviews, 87, 873–904.

McKay, M., Davis, M. & Fanning, P. (2009). Messages: The communication Skills Book. Oakland, CA: New Harbinger.

McMullen, J., Barnes-Holmes, D., Barnes-Holmes, Y., et al. (2008). Acceptance versus distraction: Brief instructions, metaphors and exercises in increasing tolerance for self-delivered electric shocks. Behavior Research and Therapy 46 (1), 122–129.

Melamed, S. Shirom, A, Toker, S. & Shapira, I. (2006). Burnout and risk of type 2 diabetes: A prospective study of apparently healthy employed persons. Psycholomatic Medicine, 68, 863–869.

Miller, G. E., Cohen, S. & Ritchie, A. K. (2002). Chronic psychological stress and the regulation of pro-inflammatory cytokines: A glucocorticoid-resistance model. Health Psychology, 21 (6), 531–541.

Ophir, E., Nass, C. & Wagner, A. D. (2009). Cognitive control in media multitaskers. Proceedings of the National Academy of Sciences of the United States of America, 106, 15583–15587.

Pennebaker, J. W., Colder, M. & Sharp, L. K. (1990). Accelerating the coping process. Journal of Personality and Social Psychology, 58 (3), 528–537.

Plutchik, R. (1980). Emotion: A Psychoevolutionary Synthesis. New York: Harper and Row.

Roseman, I. J., Wiest, C. & Swartz, T. S. (1994). Phenomenology, behaviors, and goals differentiate discrete emotions. Journal of Personality and Social Psychology, 67 (2), 206–221.

Salmon, P. (2001). Effects of physical exercise on anxiety, depression, and sensitivity to stress: A unifying theory. Clinical Psychology Review, 21 (1), 33–61.

Sapolsky, R. M. (2004). Why Zebras don't get Ulcers: The Acclaimed Guide to Stress, Stress-Related Diseases, and Coping. New York: Henry Holt.

Taylor, S. E., Klein, L. C., Lewis, T. L. et al. (2000). Biobehavioral responses to stress in females: Tend-and-befriend, not fight-or-flight. Psychology Review, 107 (3), 411–429.

Thich Nhat Hanh (1991). Peace Is Every Step. The Path of Mindfulness in Everyday Life. New York: Bantam Books.

Updegraff, J. A., Silver, R. C. & Holman, A. (2008). Searching for and finding meaning in collective trauma: Results from a national longitudinal study on the 9/11 terrorist attacks. Journal of Personality and Social Psychology, 95 (3), 709–722.

Warda, G. & Byrant, R. A. (1998). Cognitive bias in acute stress disorder. Behavior Research and Therapy, 36 (12), 1177–1183.

Winbush, N. Y., Gross, C. R. & Kreitzer, M. J. (2007). The effects of mindfulness-based stress reduction on sleep disturbance: A systematic review. Explore: The Journal of Science and Healing, 3 (6), 585–591.